beck'sche reihe

bsr

Nicht immer war es eine himmlische Erleuchtung, die einen Philosophen auf seinen entscheidenden Gedanken kommen ließ. Auch ganz schlichte Dinge machten auf sich aufmerksam und fesselten das Interesse: Manchmal war es nur ein Buch, das entscheidende Hinweise gab, oder der Anblick einer in sich ruhenden Landschaft. Was für Wittgenstein das Theaterstück „Die Kreuzelschreiber", war für Heidegger ein Feldweg und für den jungen Fromm der Selbstmord einer von ihm verehrten schönen Malerin… Otto A. Böhmer erzählt in diesem Buch über philosophische „Erweckungserlebnisse" von der Antike bis heute, von Platon bis Heidegger.

Otto A. Böhmer lebt als Schriftsteller in Nieder-Wöllstadt (Wetterau). Zahlreiche Veröffentlichungen. Erich-Fried-Preis 2001. Bei C.H.Beck sind von ihm erschienen: „Sternstunden der Philosophie" (bsr 1030, ^{4}1993), „Neue Sternstunden der Philosophie" (bsr 1130, ^{3}1999), „Als Schopenhauer ins Rutschen kam" (bsr 1232, ^{2}1997). „Sternstunden der Literatur" (bsr 1557, ^{2}2003).

Otto A. Böhmer

Sternstunden der Philosophie

Von Platon bis Heidegger

Verlag C. H. Beck

Für Christel und Mareike

Dieser Band ist die zweite Auflage der im Jahre 2003
erschienenen Sonderausgabe, die eine Auswahl an Texten bot,
die erstmals in dem Band „Sternstunden der Philosophie.
Schlüsselerlebnisse großer Denker von Augustinus bis Popper“
(bsr 1030) und in dem Band „Neue Sternstunden der Philosophie.
Schlüsselerlebnisse großer Dichter von Platon bis Adorno“
(bsr 1130) erschienen sind.

Originalausgabe

2. Auflage. 2004

Gesamtherstellung: Druckerei C.H.Beck, Nördlingen
Umschlagabbildung: Raffael: „Schule von Athen“,
Platon und Aristoteles
(Ausschnitt des Freskos in der Stanza della Segnatura, Vatikan)
Umschlagentwurf: Fritz Lüdtke, Atelier 59, München
Printed in Germany
ISBN 3 406 51068 X

www.beck.de

Inhalt

Einleitung

Philosophische Schlüsselerlebnisse – zum Beispiel Augustinus, Pascal, Rousseau und Feuerbach

„Das Produkt des Philosophen ist sein Leben (zuerst, vor seinen Werken)."
Friedrich Nietzsche

Die Ideengeschichte der Philosophie ist, bezogen auf ihre Urheber, auch ein Teil Lebensgeschichte, die sich aufspüren läßt: Wer der Frage nachgeht, wie Philosophen, die vom Staunen ins Grübeln verfielen, denn letztlich auf ihre Gedanken gekommen sein mögen, der wird feststellen, daß es nicht selten Schlüsselerlebnisse waren, hausgemachte Visionen, die für jene Illumination sorgten, in der sich die jeweilige Philosophie ihrem Philosophen, sinn-gebend und einer Erleuchtung gleichkommend, zu erkennen gab.

Der sprichwörtlich gewordene Gedankenblitz, der auch den Mann oder die Frau auf der Straße gelegentlich befällt und zu manch ungeahnter Einsicht verhilft, hat bei den Philosophen, ihrem Stande gemäß, zumeist tiefergreifende Wirkungen erzielt – zumindest drängt sich diese Vermutung auf, wenn man den Zeugnissen Glauben schenken will, die von der Historie und dem Umfeld jener Eingebungen berichten, denen Philosophen sich, bevor sie zu Philosophen wurden, ausgesetzt sahen. Nicht immer waren es die großen und genialen Erleuchtungen, die vom Himmel herabkamen und sich, wie eine höhere Gunstbezeugung, im Kopfe des Denkers festsetzten; auch schlichtere Überzeugungsmuster machten auf sich aufmerksam und beanspruchten anhaltendes Interesse: Manchmal war es nur ein Buch, das entscheidende Hinweise gab, oder der wiederkehrende Anblick einer in sich ruhenden Landschaft; es konnte eine Vorlesung sein, die auf einmal die bislang verschlossene Tür zur eigenen Gedankenarbeit aufstieß, oder ein Arsenal verschütteter Erinnerungen, das, plötzlich und gleichnishaft, jenes Licht aufgehen ließ, in dem das Vergangene zum Kristallisationspunkt einer noch zu bestimmenden Zukunft wurde.

Was immer das philosophische Schlüsselerlebnis war: Es hatte, zumindest in der Rückschau nehmenden Vergegenwärtigung des Philosophen, die von feinen Selbst-Stilisierungen natürlich nicht ganz frei sein konnte, eine dauerhaft-grundlegende und geheimnisvoll-produktive Wirkung. Von nun an war ein Weg vorgezeichnet: Die existentiellen Überraschungen, von denen noch die Rede sein konnte, hatten mit den einmal geweckten Ideen zu tun, die dazu bestimmt schienen, zum Rüstzeug einer sich selbst erfüllenden Philosophie zu werden. Was einmal in Gang gebracht wird – nicht nur am Hang, an dem sich Lawinen lösen, sondern auch im schwer einsehbaren Reich der Gedanken –, läßt sich kaum noch – oder gar nicht mehr – aufhalten.

Der Gedankenblitz selbst, den wir in der Redensart kennen, hat durchaus auch eine altehrwürdige philosophische Tradition. Schon der griechische Philosoph Heraklit, dem wir eine Vielzahl weisheitsstrenger Aphorismen verdanken, nannte den Blitz die Urkraft, die, im umfassenden Ganzen, aufscheinen läßt, was überhaupt als Seiendes sichtbar gemacht werden kann – und einsehbar wird. Der Blitz, das Konzentrat des welt-stiftenden Feuers, hat im Großen wie im Kleinen realitätsetzende Macht: Als kosmischer Feuerstrahl bringt er das Geschaffene überhaupt, unzählige Welten, ins Licht; als Gedankenblitz gerät er, scheinbar aus dem Nichts, zur jähen Eingebung, der die Erschaffung des eigentlichen Mikrokosmos, der Welt der Gedanken im Kopf, zugemutet wird.

Erkenntnisprozesse, so scheint es, bedürfen der blitzartigen Erhellung, die zur Triebkraft der Intuition wird, aber auch die unverzichtbaren Glanzlichter setzt im mühsamen Geschäft rationaler Überlegung und der logisch-depressiven Arbeit der Begriffe. Wer denken will, ist auf den Zuspruch der Gedanken verwiesen; wo und wann aber ein Gedankenblitz einschlägt und die Eingebung bringt, bleibt ein Geheimnis, dem wir, wenn überhaupt, nur in Gedanken nahekommen können. Wir begreifen vieles, aber die Sichtbarkeit der Dinge ist uns ein Rätsel, das allenfalls Ähnlichkeiten hat mit dem unergründlichen Bild-von-uns-Selbst, an dem wir, mehr schlecht wohl als recht, unsere schüttere Identität ausrichten. Gedanken, die sich einnisten mit suggestiver Gewalt, sind als Erleuchtungen zu begreifen, als herrisch auftretende Visionen, die keinen Widerspruch dulden; von ihnen, aber auch von der sanften Verfestigung des Gesehenen in der Wiederholung, berichten Lebens-Geschichten in der Philosophie. Wer sie zu deuten weiß, dem wird ein anderer Zugang zur Philosophie ermöglicht, in dem es eher um das listige Behaupten von Urheberrechten geht als um die erdrückende Wucht eines Werkes.

Eine der bekanntesten Erleuchtungen, die wir aus der Philosophiegeschichte kennen, überkam im Sommer des Jahres 386 den späteren Kirchenvater Aurelius Augustinus. Seine ‚Bekehrung', über die er im gleichnamigen achten Kapitel seiner „Bekenntnisse" berichtet, hat so, wie Augustinus sie beschrieb, wohl nicht stattgefunden. Seine Darstellung des Vorgangs ist gleichwohl ein Musterbeispiel stilisierter Rückschau, in der das Wesentliche auf die Eingebung konzentriert wird, welche jahrelange geistige Kämpfe, Ängste und Zweifel zusammenfaßt und zu einer Art Palastrevolte der Gedanken im Kopf erklärt, die den endgültigen Umsturz bringt und Gott als den heimlichen Strategen erkennen läßt, der sich, nicht ohne Seelen-Listen, der Dienste eines von ihm Auserwählten versichert.

Augustinus hatte zuvor einige weltliche Brücken hinter sich abgebrochen: Es war ihm gelungen, sein ungeliebtes Dasein als Rhetorik-Lehrer in Karthago zu beenden und, gegen den Wunsch seiner resoluten Mutter Monnica, nach Italien überzusiedeln, wo er zum kaiserlichen Redner am Hofe von Mailand aufstieg, was für einen Rhetor damals das Höchste war, was er erreichen konnte. Augustinus' Denken rieb sich auf im Widerspruch zwischen der manichäischen Lehre, der er eine Zeitlang angehangen hatte, und der Faszination des Neuplatonismus, mit dem Augustinus nachhaltig in Berührung geraten war. Schließlich trennte er sich von seiner Freundin, mit der er einen Sohn hatte und mehr als fünfzehn Jahre zusammengewesen war: – Was in seinen bescheidenen Kräften stand, hatte er getan; nun war die Zeit reif für seine Bekehrung, die ein anderer für ihn besorgen mußte. Von ihr erzählt Augustinus in seinen „Bekenntnissen“ wie folgt:

„Jetzt aber, da eindringende Betrachtung aus verborgenen Tiefen mein ganzes Elend hervorgezogen und mir vor das Seelenauge gerückt hatte, erhob sich ein gewaltiger Sturm und trieb einen gewaltigen Regenguß von Tränen heran … Ich aber warf mich, weiß nicht wie, unter einem Feigenbaum zur Erde und ließ den Tränen freien Lauf. Sie flossen in Strömen aus meinen Augen, ein dir gefälliges Opfer, und nicht mit diesen Worten, aber dem Sinne nach sprach ich zu dir: ‚Ach du, Herr, wie lange! Wie lange, Herr, willst du so zürnen? Gedenke nicht unserer alten Missetaten!‘ – Denn ich fühlte, daß sie es waren, die mich festhielten … So sprach ich und weinte in bitterster Zerknirschung meines Herzens. Und siehe, da hörte ich vom Nachbarhause her in singendem Tonfall, ich weiß nicht, ob eines Knaben oder eines Mädchen Stimme, die immer wieder sagt: ‚Nimm und lies, nimm und lies!‘ – Sogleich wandelte sich meine Miene, und angestrengt dachte ich nach, ob wohl Kinder bei irgendeinem Spiel so zu singen pflegten, doch konnte ich mich nicht entsinnen, dergleichen je vernommen zu haben. Da ward der Tränen Fluß zurückgedrängt; ich stand auf und konnte mir's nicht anders erklären, als daß ich den göttlichen Befehl empfangen habe, die Schrift aufzuschlagen und die erste Stelle zu lesen, auf die meine Blicke träfen … So kehrte ich schleunigst dahin zurück, wo Alypius noch saß, denn dort hatte ich, als ich fortging, die Schrift des Apostels liegen lassen. Ich griff sie auf, öffnete sie und las stillschweigend den ersten Abschnitt, der mir in die Augen fiel: ‚Nicht in Fressen und Saufen, nicht in Kammern und Unzucht, nicht in Hader und Neid, – sondern ziehet an den Herrn Jesus Christus und hütet euch vor fleischlichen Gelüsten …‘ – Weiter konnte ich nicht lesen, wollte es auch nicht. Denn kaum hatte ich den Satz beendet, durchströmte mich das Licht der Gewißheit, und alle Schatten des Zweifels waren verschwunden.“

Augustinus' Bekehrung, von der er in seinen „Bekenntnissen“

berichtet, steht in Zusammenhang mit einer weiteren göttlichen Eingebung, der es gelingt, die gewöhnlichen Zeitunterschiede auszulöschen und ein Ereignis der Vergangenheit, das rückschauend vergegenwärtigt wird, zu einer realen Vision werden zu lassen, in der sich die Zukunft zu erkennen gibt. Augustinus sieht den Tod seiner Mutter Monnica voraus, den er im Gespräch mit ihr, begleitet vom göttlichen Zuspruch, vorwegnimmt, um ihn, als eine Art mystische Wiedervereinigung von Wissenden, für Gott zu Ende zu bringen.

„Als nun der Tag herannahte, an dem sie aus diesem Leben scheiden sollte – du kanntest ihn, wir kannten ihn nicht –, da traf sich's, wie du auf deine geheime Weise es wohl gefügt, daß wir beide, ich und sie, allein an ein Fenster gelehnt dastanden. Es schaute auf den inneren Garten des uns beherbergenden Hauses, dort bei Ostia am Tiber, wo wir fern vom Menschenschwarm uns von der Mühe der langen Reise erholten ... Da führten wir, Aug in Auge, ein herzerquickendes Gespräch ... Wir sagten: Wenn in einem Menschen der Lärm des Fleisches schwiege, und es schwiegen auch die Erinnerungsbilder von Erde, Wasser und Luft, es schwiegen des Himmels Pole, wenn auch die Seele vor sich schwiege und selbstvergessen über sich hinauseilte, wenn die Träume schwiegen und alles, was man sich einbilden und erdichten mag ...; wenn alles so spräche und dann schwiege und nun lauschend das Ohr dem zuwendete, der es erschuf – und wenn dann er allein spräche ..., so daß wir sein Wort hörten ... und im raschen Gedankenflug die ewige, über allem waltende Weisheit berührten, und wenn dies Dauer hätte ..., so daß das ewige Leben wäre wie dieser Augenblick höchster Erkenntnis, nach dem wir uns gesehnt, ja wäre dann nicht erfüllt, was verheißen ist: ‚Gehe ein zu deines Herrn Freude?' ... – Du aber weißt, Herr, daß meine Mutter an jenem Tage, als wir so miteinander redeten und die Welt mit all ihren Freuden jeglichen Reiz für uns verlor, das Wort ergriff und sagte: ... Was denn soll ich noch hier?"

Wann nun genau Augustinus' Mutter wirklich starb, ist unerheblich: Ihr Tod hat zuvor seine Begründung gefunden, und so verabschiedet sie sich denn, als ihre Stunde gekommen ist, aus dem Zeitlichen und geht ein in die Ewigkeit. – Das mystische Gespräch zwischen Mutter und Sohn ist eine Eingebung gewesen, die in einem späteren philosophischen Schlüsselerlebnis, der Traumvision von René Descartes (s. S. 43 ff.), ihre Wiederaufnahme findet. Darauf hat Hans Blumenberg in seinem 1989 erschienenen großen Buch „Höhlenausgänge" hingewiesen. – Blumenberg schreibt:

„Was der Traum in der Vita des Descartes bedeutet, hatte seine Vorprägung in der Vision von Ostia, die Augustin gemeinsam mit seiner Mutter kurz vor deren Tod ... gehabt und etwa ein Jahrzehnt später in den ‚Confessiones' beschrieben hatte. Es wird zutreffen, daß erst die Cartesianer Augustins Einfluß auf ihren Meister festhalten wollten, doch ist Kenntnis dieser urbildlichen Wandlungsgeschichte vorauszusetzen, wenn Descartes nach einer legitimierenden Fassung seiner weltlichen ‚Bekehrung' suchte ... Was in der Erfahrung von Ostia geschieht, ist eine philosophische, keine christliche ‚ekstasis' ... Aus der philosophischen Ekstase geht die Erwartung des augenblickhaft Berührten als eines dauernden Zustandes von Besitz hervor: das einmal gegenwärtige Absolute als das zukünftig Unverlierbare."

Das Erweckungserlebnis, das den Philosophen Blaise Pascal in der Nacht vom 23. auf den 24. November 1654 – und zwar, wie er selbst vermerkte, „von ungefähr zehneinhalb Uhr abends bis ungefähr eine halbe Stunde nach Mitternacht" – überkam, muß von so einschneidender Wirkung gewesen sein, daß es verdiente, herznah und ein Leben lang aufbewahrt zu werden: Pascal tat dies, indem er auf einem Stück Pergament in großen Buchstaben das Wort FEUER notierte, das er sich dann in das Futter seines Mantels einnähen ließ. Wie ein Feuer war seine Vision über ihn hereingebrochen; es brannte in seiner Seele, um zu vernichten, was endgültig der Vergangenheit angehören sollte, und in hellstes Licht zu stellen, was sein Auftrag war und seine Gewißheit für die Zukunft.

In einem von ihm so genannten ‚Memorial' hat Pascal festzuhalten versucht, welche Gedanken ihm blieben aus seiner Vision, als die Nacht des Feuers vorbei war und der Alltag sein Regiment wieder antreten wollte. Pascal bekennt sich zu Gott, aber es ist ein anderer Gott, den er nun zu sehen glaubt: der „Gott Abrahams, Isaaks und Jakobs“, der weit entfernt ist von jenem Schrumpfgott, den Pascal, bis vor kurzem noch, mit Hilfe des „gesunden Menschenverstandes“, für sich beanspruchen zu können meinte. Dieser „sehr kleine“ Gott, so Pascal, war „der Gott der Philosophen und Gelehrten“; ihn wird es nicht mehr geben. Mit Feuer hat der wahre Gott seine Botschaft weitergegeben und einer Seele übereignet, die ihre Stunde gekommen sah.

Es ist dies ein Anlaß zu großer Freude, obwohl Pascals ‚Memorial‘ eher von euphorischer Furcht zeugt und einem Bangen dem alttestamentarischen Vater-Gott gegenüber, der ja nicht im Rufe stand, sonderlich milde gestimmt zu sein oder gar als Förderer der seiner Welt übereigneten Lebensfreude zu gelten. Pascal macht sich selbst Mut; er ahnt, daß Visionen, allein gelassen, in einer rauhen Wirklichkeit scheitern und auf Grund laufen. So beschwört er die Zukunft und verklagt seine Vergangenheit; seine Gegenwart aber wird erhellt vom Schein eines langsam herunterbrennenden Feuers ...

„Gerechter Vater, Gott Jesu Christus ... Dein Gott wird mein Gott sein ... Freude, Freude, Freude; Tränen der Freude ... Ich habe mich von ihm getrennt, und ich habe ihn geflohen; ich habe mich von ihm losgesagt, ich habe ihn gekreuzigt ... Möge ich nicht auf ewig von ihm geschieden sein ... Nur auf den Wegen, die das Evangelium lehrt, kann er bewahrt werden ... Gott finden, Gott bewahren ... Die menschliche Seele hat die doppelte Fähigkeit, Gnade zu erwerben und zu verlieren ... Vollkommene und wonnevolle Entsagung ... vollkommene Unterwerfung unter Jesus Christus und meinen geistlichen Führer ... Ewig in der Freude – für einen Tag der Mühe auf Erden.“

Pascal ließ von seiner Vision nicht mehr ab; er verteidigte sie im Stile eines gestrengen Schriftstellers, der nicht mehr bereit war, mit sich spaßen zu lassen. In seinem berühmtesten Werk, den unvollendet gebliebenen „Pensées“, hat er noch einmal niedergeschrieben, welche Lehre er aus seinem Erweckungserlebnis, der Vision vom Gott-im-Feuer, zog. Gottes Zuspruch erfährt der Mensch als die Stimme seines Herzens; das Herz, Ort unmittelbarer Einsicht und der großen Gewißheiten, ist der

Vernunft übergeordnet und verweist sie in ihre Schranken. Eine Eingebung, wie sie Pascals Vision mit sich brachte, ist jedem Menschen zugänglich; er muß nur glauben und auf den Zuspruch seines Herzens hören; in ihm läßt Gott sich vernehmen:

„Das Herz hat seine Gründe, die die Vernunft nicht kennt. Es ist das Herz, das Gott spürt, und nicht die Vernunft. Das ist der Glaube: Gott spürbar im Herzen und nicht der Vernunft ... Wie weit ist es von der Erkenntnis Gottes bis dahin, ihn zu lieben! ... Jesus Christus, Paulus folgten der Ordnung der Gottesliebe, nicht der des Geistes; sie wollten nicht unterrichten, sondern *entzünden.*"

Für den Philosophen Jean-Jacques Rousseau wurde das „Licht der Erkenntnis" an einem Oktobertag des Jahres 1749 entzündet. Seine von ihm selbst so genannte „Illumination" vollzog sich in schlichter Umgebung: Er war auf der Landstraße von Paris nach Vincennes unterwegs, wo er seinen Freund Diderot besuchen wollte, den man des fortgesetzten Atheismus bezichtigt und ins Schloß von Vincennes gesteckt hatte, das damals als Staatsgefängnis genutzt wurde. Diderot ging es dort im übrigen gar nicht schlecht; man behandelte ihn vergleichsweise zuvorkommend, er durfte arbeiten und die Besuche seiner Freunde empfangen.

Rousseau war im Jahre 1749 ein noch unbekannter Mann, der sich in wechselnden Berufen, mehr schlecht als recht, durchgeschlagen hatte. Auf dem Wege nach Vincennes geriet ihm eine Zeitung, der „Mercure de France", in die Hände; er blätterte darin und stieß dabei auf eine von der Akademie Dijon ausgegebene Preisfrage, die da lautete: „Ob der Fortschritt der Wissenschaften und Künste zur Läuterung der Sitten beigetragen hat?". Was dann geschah, schildert Rousseau in einem Brief an seinen Förderer de Malesherbes so:

„Da fiel mir ... die Frage der Akademie zu Dijon in die Augen, die den Anlaß zu meiner ersten Schrift gab. Wenn jemals etwas einer plötzlichen Inspiration glich, so war es die Bewegung, die dadurch in mir entstand. Mit einem Schlage fühlte ich meinen Geist durch tausend Lichter geblendet; zahllose lebensvolle Ideen strömten auf mich ein mit einer Kraft und Fülle, die mich in unaussprechliche Verwirrung brachte ... Mein Kopf ist berauscht, als sei ich betrunken. Heftiges Herzklopfen droht mich zu ersticken; ich kann nicht mehr atmen und werfe mich unter einen der Bäume an der Landstraße. Eine halbe Stunde bringe ich dort in einer solchen Aufregung zu, daß ich beim Aufstehen meine Weste von Tränen benetzt finde. Oh, mein Herr, hätte ich damals den vierten Teil dessen niederschreiben können, was ich unter jenem Baum empfand, mit welcher Klarheit hätte ich dann die Widersprüche der gesellschaftlichen Ordnung darlegen können, mit welcher Gradlinigkeit hätte ich bewiesen, daß der Mensch von Natur aus gut ist und daß die Menschen allein durch unsere Einrichtungen böse werden. Das Wenige, was ich von der Fülle der großen Wahrheiten festhalten konnte, die mich in jener Viertelstunde unter dem Baume erleuchteten, findet sich, in abgeschwächter Form, zerstreut in meinen Hauptschriften. Auf diese Art bin ich, ohne daran zu denken, fast wider meinen Willen zum Schriftsteller geworden."

Rousseaus Erleuchtung brachte Ansehnliches zuwege: Sie machte ihn zum Schriftsteller, der Ruhm und Beschimpfungen einheimsen konnte, und sie eröffnete ihm ein wahrhaft produktives Jahrzehnt, in dem er mehr als ein halbes Dutzend Bücher veröffentlichte und zum meistdiskutierten Autor Frankreichs, ja des gebildeten Europa wurde.

Weit weniger dramatisch ging die Gedanken-Erweckung des angehenden Philosophen Ludwig Feuerbach über die Bühne. Er sah sich zunächst zum Theologen bestimmt, wechselte dann aber an die Universität Berlin, wo der Philosoph Hegel lehrte, der sich anschickte, berühmt zu werden. Hegels Vorlesungen, die von anderen als trocken und langweilig empfunden wurden, brachten für Feuerbach die Wende. Ihm war, als sei ihm zum ersten Mal vergönnt, „die reine, frische Luft" zu atmen; der „Wind" des Denkens, den der eher dröge Hegel entfacht hatte, drängte ihn hinaus ins „wirkliche Leben". Nach Ablauf des Sommersemesters 1825 schrieb er an seinen Vater: „Palästina ist mir zu eng; ich muß in die weite Welt, und diese trägt bloß der Philosoph auf seinen Schultern ... Mit den alles durchdringenden und durchlaufenden Wurzelfasern der Gedanken will ich reichen und mich ausdehnen bis an die Enden der Welt.“

Später, als Feuerbach glaubte, auf dem richtigen Wege zu sein, brachte er die Dankbarkeit Hegel gegenüber noch einmal zum Ausdruck. Er übersandte ihm seine Dissertation und schrieb dazu im Begleitbrief: „Hochzuverehrender Herr Professor! ... Ich nehme mir die Freiheit, Euer Wohlgeboren meine Dissertation zu schicken ... Diese meine Freiheit ... kann ich nur verzeihen ... durch das Bewußtsein, daß die durch Sie in mir erzeugten oder geweckten und in Ihrer Philosophie ausgesprochenen Ideen nicht oben im Allgemeinen über dem Sinnlichen ... sich halten, sondern schaffend in mir fortwirken.“

Philosophen sind, was die kritische Beschäftigung mit dem Werdegang der eigenen Person angeht, nicht unbedingt auskunftsfreudiger als andere Sterbliche. Manch einer hat sich so listig hinter seinem Werk verbarrikadiert, daß er nicht mehr zum Vorschein kam und man allenfalls noch das stille Vergnügen erahnen konnte, mit dem er vermutlich das kritische Treiben seiner Interpreten verfolgte. Andere haben sich erwiesener Unnahbarkeit unterzogen, die ein Frage- und Antwortspiel, auf Autor und Werk gleichermaßen bezogen, unergiebig macht. Wer als Philosoph jedoch seiner Lebensgeschichte ein dezidiertes Andenken bewahrt hat, der erinnert sich auch in Dankbarkeit an jenes Ereignis, das seiner Philosophie ein Licht aufsteckte und die Richtung wies. Nicht immer sind es, wie wir wissen, kraftstrotzende Träume und flammensprühende Visionen gewesen, die dazu bestimmt waren, den noch schlummernden Gedanken Beine zu machen; der einfache Anlaß oder das hartnäckige Wiederholen einer eher diskreten Einflußnahme konnten die gleiche Wirkung erzielen.

Wie intensiv auch immer Eingebungen, Einsichten, Erweckungen, philosophische Schlüsselerlebnisse also, ihren Anspruch angemeldet haben, sie sprachen für sich selbst und bestimmten das von nun an gültige, erkenntnisleitende Interesse. Dem Philosophen, der oftmals noch gar nicht wußte, daß er zu einem Philosophen werden sollte, wurde eine Gewißheit zuteil, die er – auch – als Geschenk begreifen durfte. Es bot sich ihm an, in aller Offenheit und auf Folgerungen versessen, ein Schlüssel zur Welt – und, wie Walter Benjamin einmal gesagt hat, „ein Gleichnis für die Dinge; ein Gleichnis für den Alltag der Utopie“.

„Das Wesen der Dinge"

Platon

Einem Philosophen geht es, er mag es beklagen, zumeist nicht viel besser als anderen Menschen. Er wird geboren, er lebt und stirbt, und in der Zwischenzeit müht er sich mit seinen Gedanken ab, die oft mehr versprechen, als sie zu halten imstande sind – besonders dann, wenn sie auf Verständnis auch dort rechnen sollen, wo sich der private Wirkungskreis des Philosophen verliert und die Domäne anderer Menschen beginnt. Genau dies kann sich zum Problem entwickeln: Er hat es mit Menschen zu tun, ein Umstand, der sich, in der Regel, auch durch die versierteste Einsiedelei und Zurückgezogenheit kaum verhindern läßt. Der Denker, ob er nun will oder nicht, muß zum Denker von Welt werden; über die Leere, auch die Menschenleere, darf er wohl grübeln, aber es ist, allemal, ein fruchtloses Unterfangen, und so sollte er sich besser beizeiten auf die Pflichten einstellen, die sich aus der Tatsache ergeben, daß der Mensch eine Art merkwürdiges Herdentier darstellt, welches sein Tun und Lassen am liebsten in der Gemeinschaft mit anderen vollzieht.

Ist ein Philosoph menschenunfreundlich, wie es ja eines der beliebten Klischees besagt, das der Denkerzunft anhängt, ist er zudem griesgrämig und vom Wissen um die Vergeblichkeit aller irdischen Liebesmüh geprägt, so wird er versuchen, seinen Zeitgenossen aus dem Weg zu gehen; er hält sich statt dessen an die Devise: Alleine lebt und denkt sich's am besten. Es kommt jedoch auch vor, und die kolportierte Philosophiegeschichte weiß davon zu berichten, daß ein Philosoph die ihm gemäße Geselligkeit entwickelt; er stellt sich den Kommunikationsanforderungen, die an ihn ergehen, und vermag daraus, wenn's denn beliebt, einen speziellen Gewinn zu ziehen, der, beispielsweise, darin bestehen kann, daß er einen Menschen kennenlernt, der ihm, im Idealfall, Lehrer und Freund, Vorbild und Anreger in einem ist. Die Begegnung mit einem solchen Menschen wird ihm zum Schlüsselerlebnis – zum prägenden Ereignis, aus dem sich alle noch folgenden und zu erarbeitenden Konsequenzen, in stiller Selbstverständlichkeit, ergeben.

Für den griechischen Philosophen Platon, der etwa um 428 v. Chr. das helle Licht der Welt erblickte, wurde ein einziger Mann zum Beispiel für den schwierigen, aber letztlich erfolgreichen Versuch, Leben und Denken in Einklang zu bringen. Sokrates, so hieß der Mann, galt als einer der berühmtesten und umstrittensten Philosophen seiner Zeit: Er trat im Stil eines umtriebigen Moderators auf, der, sehr bescheiden, mit seiner angeblichen Unwissenheit kokettierte und am liebsten Passanten und Müßiggänger auf den Athener Plätzen in philosophische Gespräche verwickelte, bei denen es vorwiegend darum ging, das Selbstverständliche zu bezweifeln und die gewohnten Gewißheiten ein wenig zu demontieren. Sokrates betrieb Philosophie als die hohe Kunst, Fragen zu stellen; auf Antworten schien er nur deswegen Wert zu legen, weil sie ihm zusätzliche Stichworte lieferten, die dazu dienten, mit Hilfe weiterer, hartnäckig nachstoßender Fragen den eigenen Gedankengang voranzutreiben. Seine Bereitschaft zu reden war alles andere als monomanisch; er konnte, ungeachtet seiner Fähigkeiten, ein Gespräch ganz in seinem Sinn anleiten und steuern, wie ein väterlicher Ratgeber zuhören; Wissen, so machte dieser Philosoph zumindest für seine Anhänger deutlich, mußte als ein ebenso ernstes wie gefährdetes Erkenntnisgeschäft betrieben werden, das keine persönlichen Spekulationsgewinne versprach, dafür aber eine beträchtliche und mit Würde zu behandelnde Allgemeinnützigkeit.

Platon, so wird berichtet, begegnete Sokrates erstmalig im vergleichsweise zarten Alter von dreizehn Jahren. Welche unmittelbare Folgewirkung dieses Zusammentreffen zeitigte, ist nicht überliefert; es läßt sich jedoch vermuten, daß ein tiefgreifender Eindruck entstand, der den Knaben, dem man ohnehin einen Hang zur Altklugheit nachsagte, nicht mehr losließ. So kam es, daß die zweite Begegnung zwischen Platon und Sokrates, welche, den Chronisten zufolge, sieben Jahre später stattfand, zu einem einschneidenden Erlebnis werden konnte, das beizeiten vorbereitet worden war. Sokrates stand inmitten einer Gruppe von jungen Müßiggängern und führte, liebenswürdig und konsequent, wie man es von ihm gewohnt sein durfte, das philosophische Wort, als der zwanzigjährige Platon hinzustieß, dessen Interessen damals eher der Dichtkunst und den Winkelzügen der Athener Realpolitik galten. Es war wohl so etwas wie Liebe auf den ersten Blick; Platon sah seinen Philosophen, er hörte, was der weise Mann sagte, und seine Entscheidung stand fest: Von Stund an wollte er sich der Philosophie widmen ...

Die Beziehung, die sich aus dieser Begegnung ergab, war keineswegs einseitig, wie man vielleicht annehmen konnte. Auch Sokrates nämlich, so weiß Diogenes Laertios, der bekannteste unter den antiken Philosophie-Geschichtsschreibern, zu erzählen, nahm Platon wahr: Er erwiderte seinen Blick, zog den Jüngling ins Gespräch und begann mit der behutsamen Hinführung zu jener Erkenntnis-Arbeit, die er selbst begonnen hatte und die nun von Platon, in aller Selbständigkeit, weitergeführt werden sollte. Sokrates, so wollen es der Chronist und die Legende, auf die er sich beruft, sah sich auf wundersame Weise mit seinem Nachfolger konfrontiert, von dem er zuvor noch im Schlaf Kenntnis erhalten hatte ...

„Es geht die Erzählung, Sokrates habe geträumt, er halte auf seinem Schoße das Junge von einem Schwan, das alsbald befiedert und flugkräftig geworden, in die Lüfte emporgestiegen sei mit schallenden Jubeltönen; und tags darauf sei ihm Platon vorgeführt worden; da habe er gesagt, dies sei der Vogel. Seine philosophischen Studien betrieb (Platon) zunächst in der Akademie, dann in dem Garten am Kolonos ... Als er dann mit einer Tragödie in den Wettbewerb eintreten wollte, verbrannte er, des Sokrates Mahnungen folgend, seine Dichtungen vor dem Dionysischen Theater ... Von da ab ... war er ununterbrochen des Sokrates Hörer ..."

Platon verabschiedete sich von seiner Dichter-Existenz, die er wohl ohnehin nicht allzu zielstrebig verfolgt hatte, und wurde Philosoph. Daß dieser Berufswechsel möglicherweise doch noch tiefere Spuren hinterlassen hat, als man vordergründig meinen konnte, zeigte sich in Platons späterer Bewertung der Poesie, die durchgehend ungnädig ausfiel; möglicherweise erfolgte damit eine zweite strenge Abstrafung ursprünglich gehegter Intentionen, die, vergessene Jugendträumen nahestehend, doch nicht so vergessen waren, wie es die philosophische Ernsthaftigkeit dekretieren mußte. Platon nämlich war kein schlechter Dichter; von den 33 erhalten gebliebenen Epigrammen, die man dem Philosophen zuschreibt, sind die meisten mehr als bemerkenswert: Sie lassen etwas von der dunklen Seite des Lebens anklingen, jenen rätselhaften und sperrigen Mächten, mit denen ein Philosoph wie Platon, der auf die lichte Ideenwelt setzte, ansonsten nicht so sehr viel anfangen konnte. In seinen Gedichten gestand er Sehnsüchte ein, gestattete sich Ausflüchte – Ahnungen zudem und Einsichten in den Verfall der Zeit, die dem Tod vorherläuft …

„Schaust nach den Sternen empor, mein Stern. O wär ich mit tausend Augen/ der Himmel, ich sähe nieder mit ihnen auf dich. –

Morgenstern warst du dereinst, der unter den Lebenden strahlte; / nun bei den Toten im Tod strahlst du als Abendgestirn. –

Eines Gestrandeten Grab! Und ein Landmann schlummert daneben: Siehe Land und Meer ist er gemeinsam, der Tod. Mich, den Nußbaum, pflanzte man hier an der Straße; nun werfen/ Jungen so im Vorbei spielend mit Steinen nach mir. / Immerfort treffen sie mich; schon haben sie all meine Äste/ und mein sprossend Gezweig mit ihren Steinen geknickt. / Hat es noch Zweck, ein Fruchtbaum zu sein? Ich Armer, ich brachte/ meine Früchte doch nur, um mich mißhandelt zu sehn. –

Alles führt weiter die Zeit; die säumenden Jahre des Lebens/ ändern des Leibes Gestalt, Namen und Glück und Natur.“

Das Lehrer-Schüler-Verhältnis, das zwischen Sokrates und Platon bestand, währte acht Jahre; es erwies sich als fruchtbar und spannungsfrei. Die Spannungen, die es gab, hatten nichts mit der Philosophie zu tun, sondern beruhten auf der fatalen Situation, in der sich das athenische Staatswesen befand. Nach dem Peloponnesischen Krieg, der mit dem Sieg Spartas endete, übernahmen in Athen dreißig Aristokraten die Macht. Unter ihnen waren einige Verwandte des jungen Platon, der selber aus einer reichen und einflußreichen Familie stammte – sie wurde, das sei nur am Rande vermerkt, von einem Philosophiehistoriker unserer Tage mit dem Kennedy-Clan in den USA verglichen. Platons politische Ambitionen, die er zeit seines Lebens pflegte, weil sie ihm als wesentliche Ergänzung, ja sogar als anzustrebende Verwirklichung philosophischer Wesensschau erschienen, machten sich bei Dienstantritt der Dreißig deutlich bemerkbar. Er spekulierte nicht nur auf ein Amt, was seinem Lehrer eher mißfallen mußte, sondern auch, und dies vor allem, auf eine moralische und sittliche Läuterung der athenischen Gesellschaft, gegen die Sokrates sicher nichts einzuwenden gehabt hätte. Platons Hoffnungen jedoch wurden schon bald enttäuscht; er mußte erkennen, daß die Realpolitik ihre eigene Gesetzmäßigkeit pflegte und zudem mit einem weit größeren Beharrungsvermögen ausgestattet war, als es die ihnen entgegengestellten Ideale wahrhaben mochten – eine Erkenntnis übrigens, die der Philosoph noch öfter machen sollte ... Im siebenten seiner Briefe, dem bedeutendsten autobiographischen Zeugnis, das uns erhalten geblieben ist, schrieb Platon:

„Ich glaubte nämlich, sie (die Dreißig, O.A.B) würden den Staat so verwalten, daß sie aus einem Zustande der Ungerechtigkeit zu einer gerechteren Lebensweise ihn hinführten, so daß ich mit großer Spannung erwartete, was sie ausrichten würden. Da ich nun aber sah, daß diese Männer in kurzer Zeit die frühere Verfassung als eine goldene erscheinen ließen, unter anderm einen mir befreundeten älteren Mann, den Sokrates, den ich fast unbedenklich für den gerechtesten aller damals Lebenden erklären möchte, nebst andern nach einem Bürger aussandten, um diesen mit Gewalt seiner Hinrichtung entgegenzuführen, damit jener, ob er nun wolle oder nicht, bei ihrem Tun sich beteilige; er aber gab ihnen kein Gehör und setzte sich lieber der äußersten Gefahr aus, als daß er an ihrem frevelhaften Treiben teilnahm; – da ich das alles sowie noch manches dem Ähnliche von nicht geringer Bedeutung sah, da erfüllte es mich mit Unwillen, und ich selbst zog mich von dem damaligen schlechten Regimente zurück."

Sokrates führte Platon vor, was es bedeutet, seine Gesinnung auch in ungemütlicher werdenden Zeiten zu bewahren – ein Bravourstück, das um so mehr wog, als der Philosoph nicht nur Kritik, sondern die handfeste Bedrohung von Leib und Leben fürchten mußte. In der von Intrigen und Machtkämpfen geprägten Atmosphäre des Stadtstaates Athen, der unter einer tiefen Verunsicherung seines zuvor oft über Gebühr zur Schau gestellten Selbstbewußtseins litt, hatte sich eine Opposition gegen das mit dem Namen Sokrates verbundene freie Philosophieren aufgebaut, von dem gemutmaßt wurde, es trage zur verderblichen Meinungsbildung bei und untergrabe die ohnehin nur noch mühsam aufrechterhaltenen sittlich-religiösen Fundamente des Gemeinwesens. Sokrates selbst schien das Ränkespiel, das gegen ihn inszeniert wurde, nicht bemerken zu wollen; er präsentierte sich weiterhin als freundlicher Denker, der, um der Sache des Wissens zu dienen, auch die Unwissenheit in Kauf nahm. Für die Angelegenheiten der Politik, im besonderen ihre offensichtlichen Schattenseiten, ließ er sich nicht einspannen; wenn es darauf ankam, so hatte er vorgeführt, konnte der liebenswürdige Philosoph auch hart sein und zu einer Entscheidung stehen, die er selbst nur mit seinem Gewissen und dem Erkenntnisinteresse, das er verfocht, auszumachen hatte. So kam es, wie es wohl kommen sollte: Seine Gegner formierten sich und stellten ihn unter Anklage, ein an sich schon unerhörter Vorgang, den der Philosoph jedoch so gelassen zur Kenntnis nahm, als ginge es nur darum, eine neue Antwort auf alte Vorwürfe zu finden. Daß sein Fall längst dem Geltungsbereich gepflegter Gesprächskultur entzogen worden war und zu einer Entscheidung über Leben und Tod führen würde, ahnte er durchaus; trotzdem wollte es ihm so vorkommen, als müßte seine Sache, mit all ihren Konsequenzen, ans

Ende gebracht werden, um die eigentliche Wahrheit aufleuchten zu lassen. Sokrates wurde der Prozeß gemacht; man verurteilte ihn zum Tode – ein Vorgang, den Platon vergleichsweise emphatisch in seinem Dialog „Phaidon" beschrieb. Über das Ende des Philosophen, der einen Becher mit Gift leerte, heißt es dort:

„Sokrates ... aber sagte: Was macht ihr doch, ihr wunderbaren Leute! Ich habe vorzüglich deswegen die Weiber weggeschickt, daß sie dergleichen nicht begehen möchten; denn ich habe immer gehört, man müsse stille sein, wenn einer stirbt. Also haltet euch ruhig und wacker. Als wir das hörten, schämten wir uns und hielten inne mit Weinen. Er aber ging umher, und als er merkte, daß ihm die Schenkel schwer wurden, legte er sich gerade hin auf den Rücken ... Darauf berührte ihn ebendieser, der ihm das Gift gegeben, von Zeit zu Zeit und untersuchte seine Füße und Schenkel ... und zeigte uns, wie er erkaltete und erstarrte. Darauf berührte er ihn noch einmal und sagte, wenn ihm das bis ans Herz käme, dann würde er hin sein ... Bald darauf zuckte er, und der Mensch deckte ihn auf; da waren seine Augen gebrochen. Als Kriton das sah, schloß er ihm Mund und Augen. – Dies, o Echekrates, war das Ende unseres Freundes, des Mannes, der unserm Urteil nach von den damaligen, mit denen wir es versucht haben, der trefflichste war und auch sonst der vernünftigste und gerechteste."

Was Platon hier beschrieb, war ein Ereignis, das, unabhängig von den noch zu bedenkenden moralischen Implikationen, nach einer persönlichen Antwort verlangte. Er hatte nicht nur miterleben müssen, wie die Politik, unter den Vorzeichen selbsterteilter Legitimation, buchstäblich über Leichen ging; ihm wurde darüber hinaus auch, und das durchaus drastisch, vor Augen geführt, daß die Philosophie wehrlos war, wenn sie sich nicht selber wehrhaft machte, und zwar mit den Mitteln, die ihr zur Verfügung standen. Die Konsequenzen, die der nunmehr 28jährige Platon aus der Hinrichtung seines geliebten Lehrers zog, waren entsprechend: Er betrieb seinen Rückzug aus dem politischen Tagesgeschäft, zumindest was die Belange

Athens anging, und stellte seine Kräfte ganz in den Dienst der Philosophie. Dem Mann aber, der ihn recht eigentlich erst auf den Weg des Denkens gebracht hatte, stattete er auf ganz besondere Weise seinen Dank ab: Er machte ihn zur literarischen Figur, die dazu geschaffen war, die Zeiten zu überdauern. Der tote Sokrates überlebte mit Hilfe der Platonischen Schriften, in denen er als weiser Sprecher eines Autors auftrat, der sich der Argumentation eines anderen bediente, um die eigenen Gedanken deutlich werden zu lassen; ein Konzept, das Kunstgriff und ehrendes Gedenken in einem bedeutete. Die Erinnerung, die sich mit dem Namen Sokrates verband, ließ sich somit verfügbar halten; sie konnte, mit den Mitteln des Erzählens, vergegenwärtigen, was die Wirksamkeit des Philosophen ausmachte – so als wären die bedeutendsten seiner Reden, wie auf Abruf, noch einmal und immer wieder zu hören:

„Hört aber einer dich selbst oder von einem andern deine Reden vorgetragen, wenn auch der Vortragende wenig bedeutet, sei es nun Weib oder Mann, wer sie hört, oder Knabe, alle sind wir wie außer uns und ganz davon hingerissen. Ich wenigstens, ihr Männer, ... wollte es euch auch mit Schwüren bekräftigen, was mir selbst dieses Mannes Reden angetan haben und noch jetzt antun. Denn weit heftiger ... pocht mir, wenn ich ihn höre, das Herz, und Tränen werden mir ausgepreßt von seinen Reden; auch sehe ich, daß es vielen andern ebenso ergeht."

Nach dem Tode des Sokrates begab sich Platon auf Reisen. Wohlhabend genug, um es sich leisten zu können, war er allemal; er gehörte zu den Privilegierten der Athener Gesellschaft, ein Umstand, den er selbst für naturgegeben und selbstverständlich hielt. Platon besuchte die griechischen Kolonien im Mittelmeerraum und gelangte sogar, schenkt man den Chronisten Glauben, bis nach Ägypten. Seine wichtigste Reise führte ihn nach Syrakus, der noch immer mächtigsten Griechenstadt auf Sizilien. Dort herrschte der Tyrann Dionysios I., dem später, unter ähnlichen gewaltherrschaftlichen Vorzeichen, sein Sohn Dionysios II. in der Regentschaft folgte. Am Hof in Syrakus legte man Wert darauf, eine in Maßen aufgeklärte Diktatur zu betreiben; Philosophen und Künstler waren willkommen, hatten sich aber allzu deutlicher Kritik tunlichst zu enthalten. Wer dieser Erwartungshaltung entsprach, durfte auf ein luxuriöses Dasein, geduldet und bewacht vom allgegenwärtigen Machthaber, rechnen. Platon hatte nicht die Absicht, sich dem zu fügen:

„Als ich dorthin kam, sagte mir das, was man dort bei reichlichen italischen und sizilischen Leckereien ein glückliches Leben nennt, keineswegs und in keiner Weise zu; dahinzuleben, indem man zweimal des Tags sich vollpfropft und keine einzige Nacht allein schläft und welche Gewohnheiten sonst an ein solches Leben sich knüpfen. Könnte und würde doch von allen Menschen unter der Sonne keiner – denn so glückliche Temperamente wird es nicht geben – jemals bei einer solchen Lebensweise zu einem Verständigen und Besonnenen werden."

Platon, der sich ja, das zumindest war seine Absicht, von jeder politischen Einflußnahme weitgehend freizuhalten gedachte, kam wieder in Versuchung, als er den jungen Dion kennenlernte, einen Schwager des Dionysios. Dion verkörperte jenen hochfliegenden und herzenswärmenden Idealismus, den, möglicherweise, auch schon Sokrates bei Platon entdeckt hatte, als die beiden begannen, ihre ersten Gespräche zu führen. Nun konnte der einstige Schüler selber als Mentor auftreten – eine verlockende Konstellation, deren Reiz sich Platon nicht entziehen konnte. Dion schien das genaue Gegenteil des Dionysios zu sein: Er war vernünftig, wißbegierig, ausgeglichen, er interessierte sich für die Philosophie, von der er Anregungen, ja begründete Initiativen erwartete, die der Politik bei ihrem Bemühen helfen konnten, eine gerechtere Herrschaftsordnung anzustreben. Platon versprach sich aus dem Umgang mit Dion Hinweise für die politische Anwendbarkeit seiner Philosophie, von der er noch immer erwartete, daß sie auch praktisch verwertbar sein sollte; wenn als Resultat solcher Bemühungen Beihilfe zum Sturz der Tyrannis bewirkt wurde, sollte ihm das recht sein, obwohl er später eine direkte, mit konkretem Ziel ausgestattete Einflußnahme als nicht beabsichtigt hinstellte. Die Entwicklung, so sah es der Philosoph rückblickend, hätte ohnehin ihren Lauf genommen; seine Beratertätigkeit konnte nicht mehr tun, als Denkanstöße zu geben, für die der Klient in seiner eigenen Verantwortung blieb …

„Indem ich mit dem Dion, damals einem jungen Manne, verkehrte, scheint es mir selbst, als ich ihn über das, was ich für das Beste für die Menschen halte, belehrte und ihm es zu üben riet, entgangen zu sein, daß ich gewissermaßen einen davon zu erwartenden Umsturz der Gewaltherrschaft vorbereitete. Denn der so im übrigen wie für die von mir damals ausgesprochenen Äußerungen mit leichter Fassungskraft begabte Dion gab mir so schnell und so willig Gehör wie kein anderer der Jünglinge, mit denen ich in Verbindung kam … Darum führte er ein denjenigen, deren Lebensweise den gewaltherrscherischen Einrichtungen entsprach, anstößiges Leben, bis Dionysios seinen Tod fand."

Platons Einfluß auf den jungen Dion war gut und nützlich, aber er bewirkte nicht den unmittelbaren Erfolg, den der Philosoph sich insgeheim erhoffte. Nach dem Ableben des Tyrannen übernahm sein Sohn Dionysios II. die Herrschaft; er, auf dem anfänglich große Erwartungen ruhten, erwies sich schon bald als zu schwach, um entscheidende Änderungen herbeizuführen. Auch Dion, der seine Stunde gekommen sah, noch ehe sie wirklich schlug, ließ sich zu taktischen Fehlleistungen verleiten; Platons Ratschläge hatten ihm zudem nicht beibringen können, daß ein solider machtpolitischer Ehrgeiz auch mit Geduld ausgestattet sein muß, um längerfristig reüssieren zu können. Der Philosoph kehrte nach Athen zurück und ließ dort, vor den Toren der Stadt, im ehemals Heiligen Bezirk Hekademeia, die sogenannte Akademie wiederaufleben, die er zu seiner eigenen philosophischen Schule und Privatuniversität ausbaute, an der er, mit einer Schar handverlesener Schüler, eine Philosophie betrieb, von der er, selbstherrlich genug, annahm, sie diene nicht nur dem Wissen, sondern habe auch, wenn sie denn nur systematisch gelehrt werde, die Ausbildung fähigerer und klügerer, ja sogar wohl: besserer Menschen zur Folge. Fünfzehn Jahre, so schrieb Platon in seinem Hauptwerk „Politeia", solle die von ihm befürwortete Ausbildung zum Philosophen dauern; zwei Drittel der Zeit seien für den Unterricht in Mathematik und Naturwissenschaften zu rechnen, der Rest diene der Einübung in die eigentliche Philosophie, von der er nichts Geringeres erwartete als die durchdachte und dialektisch begründete Zusammenschau aller Erkenntnisse vor dem Hintergrund der wahren und unvergänglichen Wesensformen allen Wissens, der sogenannten Ideen:

„Wer zur Zusammenschau fähig ist, ist dialektisch; wer nicht, ist es nicht ... Hierauf also, sprach ich, wirst du achten müssen, und welche unter ihnen (den Schülern, O. A. B.) dieses am meisten sind und beharrlich im Lernen, beharrlich auch im Kriege und in allem Vorgeschriebenen, diese wiederum, wenn sie dreißig Jahre zurückgelegt haben, aus den Auserwählten auswählen und zu noch größeren Ehren erheben, um, indem du sie durch die Dialektik prüfst, zu sehen, wer von ihnen Augen und die andern Sinne fahrenlassend auf das Seiende selbst und die Wahrheit loszugehen vermag."

Der Elite-Philosoph, wie ihn sich Platon vorstellte, hat wenig Beifall gefunden. Nicht wenigen seiner Zeitgenossen mußte er bereits wie ein Soldat des Geistes vorkommen, dem man nicht über den Weg trauen durfte. Auch Platons Nachfolger konnten sich mit seinem Konzept, das vermessen genug war, die Herrschaft der Philosophen einzufordern, nicht anfreunden; bis auf den heutigen Tag hat daher eine Kritik Gültigkeit behalten, die am prononciertesten wohl von Popper geäußert wurde: Sie besagt, daß Platons praktische Philosophie in ihren Grundzügen totalitär sei und jedem Machtmißbrauch unter dem Vorwand des angeblich besseren Wissens Tür und Tor öffne. Platon selbst hat eine Verwirklichung seiner Philosophie, wie er sie sich vorstellen mochte, nicht erlebt; sein Versuch, ein bißchen am Räderwerk der Machtpolitik mitzudrehen, den er am Hofe von Syrakus unternahm, war bekanntlich nicht von Erfolg gekrönt. Immerhin zeigte sich der Philosoph ehrgeizig genug, diesen Versuch zu wiederholen; zweimal noch reiste er nach Sizilien – in der Hoffnung, endlich günstigere Konstellationen vorzufinden, die es ihm erlaubten, sein philosophisches Erziehungsmodell in die Tat umzusetzen. Auch diese Hoffnungen wurden enttäuscht. So blieb ihm nichts anderes übrig, als seiner Philosophie die Theorie als erprobtes Modell für die Praxis zu verordnen; er begnügte sich damit, Lehrer zu sein und auf jene geheimnisvolle Wirkung zu vertrauen, die das geschriebene Wort, mehr noch als der mündliche Vortrag, immer wieder erzielt:

„Vermöge der langen Beschäftigung mit dem Gegenstande und dem Sichhineinleben, wie ein durch einen abspringenden Feuerfunken plötzlich entzündetes Licht in der Seele sich erzeugt und dann durch sich selbst Nahrung erhält, ... weiß ich, daß ich, wenn ich es ausspräche oder niederschriebe, auf das sorgfältigste es tun und es mir gewiß vor allen andern leid sein würde, wäre es schlecht abgefaßt. Ergäbe es sich mir aber, daß es sich in einer der Mehrzahl verständlichen Weise niederschreiben und aussprechen ließe, was könnte dann von uns im Leben Schöneres geschehen, als etwa den Menschen zu großem Heile Gedeihendes niederzuschreiben und das Wesen der Dinge für alle an das Licht zu ziehen?“

Der Tonfall leichter, sich selbst genügender Heiterkeit, den man aus solcher Absichtserklärung heraushören mag, war Platon ansonsten eher fremd. Er galt nicht gerade als Erfinder des Frohsinns; Diogenes Laertios wußte zu berichten, daß der Philosoph in seinem ganzen Leben nie beim Lachen ertappt worden sei. Vielleicht ging er dazu in den Keller der Akademie; auf jeden Fall versuchte er mit seinen Schriften, auch andere zum Ernst des Lebens anzuhalten. Daß die Spottlust des Menschen sogar vor den Göttern nicht haltmachte, erschien ihm besonders verwerflich:

„Es ist unziemlich, allzusehr dem Lachen zugeneigt zu sein, und man kann nicht gutheißen, wenn Homer Verse dieser Art schreibt: ‚Unauslöschliches Lachen erregt es den Seligen, keuchend/ Rund um den Saal den Hephaistos als Schenken watscheln zu sehen.‘ Ich denke, daß solche Dinge, auch wenn sie wahr sind, Kindern und unreifen Personen nie erzählt werden dürften, sondern es wäre angemessen, sie zu verschweigen oder sie höchstens einer kleinen Zahl von Leuten mitzuteilen, nachdem man den Göttern ein Opfer von seltenem Wert und großen Ausmaßen gebracht hat.“

Das Wesen der Dinge lag für Platon in den Ideen. Sie lassen sich als die eigentlichen, aus der Zeit herausgehobenen und doch mit ihr verbundenen Vorbilder der Schöpfung verstehen, welche die Grundstrukturen jeder Vielfalt bilden – bleibende Muster, von denen die irdischen Realitäten, unsere menschlich-seelischen Befindlichkeiten keineswegs ausgeschlossen, nur blasse Kopien darstellen. Platons Philosophie, und dies ist sicher ihr Verdienst, erhebt sich über das schnellebige Alltagsgeschehen, über die Kurzatmigkeit unserer Erkenntnisprozesse und die Vergegenständlichung profaner Wissensleistungen. Ein solcher Ansatz, den man leicht als beeindruckend unmodern abtun könnte, läßt sich jedoch, gerade mit Blick auf die hektische Zirkulation gegenwärtiger Symbol- und Zeichenwelten, als Korrektiv verstehen, aus dem die Botschaft zu entnehmen wäre, daß es, nach wie vor, ein Desiderat des Bleibenden gibt in der Willkür des hemmungslos schnell Abgelebten. Platons Philosophie ist von Anmaßungen und Behauptungen wahrlich nicht frei; darin entfernte sie sich zusehends aus dem Gedankentrakt, den der verehrte Lehrer Sokrates für das Nichtwissen offengelassen hatte. Letztendlich aber sollte es wichtig sein, der Philosophie noch einmal, und immer wieder, etwas zuzumuten; es verbindet sich damit nämlich die Aufforderung zu einer Wahrheitsfindung außerhalb der zugelassenen Realitäten und die Erinnerung an das, was unsere Erfahrungen ausmacht, noch bevor sie wirklich zu Erfahrungen werden …

„Ich meine … gar nichts Neues … und fange davon an, daß ich voraussetze, es gebe ein Schönes an und für sich und ein Gutes und Großes und so alles andere … So verstehe ich denn gar nicht mehr und begreife nicht jene anderen gelehrten Gründe; sondern wenn mir jemand sagt, weswegen irgend etwas schön ist, entweder weil es eine blühende Farbe hat oder Gestalt oder sonst etwas dieser Art, so lasse ich das andere – denn durch alles übrige werde ich nur verwirrt gemacht – und halte mich ganz einfach und kunstlos und vielleicht einfältig bei mir selbst daran, daß nichts anderes es schön macht als ebenjenes Schöne … “

„*Wie ein Gott unter Menschen*“

Epikur

Auch wenn man der Philosophie heute nicht mehr so viel zutraut wie früher, hat sie doch immer noch den Ruf, sich vorwiegend mit Problemen zu beschäftigen, die in den anderen Wissensgebieten kein Interesse mehr finden oder bereits als gelöst gelten. Philosophen pflegen demnach einen vergleichsweise unnützen Zeitvertreib – eine Meinung, die man teilen mag, wobei allerdings der Hinweis gestattet sein sollte, daß philosophische Fragen wie etwa diejenigen nach Gott, Seele, Welt, nach Realität und Idealität, nach Subjekt und Objekt altehrwürdige und damit wiederkehrende Fragen sind: Sie erweisen sich als unabweislich – man kann sie ausklammern, aber nicht leugnen. So scheint sich, letztendlich, gar nicht so viel verändert zu haben: Die Philosophie ist bescheidener geworden, aber es gibt sie noch, und sie muß für die Nische, die sie noch immer besetzt hält, etwas mehr an Abgaben entrichten als in ihren Glanzzeiten, in denen man es noch gut mit den Philosophen meinte.

In der Antike beispielsweise wurde ein Philosoph fast automatisch mit der Weisheit in Verbindung gebracht, auch wenn er selbst vielleicht gar nicht so sonderlich helle war. Man nahm der Philosophie ab, daß sie dem Leben, dem irdischen und überirdischen, auf den Grund gehen wollte, daß sie nach der Gerechtigkeit fragte und nach dem Guten und Schönen fahndete. Allerdings hatte auch die Philosophie bereits ihre beginnende Geschichte: In Griechenland, wo sie ihre erste und eigentliche Blüte erlebte, setzte nach dem Ableben des berühmten Platon ein kaum merklicher Auflösungsprozeß ein, der parallel lief zu gesellschaftlichen Zerfallserscheinungen, auf welche die Philosophie mit einem dezenten Rückzug ins private Dasein reagierte. Eine solche Bescheidung trug nicht unbedingt zur Aufrechterhaltung des früheren, durchaus gediegenen Rufes bei; man begann damit, in den Philosophen Zeitgenossen zu sehen, die bei dem Bemühen, der Weisheit ihre Stimme zu leihen, auch einen gewissen Hang zum Abseitigen entwickelten.

Als der Philosoph Epikur, der im Jahre 341 v. Chr. auf der Insel Samos geboren wurde, zur Philosophie kam, herrschte eine solche Zeit der zurückgenommenen Einflußnahme. Es gab nicht gerade wenige Philosophen, und es kursierte eine Vielzahl von Lehren und Meinungen, die allesamt mit dazu beitrugen, daß die Orientierung der Menschen nicht sicherer, sondern eher schwieriger geworden war. Ein Philosoph galt weniger als früher; zwar richtete er noch immer sein Nachdenken auf die bekannten Fragen, aber mit den Antworten, die er gab, vermochte er nicht mehr so recht zu überzeugen. Die philosophischen Lehrer konzentrierten sich hauptsächlich auf ihre Schüler, die eine gewisse Treue an den Tag legten, aber auch manche Stunde damit verbrachten, sich am jeweiligen weltanschaulichen Gegner zu reiben. Der große Durchbruch zu einer allgemeinverbindlichen Wahrheit war kaum noch zu erwarten; so mutete es nur folgerichtig an, daß eine stillschweigende Aufteilung des Wissens in verschiedene Wissensgebiete vonstatten ging – ein Vorgang, dessen Resultate uns heute längst zur Gewohnheit geworden sind. Erziehung und allgemeiner Unterricht bezogen Distanz zur Philosophie, die, ohne es zu wollen, in die Rolle einer reizvollen Eigenbrötlerin hineinwuchs …

Epikurs Vater, der als Lehrer tätig war, sah sich unmittelbar in diese Situation hineinversetzt: Er nahm den Sohn, der als zweites von vier Kindern geboren wurde, mit zur Schule, um ihn so früh wie möglich in einen Unterricht zu integrieren, der solide Bildung vermitteln sollte. Für die Kunst, Fragen zu beantworten, die keiner gestellt hatte, waren, nach wie vor, die Philosophen zuständig, von denen es auch auf Samos einige gab – allen voran der Platoniker Pamphilos, von dem später behauptet wurde, es sei ihm gelungen, Epikur bereits als elfjährigen Knaben in die Grundzüge des philosophischen Denkens einzuweihen.

Es ist heute nicht mehr festzustellen, was in der antiken Philosophie-Geschichtsschreibung, die der dichterischen Phantasie ohnehin breiten Raum einräumte, als Wahrheit gelten darf und was zur Legendenbildung gehört. Auf jeden Fall kann die Geschichte von der philosophischen Unterweisung, die Epikur bei dem erwähnten Pamphilos angeblich nur allzu bereitwillig über sich ergehen ließ, tunlichst bezweifelt werden. Wahr hingegen scheint der Bericht des Sextus Empiricus zu sein, der Epikur, dem Lehrersohn, eine früh entwickelte Lernverdrossenheit zuspricht: Danach habe es der Knabe noch nicht einmal eine Stunde in der Schule ausgehalten, was an einem Vorfall lag, den der Chronist wie folgt beschreibt:

„‚Am Anfang entstand das Chaos', sprach der Lehrer zu den Schülern. ‚Und woraus entstand es?' fragte Epikur. ‚Das können wir nicht wissen', erwiderte der Lehrer, ‚dies ist eine Frage, mit der sich die Philosophen beschäftigen.' ‚Und wozu soll ich dann hier meine Zeit verschwenden?' entgegnete Epikur. ‚Dann kann ich doch lieber gleich zu den Philosophen gehen' … "

Für diese kleine Erzählung spricht, daß sie auch bei anderen Philosophiehistorikern Erwähnung findet. Epikur scheint danach im jugendlichen Alter von vierzehn Jahren nachhaltig mit der Philosophie in Berührung gekommen zu sein. Sie mußte ihm wie eine Wissenschaft vorkommen, die gerade deshalb hochinteressant wirkte, weil ihr Mut zum grundlegenden Zweifel und zur kühnen Unentschiedenheit für nicht vereinbar mit dem anerkannten Unterrichtsstoff gehalten wurde. Dabei beschäftigte sich die Philosophie, wie Epikur sie sah, doch gerade mit dem, was als das eigentlich Bedenkenswerte im Leben gelten konnte. Es durfte daher nicht verwundern, daß der junge Mann, der mit achtzehn Jahren nach Athen gerufen wurde, um dort seinen Wehrdienst abzuleisten, der Philosophie, die ihm als eine Art erste große Liebe diente, geradezu unbeirrt die Treue hielt, was ihm um so leichter fiel, als er nicht gerade an mangelndem Selbstbewußtsein litt, so daß ihm auch einige

Wissenslücken, die sich aus seiner Schulabsenz ergaben, keine größeren Sorgen bereiteten.

Epikurs Stolz hatte etwas Unbeirrbares an sich. Obwohl eher als Autodidakt denn als fleißiger Student zum Philosophen gereift, trat er, so wird berichtet, schon in jungen Jahren wie ein Altmeister auf, der sich auch von verdienten und anerkannten Vertretern seines Fachs kaum beeindrucken ließ. In Athen bekam er Gelegenheit, Xenokrates, den amtierenden Chef der Platonischen Akademie, und Aristoteles zu hören, wobei es nicht ganz sicher ist, ob er diese Gelegenheiten auch nutzte. Auf jeden Fall äußerte er sich unfreundlich über beide Herren – wie ihm überhaupt die anderen Philosophen, mit Ausnahme vielleicht Demokrits, über den er gelegentlich ein karges Lob fallenließ, herzlich egal waren; sie erschienen ihm als Wichtigtuer, die über Dinge redeten, von denen sie erwiesenermaßen nicht viel verstanden.

Nachdem er seinen Militärdienst abgeleistet hatte, siedelte sich Epikur zunächst im kleinasiatischen Kolophon an, da ihm die Rückkehr nach Samos, das vorübergehend nicht mehr zum Einflußgebiet Athens gehörte, verwehrt war. Trotz seiner frühen Hinwendung zur Philosophie gelang es Epikur erst relativ spät, ein eigenes philosophisches System auszubilden. Im Alter von 32 Jahren, so wird berichtet, gründete er in Mytilene auf Lesbos eine Schule, die sich ausschließlich mit Pflege und Verbreitung seiner Philosophie befaßte. Die Schüler, die er um sich scharte, waren ihm innig ergeben, was für die Führungsqualitäten sprach, die ihm nachgesagt wurden. Man rühmte seine freundlichen, ja liebenswürdigen Umgangsformen und die geradezu väterliche Einflußnahme, die er an den Tag legte, wenn es um das Wohlbefinden seiner Zöglinge ging. Nur seine Berufskollegen, im besonderen die Intellektuellen unter den Philosophen, bedachte Epikur noch immer gern mit Spott und Häme; einfache Leute hingegen behandelte er höflich und mit freundlichem Respekt – ein Verhalten, das gängigen Gepflogenheiten zuwiderlief.

Daß die Schüler, die den Kontakt zu Epikur suchten, immer mehr wurden, hatte allerdings auch mit der frappierenden Sicherheit seines Auftretens zu tun. Man merkte, daß sich hier ein Denker in der ihm gemäßen Öffentlichkeit bewegte, der absolut überzeugt war von dem, was er lehrte und verkündete. Epikur strahlte die Gelassenheit eines philosophischen Selfmademans aus; Zweifel erlaubte er sich nur, wenn er andere, ihm fremd bleibende Gedankengänge zu bewerten hatte. Eine solche Selbstsicherheit mußte Eindruck schinden – gerade in Zeiten, die an Unsicherheiten reich waren und mit festen Gewißheiten nicht mehr im gleichen Maße wie früher dienen konnten. Hinzu kam die Faszination des Freundschaftskults, der im Umkreis des Philosophen betrieben wurde. Die Anhänger Epikurs, die sich um ihn, den Meister, scharten, waren Freunde fürs Leben, was nach dem Verständnis seiner Ethik weit mehr bedeutete als der Nachweis einer wichtigen Tugend, über die man nach Bedarf verfügen durfte. Freundschaft stand höher im Kurs als die Liebe, von der das Schul-Oberhaupt ohnehin nicht sehr viel hielt: Liebe, im besonderen ihre physische Variante, bedeutete Verwirrtheit und körperliche Überanstrengung, die zu einem Ungleichgewicht im leiblich-seelischen Gesamthaushalt führte; letztendlich blieb der Liebe, wie Epikur sie sah, nur der Rang einer vergänglichen Gefühlsaufwallung, während wahre Freundschaft sich erhaben zeigte über die ihr zugemuteten Krisen und Beeinträchtigungen.

Die Epikureer wuchsen im Lauf der Zeit zu einer immer größer werdenden Familie zusammen, die Sicherheit, Vertrauen und eine dazu passende Weltanschauung bot, an die man sich bedenkenlos halten konnte. Im Jahre 306 übersiedelte Epikur mitsamt seiner Anhängerschaft nach Athen. Ziel des Umzugs war eine noch größere Verbreitung der epikureischen Lehre, um die sich mittlerweile schon die ersten Legenden rankten. Der Philosoph selbst, obwohl er Maßhalten und Bescheidenheit predigte, war ehrgeizig genug, den Vergleich mit anderen philosophischen Schulen zu suchen, von denen es in Athen etliche gab. Er erwarb für sich und die Seinen ein lauschiges Gartengrundstück, auf dem die Schule ihr angemessenes Domizil fand. Der Garten galt schon bald als Markenzeichen der von Epikur verbreiteten Philosophie, die man gern mit der Pflege privater Zurückgezogenheit im idyllisch abgeschotteten Zirkel in Verbindung brachte – ein Verständnis, das noch als vergleichsweise wohlwollend gelten durfte, da es bereits andere Stimmen gab, die sich deutlich gehässiger äußerten.

In vorgeblich vornehmeren Kreisen zog man gegen die volkstümlichen Tendenzen der epikureischen Schule zu Felde: Der Zugang zum Garten des Meisters stand im Prinzip allen offen, auch Sklaven und Hetären, an deren gelegentlicher Anwesenheit man sich besonders stieß. So wurde Epikur flugs ein Verhältnis mit gleich fünf Liebesdamen angedichtet, mit denen er, so das Gerücht, sein Lager gleichzeitig zu teilen pflege. Die Epikureer, so hieß es weiter, frönten nicht nur der Sinneslust, sondern auch ungehemmten Schlemmereien; ihre ethisch-moralischen Aktivitäten beschränkten sich darauf, gegen das anhaltende Völlegefühl anzugehen, das sie aufgrund ihres einseitig auf Liebes- und Gaumengenuß spezialisierten Lebenswandels regelmäßig beschleiche. Es entstanden, in stetiger Abfolge, all jene Entstellungen und Mißverständnisse, die bis auf den heutigen Tag das Meinungsbild vom Epikureertum prägen.

Die Kampagne, der sich der Philosoph ausgesetzt sah, gipfelte in fünfzig schlüpfrigen, mit Epikurs Namen signierten Briefen, die ein Mann namens Diotimos, ein Stoiker, in Umlauf brachte. Wer diese Schriftstücke las, mußte der Meinung sein, daß der Briefschreiber wohl tatsächlich nichts anderes im Sinn hatte als seine luxuriös gewandete Behaglichkeit, für die er unentwegt und dreist Sorge zu tragen wußte. Epikur selbst hielt, einmal mehr, die negative Grundeinschätzung für bestätigt, mit der er die allermeisten seiner Philosophenkollegen bedacht hatte; sie brachten, wie er glaubte und an seine Schüler weitergab, nicht nur keine vernünftige Philosophie zustande, sondern scheuten auch vor geistigem Rufmord nicht zurück. Die negative Stimmungsmache, die seiner Lehre und Schule galt, entzündete sich jedoch auch an dem Erfolg, den Epikur weiterhin verbuchen konnte: Obwohl oder vielleicht gerade weil sein Freundeskreis bewußt im Privaten wirtschaftete, strömten ihm neue Mitglieder und Interessenten zu. Was sie anzog, war neben der familiären Atmosphäre, die an der

Schule herrschte, eine bemerkenswerte Folgerichtigkeit, die Epikurs Denken auszeichnete: Seine Philosophie, so schien es, hatte mehr mit unaufdringlicher Weltweisheit zu tun als mit mühsamen Gedankenkonstruktionen, denen die Blässe der Theorie bis zur letzten Schlußfolgerung anhaftete. Was Epikur über Leben und Tod, über Lust und Unlust, über Schmerz und Genuß und die darauf aufbauende Kunst einer sinnvollen Lebensführung sagte, machte Eindruck, weil es überzeugend war und auch schlichtere Gemüter anzusprechen vermochte:

„Der Tod hat keine Bedeutung für uns; denn was aufgelöst ist, ist ohne Empfindung; was aber ohne Empfindung ist, das hat keine Bedeutung für uns. – Grenze der Größe der Lust ist die Beseitigung alles dessen, was Schmerz erregt. Wo auch immer das Lusterregende auftritt, da findet sich, solange es verweilt, nichts, was Schmerz erregt oder Leid oder beides zusammen. – Ein lustvolles Leben ist nicht möglich ohne ein einsichtsvolles, lobwürdiges und gerechtes Leben ... – Keine Lust an sich ist ein Übel; aber das, was uns zu gewissen Lüsten verhilft, führt mannigfache Störungen der Lüste mit sich. – Wenn das, was die Schlemmer zu ihren Genüssen hintreibt, imstande wäre, die Beängstigungen des Geistes und das Zagen vor den himmlischen Erscheinungen sowie von Tod und Schmerzen zu bannen und außerdem auch die richtige Lehre einzuprägen über das begrenzende Maß der Begierden, so hätten wir keinen Grund, sie zu tadeln, da diese Genüsse allseitig nur eine Fülle von Lustempfindungen zeigen und nirgends eine Spur von Schmerz oder Seelenleid, in dem doch das Übel besteht. – Es ist nicht möglich, sich von der Furcht hinsichtlich der wichtigsten Lebensfragen zu befreien, wenn man nicht Bescheid weiß über die Natur des Weltalls, sondern sich in Mutmaßungen mythischen Charakters bewegt. Mithin ist es nicht möglich, ohne Naturerkenntnis zu unverfälschten Lustempfindungen zu gelangen."

Die Skala der Lustempfindungen, die Epikur aufstellte, war nach oben keineswegs offen, sondern in sich begrenzt. Lust figurierte ihm nicht als intensives Gefühlsgeschehen, sondern als ein unaufgeregtes und grundsolides Wohlbefinden, das Konstanz sucht. Dabei trat der Philosoph wie ein erfahrener Genußvirtuose auf, der anscheinend schon alles durchgemacht hatte und insofern wissen mußte, wovon er sprach. Ein solcher Gestus machte Eindruck – gerade bei den jüngeren Schülern, von denen anzunehmen war, daß sie vieles, was in den Bereich schierer Lebensfreude fiel, erst noch vor sich hatten. Aus Sympathie stieß auch Epikurs Bekenntnis zur einfachen Wahrnehmung, die den Weg über die Sinne nahm, denen der Philosoph sein grundsätzliches Vertrauen aussprach: Sie geben nur die Bilder der Wahrheit wieder, wie sie beim Menschen eintreffen; von allen Versuchen, die Wahrnehmungen durch zusätzliche Vernünfteleien zu verfälschen, sollte er sich daher freihalten ...

„Jede Wahrnehmung gilt rein für sich und hängt nicht ab von Verstand und Gedächtnis; denn sie wird weder durch sich selbst bewegt, noch kann sie, von etwas anderem bewegt, irgend etwas hinzusetzen oder wegnehmen. Auch gibt es nichts, was sie widerlegen könnte; denn es kann weder eine gleichartige Wahrnehmung eine gleichartige widerlegen, denn die eine hat ja denselben Wert wie die andere, noch die ungleichartige die ungleichartige, denn der Gegenstand ihrer Beurteilung ist ja ein verschiedener; ebensowenig der Verstand, denn der Verstand hängt durchweg von den Sinneswahrnehmungen ab; überhaupt kann keine die andere widerlegen, denn unsere Aufmerksamkeit ist auf alle in gleicher Weise gerichtet. Und der tatsächliche Bestand des unmittelbaren Wahrnehmungsgefühls bürgt auch für die Wahrheit der Wahrnehmungen ... Daher muß man auch von dem Sichtbaren ausgehen, um sich das Unsichtbare zu deuten. Hat doch unsere ganze Gedankenwelt ihren Ursprung in den Wahrnehmungen, deren mannigfache Umstände, Analogie- und Ähnlichkeitsverhältnisse sowie Zusammensetzung für sie bestimmend sind, wobei allerdings die Überlegung als mitwirkend auftritt."

Epikurs Überzeugungskraft resultierte zudem aus dem Umstand, daß er seine Philosophie mit einer Art naturwissenschaftlichen Absicherung versah, die der Kundschaft suggerierte, es könne sich letztlich nur um ein einheitliches Schöpfungsprinzip handeln, dem makro- und mikrokosmische Strukturen ihre Formgebung und ihr gesetzmäßiges Ineinanderwirken verdanken. Die treibenden Kräfte dabei sind die Atome, denen Epikur einen ähnlichen Rang zusprach wie Demokrit, über dessen physikalische Theorien er im übrigen nur unwesentlich hinausging. Was Epikur den Atomen indes konzedierte, war ein Recht auf Abweichung, das Demokrit nicht vorgesehen hatte, da er die kleinsten seiner Weltbausteine im geraden Fall belassen wollte. So konnte Epikur immerhin feststellen, daß gerade aufgrund der Eigenwilligkeit atomaren Gebarens die Unendlichkeit direkt über den Köpfen der Menschen beginnt: Nicht eine einzige Welt ist es, auf die sich der Mensch einzustellen hat, sondern es sind deren unendlich viele ...

„Das All ist unendlich, denn alles Begrenzte hat ein Äußerstes. Das Äußerste aber setzt immer etwas anderes neben ihm voraus, mit dem es verglichen wird (neben dem All aber gibt es nichts, was mit ihm verglichen werden könnte). Es hat also kein Äußerstes und demnach auch kein Ende. Hat es aber kein Ende, so muß es eben unendlich und nicht begrenzt sein. Und zwar muß diese Unbegrenztheit des Alls sich sowohl auf die Menge der Körper beziehen wie auf die Größe des leeren Raumes. ... Es gibt unzählige Welten, teils ähnlich der unseren, teils unähnlich. Denn die Atome, zahllos, wie sie ... sind, bewegen sich auch in die unangemessenste Ferne. Sind doch derartige Atome, aus denen eine Welt entstehen oder durch die eine Welt geschaffen werden könnte, weder für *eine* Welt aufgebraucht noch für eine begrenzte Zahl von Welten möglich, mögen sie nun der unseren gleichen oder von ihr verschieden sein. Nichts also steht der Annahme einer unendlichen Weltenzahl im Wege.“

Die Räume zwischen den Welten belebte Epikur mit den Göttern, die er an sich für seine Philosophie gar nicht benötigte und deswegen auch mit höflichem Desinteresse behandelte. Immerhin bequemte er sich zu der Aussage, daß die Götter nicht nach dem Bilde geformt sein könnten, das sich die gewöhnliche Volksmeinung von ihnen mache: Epikur mochte mit keinem menschenähnlichen Himmelspersonal umgehen, das sich von seinen irdischen Verwandten nur durch den etwas anderen Wohnsitz und eine fingierte Unsterblichkeit unterschied. Dann sollen die Götter, wenn es sie denn überhaupt geben mußte, lieber unbekannt und unentdeckt bleiben; in den Zwischenwelten lebten sie ihr Leben, uninteressiert am Treiben auf Erden, aber vermutlich ähnlich zufrieden wie die Epikureer in ihrem Garten ...

„Es gibt Götter, eine Tatsache, deren Erkenntnis einleuchtend ist; doch sind sie nicht von der Art, wie die große Menge sie sich vorstellt; denn diese bleibt sich nicht konsequent in ihrer Vorstellungsweise von ihnen. Gottlos aber ist nicht der, welcher mit den Göttern des gemeinen Volkes aufräumt, sondern der, welcher den Göttern die Vorstellungen des gemeinen Volkes andichtet. Denn was die gemeine Menge von den Göttern sagt, beruht nicht auf echten Begriffen, sondern auf wahrheitswidrigen Mutmaßungen."

Den Seinen legte Epikur, unermüdlich und getragen vom Gewicht der eigenen Überzeugung, eine Zufriedenheit nahe, für die bereit blieb, wer sie einmal im wesentlichen verinnerlicht hatte; als Lebensziel wächst diese Zufriedenheit schließlich über sich hinaus und wird zur Seelenruhe – ein Zustand vollkommener innerer Ausgeglichenheit, in dem alles, vor allem aber Lust und Schmerz als wesentliche Befindlichkeitsfaktoren, so dezidiert ineinandergreifen, daß sie sich wechselseitig schon fast wieder neutralisieren. In einem Brief an seinen Schüler Menoikeus hat Epikur – so als wollte er damit den wenigen noch lernfähigen unter seinen Kritikern eine letzte oder vorletzte Gelegenheit zum Umdenken geben – noch einmal zusammengefaßt, was das eigentliche Konzentrat der Lehre ist, für die man ihn bereits ausführlich gerühmt und gescholten hatte:

„Wenn wir also die Lust als das Endziel hinstellen, so meinen wir damit nicht die Lüste der Schlemmer und solche, die in nichts als dem Genusse selbst bestehen, wie manche Unkundige und manche Gegner oder auch absichtlich Mißverstehende meinen, sondern das Freisein von körperlichem Schmerz und von Störung der Seelenruhe. Denn nicht Trinkgelage mit daran sich anschließenden tollen Umzügen machen das lustvolle Leben aus, auch nicht der Umgang mit schönen Knaben und Weibern, auch nicht der Genuß von Fischen und sonstigen Herrlichkeiten, die eine prunkvolle Tafel bietet, sondern eine nüchterne Verständigkeit, die sorgfältig den Gründen für Wählen und Meiden in jedem Falle nachgeht und mit allen Wahnvorstellungen bricht, die den Hauptgrund zur Störung der Seelenruhe abgeben. – Für alles dies ist Anfang und wichtigstes Gut die vernünftige Einsicht; daher steht die Einsicht an Wert auch noch über der Philosophie. Aus ihr entspringen alle Tugenden. Sie lehrt, daß ein lustvolles Leben nicht möglich ist ohne ein einsichtsvolles und sittliches und gerechtes Leben und ein einsichtsvolles, sittliches und gerechtes Leben nicht ohne ein lustvolles. Denn die Tugenden sind mit dem lustvollen Leben auf das engste verwachsen, und das lustvolle Leben ist von ihnen untrennbar ... Dies und dem Verwandtes laß dir Tag und Nacht durch den Kopf gehen, und ziehe auch deinesgleichen zu diesen Überlegungen hinzu, dann wirst du weder wachend noch schlafend dich beunruhigt fühlen, wirst vielmehr wie ein Gott unter Menschen leben. Denn keinem sterblichen Wesen gleicht der Mensch, der inmitten unsterblicher Güter lebt."

Mit dem Gedanken, daß auch dem lebenslangen Umgang mit der Philosophie eine anfängliche, in sich höhergestellte Einsicht vorangehen müsse, fand Epikur zu seinem Schlüsselerlebnis zurück, das, als Konsequenz einer unbefriedigenden Antwort auf eine gutgemeinte Frage, ihn zu der Einsicht brachte, daß seine Wißbegier wohl nur dort gestillt werden könne, wo man noch nach den Gründen, auch nach den Hintergründen sucht: bei den Philosophen nämlich, die einer weithin verstreuten Spur folgen, von der niemand weiß, wer sie denn überhaupt gelegt haben könnte. Über dreißig Jahre stand Epikur seiner Schule vor, der er in Athen, das unter schnellebigen politischen Verhältnissen litt, den Bestand sicherte. Das Arrangement mit den Mächtigen gehörte nicht unbedingt zum Programm der Epikureer, es war aber auch nicht ausdrücklich verboten. Die offizielle Politik, die immerhin eine gewisse Notwendigkeit für sich beanspruchen konnte, wurde von Epikur mit Mißachtung gestraft; es lohnt nicht, sich mit ihr abzugeben, weil die Erfolge, die sie bestenfalls erzielen kann, keinen Vergleich standhalten mit dem einen menschenmöglichen Glückszustand, der Seelenruhe. Von ebendiesem lenkt die Politik ab, desgleichen von dem anderen Ideal, das Epikurs Philosophie auszumalen versteht: der großen Freundschaft. Ein Schüler des Meisters, Philodemos von Gadara, der im 1. Jahrhundert v. Chr. in der Nähe von Neapel lehrte, verkündete dazu:

„Was zerstört die Freundschaft auf der Erde am meisten? Das Handwerk der Politik. Beobachtet den Neid der Politiker auf diejenigen, die versuchen, sich hervorzutun, die Rivalität, die zwangsläufig unter den Konkurrenten entsteht, den Kampf um die Eroberung der Macht und die entschiedene Organisation von Kriegen, die nicht nur das Individuum, sondern ganze Völker zerrütten."

Epikur starb im Jahre 270 an einem Nierenleiden, das ihm ungeheure Schmerzen bereitete. Trotzdem oder gerade deswegen inszenierte er seinen Tod standesgemäß: Er ließ sich, wie der Chronist berichtet, seine bronzene Badewanne mit lauwarmem Wasser füllen, legte sich hinein und verlangte nach einem letzten Becher mit unverfälschtem Wein. Nachdem er ihn geleert hatte, ermahnte er die um ihn versammelten Schüler zur Treue der Philosophie gegenüber und zur Pflege ihrer gemeinsamen Freundschaft. Danach schloß er die Augen für immer; fürwahr ein stilvoller Abgang, den er kurz zuvor noch mit einem Brief an seinen Schüler Idomeneus eingeläutet hatte:

„Es ist der gepriesene Festtag und zugleich der letzte Tag meines Lebens, an dem ich diese Zeilen an euch schreibe. Harnzwang und Dysenterie haben sich bei mir eingestellt mit Schmerzen, die jedes erdenkliche Maß überschreiten. Als Gegengewicht gegen alles dies dient die freudige Erhebung der Seele bei der Erinnerung an die zwischen uns gepflogenen Gespräche ..."

„Das Licht einer wunderbaren Einsicht"

René Descartes

In der Nacht vom 10. auf den 11. November 1619 wurde der Philosoph René Descartes von drei aufeinanderfolgenden Träumen heimgesucht, die ihm, wie er später verkündete, „das Licht einer wunderbaren Einsicht" aufgehen ließen und „die Schätze aller Wissenschaften" bescherten. Descartes diente damals als Offizier im Heer des Prinzen Moritz von Oranien, das den Sommer über in Dänemark, Danzig und Böhmen gewesen war, anschließend, mit Anbruch des Herbstes, durch Ungarn und Österreich zog und schließlich sein Winterquartier in Neuburg an der Donau aufschlug. Der erste Schnee des Jahres fiel, taute jedoch schnell wieder, denn es sollte ein ungewöhnlich warmer Winter werden, der die Menschen verstörte. Descartes hoffte, daß er nun endlich die Zeit fände, zur Ruhe zu kommen und seine Gedanken zu ordnen. Was er wollte, war Klarheit über seinen künftigen Lebensweg; er suchte nach einem Schlüssel für seine Existenz, einer Wahrheit, die ihn nicht nur vorübergehend beschäftigte, sondern über eine längere Wegstrecke begleitete.

Descartes galt bis zu diesem Zeitpunkt als ein merkwürdiges Allzwecktalent: Er hatte sich als brillanter Fechter, als Abenteurer und Frauenfreund hervorgetan, aber auch als präziser Denker und, nicht zuletzt, als mathematisches Genie, das komplizierte Probleme geradezu unglaublich schnell erfaßte und ihrer Lösung zuführte.

Die gediegene Winterschlaf-Atmosphäre, die Descartes in Neuburg umgab, wollte er nutzen: Während seine Kameraden sich mit Karten- und Würfelspiel amüsierten, arbeitete er an Aufzeichnungen, die den bisherigen Stand seiner Erkenntnisse resümierten. Was dann in jener Novembernacht passierte, die Descartes seine richtungweisenden Träume bescherte, haben einige Biographen des Philosophen (darunter als vorläufig letzter der französische Autor Dimitri Davidenko mit seinem 1988 erschienenen Buch „Descartes les scandaleux“, deutscher Titel: „Ich denke, also bin ich“) zu rekonstruieren versucht. Davidenko berichtet:

„An diesem Abend fühlt er sich schlecht, als ob er ersticken müßte. Das Atmen fällt ihm schwer. Auch ist ihm ungewöhnlich heiß ... Lauwarme Luft umgibt ihn, es ist der Föhn. Aus den Schweizer Alpen kommend, fegt dieser starke Wind manchmal Tage, manchmal Wochen durch das Donautal, ohne nachzulassen. Man sagt, der Föhn mache die Leute verrückt ... Die Leute scheinen wirklich irre geworden zu sein: Alle Häuser sind hell erleuchtet, in Gruppen gehen sie von Weinstube zu Schenke, hin und her. Sie schreien, singen, tanzen, nehmen im Chor die Melodien auf, die beschwipste Musiker anstimmen. Die Laternen werfen verzerrte Schatten an die Fassaden ... René Descartes langt in einem Zustand heftigster Erregung zu Hause an. Er gestikuliert und spricht laut mit sich. Satzfetzen entfahren ihm, zuweilen einzelne Wörter, er wirft sie in den Wind, um sich von einer unerträglichen geistigen Anspannung zu befreien. Er schließt sich in seinem ‚Ofen‘ ein, einem Zimmer, das von einem monumentalen Feuergerät aus glasiertem Ton geheizt wird, und legt sich, wie immer, zu Bett, um besser nachdenken zu können. Endlich, spät in der Nacht, schläft er ein, aber er schläft schlecht, hat Alpträume.“

Der erste Traum, der Descartes heimsucht, war wohl tatsächlich nicht allzu angenehm: Adrien Baillet, ein Chronist, der 1691 die erste Descartes-Biographie veröffentlichte, berichtet, daß der träumende Philosoph in einen mächtigen Sturm geriet, der ihn vor sich hertrieb, bis er, schmerzhaft und heftig, an das Tor einer Kirchenmauer prallte, die, wie sich alsbald herausstellte, zum Kolleg von La Flèche gehörte, einem Etablissement, in dem Descartes eine vergleichsweise unglückliche Erziehung genossen hatte. Weiter heißt es bei Baillet:

„Er trat ein, um dort eine Zuflucht und eine Abhilfe für sein Unwohlsein zu finden. Er versuchte, die Kapelle des Kollegs zu erreichen, und sein erster Gedanke war, dort sein Gebet zu verrichten; aber er hatte bemerkt, daß er an einem Bekannten vorübergegangen war, ohne ihn zu grüßen, und wollte auf der Stelle umkehren, um seinen Hut zu ziehen, wurde aber von dem Sturm, der gegen die Kapelle wehte, heftig zurückgeschleudert. Gleichzeitig sah er mitten auf dem Hofe des Kollegs eine andere Person, die ihn höflich und verbindlich beim Namen nannte und ihm sagte, falls er zu Monsieur N. gehen wolle, habe er ihm etwas zu übergeben, nämlich eine Melone."

Der Sturm, den Descartes erlebt, schüttelt merkwürdigerweise nur ihn durch und durch; den anderen Traumgestalten vermag er nichts anzuhaben, denn sie stehen und starren, als befänden sie sich in vollkommener Windstille. Descartes' erster Traum, der ihm nur wenig behagen konnte, klingt in einer kurzen Schlafphase aus, die dann in seinen zweiten Traum hinüberführt. Er beginnt mit einem Donnerschlag, der den Philosoph wach werden läßt; kerzengerade sitzt er im Bett und hat Angst, was für den Abenteurer Descartes gänzlich untypisch ist. Er schaut sich um, und was er sieht, macht ihn erstaunen: Sein Zimmer ist in glänzendes Licht getaucht, ein Licht wie von einem geheimen Feuer, das die Gegenstände neu konturiert und in ungeahnter Klarheit aufscheinen läßt. Dieser Anblick wirkt auf den Philosophen ungemein beruhigend, und er schläft wieder ein.

Sein dritter Traum, der ihn kurz darauf heimsucht, bringt ihn mit Büchern in Kontakt: Er findet auf seinem Schreibtisch, neben einem Diktionär liegend, ein Buch mit dem Titel „Corpus Poetarum", das er noch aus seiner Zeit in La Flèche kennt. Er schlägt es auf und findet den Vers „Quod vitae sectabor iter?", was soviel heißt wie: „Welcher Weg ist im Leben einzuschlagen?". Daraufhin gesellt sich ein Mann zu ihm, der das Gedicht „Est et non" rühmt, das Descartes bekannt vorkommt, weil es dem „Ja und Nein" des Pythagoras entspricht, mit dem er sich beschäftigt hat. Er glaubt, gerade dieses Gedicht soeben gelesen zu haben, und zwar in der vor ihm liegenden Anthologie „Corpus Poetarum". Er blättert und sucht, aber das Gedicht läßt sich nicht mehr finden; statt dessen ist etwas anderes an seine Stelle getreten, eine höhere Gewißheit, der er von nun an Folge zu leisten hat. Davidenko schreibt:

„Alles tritt zurück, der Mann und die Bücher. – René Descartes wacht auf. Er ist ruhig und klar, die Anspannung hat sich gelöst. Sein erster Traum ist seine leidvolle Kindheit, seine Lungenkrankheit, seine körperliche Schwäche, seine als hart empfundene und schmerzlich erlebte Andersartigkeit im Kolleg von La Flèche. Der Mann, den er begrüßen wollte, verkörperte er seine Jesuitenlehrer? Seinen Vater? Und die Melone, die ihm von einem Unbekannten geschenkt wurde? Das war [sein Lehrer] Pater Charlet, mit seinem Geschenk, der schmackhaftesten aller Früchte: Es ist die Freiheit des Studiums, die Einsamkeit und schließlich die Erkenntnis, die ihn hier in Deutschland überkommt, denn die Melone ist ‚aus der Fremde mitgebracht worden'. – Der zweite Traum ist sein gegenwärtiges Leben, der Krieg, der Schlachtendonner. Er wird ihn mit seiner Intelligenz und seinem Mut überleben. – Der dritte Traum prophezeit ihm seine Zukunft, eine ungewisse Zukunft, und den Weg der Wahrheit, den er ohne die Hilfe der Bücher finden wird … Alles ist gesagt. Mit dieser Erinnerung an seine Vergangenheit, mit der Beschreibung der Gegenwart und dem Bild der Zukunft hat ihn der Geist der Wahrheit über den Weg aufgeklärt, den er nehmen muß."

Die Wahrheit, die Descartes vor sich zu sehen glaubte, war einfach, sein Weg zu ihr, der durch das Brachland liegengelassener Erkenntnislandschaften führte, vergleichsweise gewunden und kompliziert. Seinen Träumen, die sich zu einer Vision der ihm übertragenen Wahrheit zusammengefunden hatten, durfte er trauen; nun lag es an ihm, seiner Einsicht ein dauerhaftes Fundament zu verleihen. Das mutete zunächst einfach an: Descartes hatte im Winterquartier seines Heeres nicht viel zu tun; er konnte sich also ganz auf seine Kopfarbeit konzentrieren. Als jedoch die unmittelbare Faszination seines Traumes nachließ, der schon im ersten Tageslicht zu verblassen begann und der Reanimation durch die Erinnerung bedurfte, stellten sich erste Schwierigkeiten ein; es war, wie er konstatieren mußte, wesentlich leichter, eine Wahrheit zu schauen, als sie festzuhalten. So gestalteten sich seine Bemühungen, in einer großangelegten Niederschrift über den neubestimmten Stand seines Wissens zu berichten, einigermaßen zäh; die zeitliche Distanz, die sich zwischen ihm und seiner Traumvision aufbaute, bescherte seiner Wahrheit gewisse Reibungsverluste, die nicht auszugleichen waren. Trotzdem blieb Descartes bei dem Enthusiasmus, den er in sich geweckt sah; die Zukunft würde erweisen, so hoffte er zumindest, daß seine Wahrheit einem Flächenbrand glich, der, einmal entfacht, ungehinderte Verbreitung finden mußte. Am 8. Dezember 1619 notierte er:

„So wird der Mensch allmählich immer mehr Funken immer stärker vor seinem geistigen Auge leuchten sehen. Sie werden wachsen, bis sie ein so starkes Licht ergeben, daß er alle Dinge, derer er bedarf, im Laufe der Zeit erkennen wird ... So wie die Vorstellungskraft sich Figuren nimmt, um die Körper zu begreifen, so bedient sich die Intelligenz, wenn sie gewisse geistige Dinge darstellen will, fühlbarer Körper wie des Winds und Lichts. Auf diese Weise können wir auf höherer Ebene philosophieren und mit der Erkenntnis unseren Geist in die höchsten Höhen führen."

Dieser emphatisch vorgetragenen Hoffnung vermochte Descartes erst siebzehn Jahre später das dazugehörige Werk, seine „Abhandlung über die Methode", an die Seite zu stellen, was nicht nur an den bereits erwähnten Schwierigkeiten lag, seiner Wahrheit Ausdruck zu verleihen, sondern auch mit der Umtriebigkeit des Philosophen zu tun hatte, einer produktiven Neugier, der es immer gelegen kam, Abschweifungen zu suchen oder sich an schwierigsten Aufgaben zu versuchen. Besonders mathematische Probleme übten eine enorme Anziehungskraft auf Descartes aus; von ihnen ließ er sich nur zu gern ablenken, und er entwickelte einen nicht unerheblichen Ehrgeiz, um seinem Ruf als mathematisches Genie, der ihm aus Schulzeiten schon vorauseilte, gerecht zu werden. Als er im April 1620, wenige Tage nach seinem 24. Geburtstag, in Ulm den bekannten Mathematiker Johannes Faulhaber traf, der ihn mit einem mathematischen Problem konfrontierte, vor dem angeblich die besten deutschen Rechenköpfe kapituliert hatten, fühlte er sich herausgefordert; nach kaum mehr als zwei Stunden präsentierte er eine Lösung des Problems, die, wie er sehr wohl wußte, mit jener Wahrheit zu tun hatte, der er im Traum ansichtig geworden war. Den verdutzten Faulhaber klärte Descartes anschließend darüber auf, daß der eigentliche Grund komplizierter Strukturen immer im Einfachen liege; daran müsse man sich schon im Denkansatz orientieren, wenn es gelte, eine schwierige Aufgabe in Angriff zu nehmen. Und er fügte hinzu:

„Die Wahrheit ist ebenso leicht in einem schwierigen Gegenstand zu erkennen wie in einem leichten. Denn in jedem Fall findet man die Wahrheit mit einem ähnlichen Akt heraus. Der Unterschied liegt in dem Weg, der länger ist, wenn er zu einer komplexen Wahrheit führt. Einzige Vorbedingung ist, daß man vom Leichten zum Schwierigen voranschreitet. Wenn ich verstehen will, warum eine einzige Ursache gleichzeitig gegensätzliche Wirkungen hervorrufen kann, gehe ich nicht hin und höre zu, wie die Ärzte über ihre ‚Heilmittel' reden, die ‚gewisse Launen vertreiben' und ‚andere zurückhalten'. Ich höre mir nicht irgendwelche Ausführungen über den Mond an, ‚der mit seinem Licht erwärmt' und gleichzeitig ‚durch eine nicht erkennbare Eigenschaft' Kälte verbreitet. Ich sehe mir lieber eine Waage an, an der ein einziges gleiches Gewicht die eine Waagschale senkt, während sie die andere anhebt, – sowie ähnliche Beispiele ... Aber die meisten Menschen mißachten die einfachen Dinge, als seien sie ihrer und ihres Wissens nicht wert. Weil sie sie nicht verstehen, bewundern sie dafür um so mehr die schrecklich komplizierten Gedankengänge, welche die Philosophen von so weit hergeholt haben ... Doch basieren diese Gedankengänge auf Grundlagen, die niemals von irgend jemand bewiesen wurden. Es sind wirklich arme Irre, die eine größere Neigung zur Finsternis haben als zum Licht."

Das waren deutliche Worte. Descartes, der die schönen Künste liebte, von denen er selbst aber meinte, daß ihr inspirativer Geist ihm wesensfremd sei, setzte in der Philosophie auf den Genius rationaler Begründung. Eine solche Präferenz bedeutete nicht, daß ein Philosoph nun etwa gänzlich ohne Phantasie und Intuition auskommen mußte und sich statt dessen nur an biederen Begriffsbestimmungen delektierte. Descartes selbst war ja durch seinen Erkenntnistraum vorgeführt worden, wie wichtig

Eingebungen sein konnten, die einen neuen Stand der Wahrheit aufbauten; allerdings durfte man nicht erwarten, nun etwa tagtäglich mit weiteren glanzvollen Visionen belohnt zu werden. Aus der Einsicht, die ihm wie ein unerwartetes Geschenk zuteil geworden war, mußte er etwas machen, und dazu bedurfte es intensiver Gedankenarbeit. Descartes hielt sich dafür bereit, ohne deswegen seine bisherigen Lebenspläne aufzugeben.

Die nächsten Jahre brachte er als Freiwilliger in verschiedenen Heeren zu; am 8. November 1620 nahm er auf der Seite des Herzogs von Bayern an der Schlacht am Weißen Berg teil, die dem böhmischen König Friedrich, dessen Tochter Prinzessin Elisabeth übrigens zwanzig Jahre später zur Freundin des Philosophen werden sollte, eine empfindliche Niederlage einbrachte. Descartes beteiligte sich an den Kämpfen seiner Zeit als pflichtbewußter, am jeweiligen Kriegsgeschehen jedoch nur mäßig interessierter Offizier; die wenigen Gelegenheiten zur gedankenstrengen Muße, die sich ergaben, versuchte er zu nutzen, auch im Vorgriff auf die von allen herbeigesehnten besseren Tage. Noch immer war er kaum zu bremsen, wenn es galt, schwierige Probleme zu lösen.

Dabei ließ er sich nur ungern stören, selbst von reizvollen Damen nicht, denen er ansonsten, im normalen Geschäftsbetrieb, nur zu gern seine Aufwartung machte. Descartes' Biograph Baillet berichtet von einer Episode, die den Philosophen als strikten Wahrheitsfreund vorführt, der es sich sogar erlauben kann, einer Madame du Rosay gegenüber, die zu den umworbenen Frauen ihrer Zeit zählte, zugeknöpft zu bleiben:

„Diese Dame hat später freimütig zugegeben, daß die Philosophie einen größeren Zauber auf Monsieur Descartes ausgeübt habe als sie selbst; obgleich sie ihm keineswegs häßlich vorkam, habe er ihr gesagt, daß er durchaus keine Schönheiten finde, die denen der Wahrheit zu vergleichen wären. Wie die Dame eines Tages dem Pater P. gesagt hat, befand sich unser Philosoph, als er noch jung war, in einer Gesellschaft lustiger Personen und erörterte ausführlich die Bindungen, die man mit dem Frauenzimmer eingeht. Nachdem er der Gesellschaft sein Staunen ausgedrückt hatte, daß man so viele Betrogene erblickt, versicherte er, er sei bislang noch unberührt, und seine eigene Erfahrung, um nicht zu sagen, die Feinheiten seines Geschmacks veranlaßten ihn, eine schöne Frau, ein gutes Buch und einen vollkommenen Prediger zu den Dingen zu zählen, die man auf dieser Welt am schwersten trifft."

Descartes' Liaison mit der Wahrheit, die ihm zu einer lebenslangen, fast eheähnlich zu nennenden Beziehung geriet, schlug sich schließlich in einem Buch nieder, das seine ursprüngliche Einsicht nicht nur beschrieb, sondern auch als Methodologie, als allgemeinverständlich gefaßte Anleitung zur wissenschaftlichen Auffassung der Welt vorlegte. Was, aus heutiger Sicht zumal, in diesem Buch, der „Abhandlung über die Methode, seine Vernunft gut zu leiten und die Wahrheit in den Wissenschaften zu suchen", wie ein leicht hingeworfenes Regelwerk anmuten mag, das im Grunde nur treffliche Selbstverständlichkeiten formuliert, verdankte sich in Wirklichkeit langwieriger und präziser Arbeit. Descartes nämlich betrat Neuland; in dieser Form war den Wissenschaften noch kein Instrumentarium an die Hand gegeben worden, um Welt- und Sacherkenntnis auf breiter Grundlage zu betreiben.

Der Philosoph war sich dessen bewußt; was er sich erdacht und erschrieben hatte, durfte als die Geistestat eines reflektierenden Einzelgängers gelten. In der Einführung seines Werkes hieß es:

„Weil ich bereits mit meiner Schulzeit gelernt hatte, keine Einbildung sei so sonderbar und so wenig glaubhaft, daß sie irgendein Philosoph nicht vertreten hätte, konnte ich niemanden wählen, dessen Meinungen ich anscheinend denen der anderen vorziehen mußte, und war gleichsam gezwungen, für meine Leitung selber aufzukommen ... Ich entschloß mich aber, wie ein Mensch, der allein im Finsteren wandelt, so langsam zu gehen und bei allen Dingen so viel Umsicht zu gebrauchen, daß ich zumindest, und wenn ich auch nur ziemlich langsam weiterkam, mich vor dem Fallen in acht nahm. Ich wollte sogar durchaus nicht damit beginnen, irgendeine von meinen Meinungen gänzlich zu verwerfen, die sich zuvor in meinen Glauben hatten einschleichen können, ohne daß die Vernunft sie einführte: bevor ich genügend Zeit auf die Fertigstellung des Planes für mein Unternehmen verwendete und nach der wahren Methode gesucht hatte, mit deren Hilfe ich zur Erkenntnis aller für meinen Geist erfaßbaren Dinge zu gelangen vermochte."

Descartes' Geduld, die über Jahre, Jahrzehnte hinweg strapaziert werden mußte, ehe sein Unternehmen gelingen konnte, zahlte sich aus: Die Methode, die er entwickelte, konnte als Schlüssel zur Problemlösung in den verschiedensten Wissensbereichen verstanden werden; mit der scheinbaren Schlichtheit der Vorschriften, die sie erließ, wurden zugleich Möglichkeiten einer multifunktionellen Anwendbarkeit aufgezeigt, aus der sich weitreichende Konsequenzen ergaben. Im einzelnen bestand Descartes' Methode aus vier zusammenhängenden Regeln, die er wie folgt formulierte:

„Die erste war, niemals irgend etwas für wahr anzunehmen, von dem ich nicht evident erkenne, daß es wahr ist; das heißt, sorgfältig die Überstürzung und Voreingenommenheit zu vermeiden und nicht mehreres in meine Urteile einzubegreifen, als was sich meinem Geiste derart klar und deutlich vorstellt, daß ich durchaus keinen Anlaß habe, es in Zweifel zu ziehen ... Die zweite [war], jede Schwierigkeit, die ich untersuche, in so viele Unterteilungen aufzulösen, wie es möglich und zu ihrer besseren Lösung erforderlich ist. Die dritte, meine Gedanken zu ordnen, indem ich mit den einfachsten und am leichtesten zu erkennenden Objekten beginne, um allmählich und gleichsam stufenweise zur Erkenntnis der zusammengesetzteren aufzusteigen und selbst zwischen denen Ordnung vorauszusetzen, bei denen an sich die einen nicht auf die anderen folgen. Die letzte aber, überall so vollständige Aufzählungen und so allgemeine Überblicke zu schaffen, daß ich sicher sein möchte, ich hätte nichts übergangen."

Nicht nur die Wissenschaften, im besonderen die der Natur, sollte Descartes' Methode revolutionieren, sondern auch die Philosophie, der er zunächst eher zögerlich begegnet war. Immer wieder hatte er sich kleinere Bosheiten erlaubt, Sticheleien gegen die Philosophen, denen es angeblich noch immer gelungen war, aus jedem Unfug eine bis ins Groteske aufgeplusterte Philosophie zu machen. Nun sah sich Descartes selbst herausgefordert: Die Methode hatte er entwickelt; jetzt mußte sie sich auch an und in der Philosophie bewähren. Eine Grundlagenbestimmung war gefragt, eine veränderte Arbeitsbeschreibung der Philosophie, die das Terrain ihrer Wirksamkeit absteckte und den daraus resultierenden Möglichkeiten des Wissens zu einem neuen Selbstverständnis verhalf. Dabei ging es um den mutmaßlichen Wahrheitsgehalt der überkommenen Daseinsordnung, welche auf Gewißheiten setzte, die sich aus dem traditionsbeladenen Spannungsfeld von Gott, Ich und Welt ergaben, in dem auch jener hartnäckige Zweifel nistete, der vor keiner Bastion haltmachte und bislang nur durch die wiederholten Machtworte des Glaubens beschwichtigt worden war. Descartes machte sich diesen Zweifel methodisch gefügig; er beorderte ihn in den Distrikt bisheriger Gewißheiten, ließ ihm dort freien Lauf und registrierte anschließend, nicht ganz wertneutral, wie sich versteht, das Ausmaß der Beschädigungen. Dabei machte er sogar Anstalten, das noch immer Unausgesprochene, das eigentlich Undenkbare zu denken. In Descartes' Abhandlung „Prinzipien der Philosophie" heißt es dazu:

„Ich will annehmen, daß nicht ein überaus guter Gott als Quelle der Wahrheit, sondern irgendein überaus mächtiger und verschlagener böser Genius seinen ganzen Fleiß darauf verwendet, mich zu täuschen; ich will glauben, daß Himmel, Luft, Erde, Farbe, Gestalten, Klänge und alles Äußere nichts anderes sind als ein Gaukelspiel von Träumen, womit er meiner Gutgläubigkeit Fallen stellt; ich will mich selber betrachten, als hätte ich keine Hände, keine Augen, kein Fleisch, kein Blut und kein Sinnesorgan, sondern wähnte bloß, all dieses zu haben; ich will mich hartnäckig auf diese Meditation versteifen; und sollte es denn also keineswegs in meiner Macht stehen, etwas Wahres zu erkennen, so steht es doch gewiß darin, daß ich dem Falschen nach Möglichkeit meine Zustimmung versage, und ich will mich starrköpfig hüten, daß dieser Betrüger, er sei so mächtig und verschlagen, wie er wolle, mich irgendwie beeinflussen kann."

Mochte auch, wie der Zweifel genüßlich vermeldete, unendlich viel Lug und Trug in den Möglichkeiten der Erkenntnis liegen, so mußte es doch ein Fundament geben, auf dem das subjektive Wissen sich in Sicherheit wähnen durfte. Ein solches Fundament sah Descartes schließlich durch das Denken selbst gegeben, das alles in sich zusammenbrachte: die gehässigen Mitteilungen des Zweifels ebenso wie ein Wissen-von-sich und die vorläufigen Gewißheiten, aus denen man mühsam seine Schlüsse zog. Das Denken erwies sich als Grund seiner selbst; es konnte ganze Gedankenwelten auflösen und den Zweifel perpetuieren; sich selbst wegdenken jedoch konnte es nicht.

„Täusche mich, wer immer kann, er wird doch nie bewirken, daß ich nichts bin, solange ich denke, daß ich etwas bin; oder daß es eines Tages wahr ist, ich sei niemals gewesen, wenn es in diesem Augenblick wahr ist, daß ich bin ... Das Denken ist, nur dies kann man mir nicht entwinden: ‚ich bin, ich existiere' ist gewiß ... Ich denke, also bin ich ... Wie lange aber? Nun, solange ich denke ... Was bin ich also? ein denkendes Ding; was ist das? nun, ein zweifelndes, erkennendes, bejahendes, verneinendes, wollendes, nicht wollendes, auch einbildendes und empfindendes Ding."

In der Gewißheit des Denkens also, so mußte es Descartes vorkommen, durfte man sich einrichten. Sie verbürgte die eigene Existenz, machte sie dingfest in Gedanken, ohne das Dasein damit zweifelsfrei beweisen zu können. Das Wüten des Zweifels, könnte man vermuten, hat Descartes ab einem gewissen Zeitpunkt in milde Verzweiflung getrieben, so daß er sich gezwungen sah, seinen defätistischen Reflexionen Einhalt zu gebieten; er blieb daher auf dem letzten Stand, der das Denken selbst war, und er befriedete es, indem er es zu einem vom Zweifel fast vollständig geräumten Unterstand argumentativer Sicherheit ausbaute. Eingehaust in ein nunmehr verbürgtes Wissen, brachte der Philosoph dann in der Folge noch zwei weitere, als nichthintergehbar vorgestellte Wahrheiten auf, nämlich Gott und die Seele des Menschen. Dabei erschien es als absolute Notwendigkeit, daß Gott in seine altehrwürdige Funktion als ranghöchstes und allervollkommenstes Wesen zurückversetzt wurde; die Seele wiederum, die von Gott lebte, bewahrte sein Bild auf und spiegelte es in ebenso schönen wie ideenhaften Variationen. Am

Ende hatte Descartes' Zweifel doch keinen größeren Schaden anrichten können; die Wissensmöglichkeiten des Menschen blieben erhalten und waren letztlich sogar vertrauenerweckender als befürchtet:

„Das uns von Gott geschenkte Erkenntnisvermögen, das wir als natürliches Licht bezeichnen, nimmt niemals einen Gegenstand wahr, der nicht wahr ist, soweit es ihn wahrnimmt, das heißt, soweit es ihn klar und deutlich erkennt. Wir haben nämlich Anlaß, Gott für einen Betrüger zu halten, wenn er uns ein solches Erkenntnisvermögen gegeben hat, daß wir im Falschen das Wahre sehen, sooft wir uns seiner wohl bedienen. Diese Betrachtung muß uns aber von dem übertriebenen Zweifel befreien, in dem wir waren, bevor wir wußten, ob unser Schöpfer Gefallen daran gefunden hat, uns so zu machen, daß wir uns bei allen Dingen täuschen, die uns sehr klar erscheinen. Desgleichen muß sie uns gegen alle oben aufgeführten Argumente dienen, die wir für unseren Zweifel fanden; sogar die Wahrheiten der Mathematik können uns nicht mehr verdächtig sein, weil sie überaus evident sind; – nehmen wir aber etwas mit unseren Sinnen wahr, sei es im Wachen oder sei es im Traum, so können wir uns des Wahren leicht versichern, sofern wir das Klare und Deutliche an unserem Begriffe jenes Dinges von dem Dunklen und Undeutlichen scheiden."

Eine Folge von Träumen war es, die René Descartes auf den Weg der Wahrheit brachte. Die Nacht, in der dies geschah, hat er nicht vergessen; sie diente ihm als Reminiszenz für das Ungeahnte in der Niederkunft eines bemächtigenden Zuspruchs. Die Verwirklichung der Botschaft, die seine Träume ihm gaben, ihre Umsetzung aus bilderstarker Erinnerung in das Kalkül der noch zu ordnenden Wissenschaften, mußte Descartes selbst besorgen. Er tat dies, indem er, seiner Intuition folgend, das Wissen zu einer rationalen Strukturreform nötigte, die zwar radikal anmutete, aber letztlich so behutsam vorging, daß ihre Folgerungen einsehbar blieben und in die Arbeit künftiger Erkenntnisleistungen umgemünzt werden konnten. Obwohl Descartes stolz sein durfte auf das Erreichte, fiel sein Fazit letztlich bescheiden aus:

„Was mich betrifft, so habe ich mir nie eingebildet, daß mein

Geist in irgend etwas vollkommener wäre als die Geister vom gewöhnlichen Schlage; ich habe sogar oft gewünscht, den Gedanken so bei der Hand, die Einbildung so fein und deutlich, das Gedächtnis so umfassend und gegenwärtig zu haben wie manche andere … Ich glaube darin viel Glück gehabt zu haben, daß ich schon seit meiner Jugend mich auf solchen Wegen angetroffen, die mich zu Betrachtungen und Grundsätzen führten, aus denen ich mir eine Methode gebildet, und durch diese Methode meine ich das Mittel gewonnen zu haben, um meine Erkenntnis stufenweise zu vermehren und sie allmählich zu dem höchsten Ziel zu erheben."

„*Deine Wissenschaft sei menschlich*"

David Hume

Von der Philosophie nimmt man für gewöhnlich an, daß sie der Weisheits- und Wahrheitsfindung dient und insofern keine schädlichen Nebenwirkungen zeitigt, denn Weisheit und Wahrheit gelten als nützlich, ja als hochwillkommen und stehen im Rufe, dem geistigen Wohlbefinden des Menschen zuträglich zu sein. Das mag in der Regel so sein; wer weise ist, von dem erwartet man eine gewisse seelische Ausgeglichenheit, und ein Mensch, der nach langem Grübeln in den Besitz der Wahrheit gelangt, kann sich, eben aufgrund dieses entscheidenden Erkenntniszugewinns, glücklich schätzen – es sei denn, die Wahrheit selbst erweist sich als schrecklich und macht aus einem ehedem zufriedenen einen zutiefst verstörten Zeitgenossen. Für den, der sich erst noch mit der Philosophie beschäftigen will, den begabten und interessierten Anfänger also, resultiert daraus eine solide und im Prinzip gänzlich unaufgeregte Erwartungshaltung, die allerdings jäh durchbrochen werden kann, wenn sich die Ergebnisse, welche der ungeduldige Novize erhofft, nur verzögert oder gar nicht einstellen wollen und die Philosophie daraufhin ins Unermeßliche aufzuwachsen scheint – ein Gebirgszug mächtigster Gedanken, die auf einmal unübersteigbar anmuten.

Eine solche Verkehrung hehrer Vorstellungen widerfuhr dem Studenten David Hume: Er, 1711 in Edinburgh geboren, war von seiner Familie frühzeitig zum Studium der Rechte gedrängt worden, das er mehr schlecht als recht absolvierte, ohne von seiner eigentlichen Liebe, der Philosophie, zu der er auch die Literatur zählte, lassen zu wollen. Wann immer es die Mußestunden erlaubten, die sich Hume durchaus großzügig gewährte, las er die Klassiker, vor allem Platon, Plutarch, Seneca und Cicero, welche ihm allesamt die eine seligmachende Forderung nach einem der Wahrheit und Weisheit gewidmeten Leben aufzustellen schienen. Hume war nur allzu bereit, diese Forderung zu der seinen zu machen: Er gedachte, sein Dasein unter den Leitstern der Philosophie zu stellen; die Erwartungen, die er damit verband, sahen Enttäuschungen nicht unbedingt vor. Er brach sein Studium der Jurisprudenz unverrichteter Dinge ab und kehrte nach Hause in seinen schottischen Heimatort Ninewells zurück, wo er sich seiner Familie erklärte; der weisheitsliebende Jüngling, der von nun an nur noch mit der Philosophie liiert sein wollte, wurde zwar nicht gerade freudig begrüßt, aber man sah doch ein, daß die Liebschaft ernst genug war, um Widerstandsmaßnahmen als zwecklos einzustufen.

Nachdem ihm der Familienrat, angeführt von seinem Onkel George, der nach dem frühen Tod von Davids Vater als erster Erzieher fungierte, eine zögerliche Zustimmung zu seinen Plänen signalisiert hatte, glaubte der gerade achtzehnjährige Exstudent der Rechtswissenschaften freie Bahn zu haben: Die ganze Welt des Denkens lag nun in aller Offenheit vor ihm; er konnte sich, mehr denn je, mit den Gedankengebäuden befassen, die bereits errichtet worden waren, und aus dieser Beschäftigung jenen Gewinn ziehen, der auf die weitere Anreicherung durch eigenes Zutun angewiesen ist. Was sich als verführerische Aufgabe darstellte und zunächst, für einen Zeitraum von sechs Monaten etwa, auch euphorische Gefühle auslöste, erwies sich jedoch schon bald als quälerisches Unterfangen: Die Gedankengebäude, die Hume betrat, glichen, bei näherem Hinsehen, architektonischen Ungetümen, die eher zum systematischen Verlaufen einluden denn zur konsequenten Erkundung. Eine Irreführung setzte ein, als deren Urheber Hume seine eigene Unzulänglichkeit begreifen mußte; nicht an den großen Philosophen lag es, daß er immer weniger begriff, was Wahrheit und Weisheit bedeuten konnten, sondern nur an ihm selbst: Er hatte sich, so schien es, übernommen; als vorläufiges Ergebnis seiner so enthusiastisch begonnenen Bemühungen waren ihm kaum mehr als Zweifel und eine deprimierende Desorientierung beschieden.

Hume flüchtete in die Krankheit. Ein rätselhafter Hautausschlag setzte ihm zu; die innere Erregung, in die er sich versetzt sah, traktierte ihn zudem mit intensivem Speichelfluß, den der verhinderte Philosoph besonders peinlich fand, weil er ihn auch dann heimsuchte, wenn es nur um das gewöhnliche Mitteilungsbedürfnis ging. Hume kam sich wie der Idiot der Familie vor; an dem äußeren Erscheinungsbild, das er abgab, schien man die Schädlichkeit festmachen zu können, die besonders aus konservativ-kirchlichen Kreisen der Philosophie von jeher zugesprochen wurde. Ein Arzt, den man konsultierte, konnte keine körperlichen Krankheitssymptome erkennen; er mutmaßte, für die damalige Zeit eine durchaus mutige Diagnose, daß die Leiden des jungen Mannes wohl aus „dem geheimen Born seiner Seele“ gespeist würden. Er empfahl, was nun schon wieder weniger mutig war, verstärktes Gottvertrauen und verschrieb zudem, für alle Fälle, die Anwendung von frisch auf den Markt gekommenen „antihysterischen Pillen“.

Als Hume bereits glaubte, seine merkwürdige Krankheit überwunden zu haben, setzte im Frühjahr 1731 ein unerwarteter Rückschlag ein: Ihn befiel eine geradezu aberwitzige Freßlust. Von morgens bis abends konnte er essen, und wenn der Rest der Familie nachts in den Betten lag, lieferte er gern noch eine Zugabe: Er schlich zur Speisekammer, um sich dort mit dem Allernötigsten zu versorgen, so daß er die langen Stunden bis zum Frühstück zumindest einigermaßen unbeschadet zu überstehen vermochte. Innerhalb von wenigen Wochen wurde aus dem hageren und hochaufgeschossenen David Hume ein kräftiger, ja man mußte wohl sagen: ein zur Dicklichkeit neigender junger Mann, der nun so gesund aussah, daß sich alle weiteren Fragen nach seinem Befinden zu erübrigen schienen. Als sein so mächtig gesteigerter Appetit schließlich nachließ, war dies das Zeichen, daß sich die Krankheit bereit erklärte, den Rückzug anzutreten. Hume kam zur Ruhe; eine neue, nunmehr geläuterte Besinnungsphase setzte ein, in der die zuvor abgeleisteten Geisteswirren wie eine notwendige Bewährungsprobe erschienen, deren Bestehen jene langvermißte Klarheit verschaffte, die Aufschluß darüber gab, wie es denn nun weitergehen sollte mit seinem Leben und Denken. Auch die Lektüre, die sich Hume in seinen ersten euphorischen Studien zu Gemüte geführt hatte, erfuhren nun eine andere, realistischer gewordene Bewertung:

„Da ich jetzt Zeit und Muße hatte, meine entflammte Einbildungskraft abzukühlen, begann ich ernsthaft zu überlegen, wie ich bei meinen philosophischen Untersuchungen vorgehen sollte. Ich fand, daß die aus der Antike überlieferte Moralphilosophie unter demselben Mangel litt, der schon in ihrer Naturphilosophie gefunden wurde, nämlich gänzlich spekulativ zu sein und mehr auf Erfindungen als auf Erfahrung zu beruhen. Jeder nahm nur seine eigene Phantasie im Errichten von Lehrgebäuden über Tugend und Glück ernst, ohne die menschliche Natur zu beachten, von der jede moralische Schlußfolgerung abhängen muß. Ich entschloß mich daher, die menschliche Natur zum Hauptgegenstand meines Studiums zu machen und zur Quelle, aus der ich jede Wahrheit ableiten wollte."

Hume hatte sich damit für ein Arbeitsprogramm entschieden, das ebenso eingängig war, wie es sich als schwierig erweisen mußte. Die menschliche Natur nämlich, ein naheliegender Forschungsgegenstand, der ihm tagtäglich mit seinen verblüffend vielen Variationen vorgeführt wurde, ließ sich zwar beschreiben, was eher Aufgabe der Schriftsteller war, aber sie erwies sich auch als spröde, wenn es galt, allgemeine Regeln und Gesetzmäßigkeiten preiszugeben, von denen man annehmen durfte, daß sie schon immer maßgebend waren für das Denken und Fühlen der Menschen. Um überhaupt bestimmte Regeln auffinden zu können, muß man sich seines Verstandes bedienen, der, so Hume, aus der Fülle der Beobachtungen jene Schlüsse zieht, die eine gewisse Allgemeingültigkeit beanspruchen können. Ohne Erfahrungen jedoch, ohne die wesentlichen Botschaften, die von den Sinnen ausgehen, bleibt der Verstand zu Untätigkeit verdammt; er muß sich, in leerer Umtriebigkeit, mit sich selber beschäftigen und schließlich, angespornt durch eine wiederkehrende Langeweile, die großen metaphysischen Illusionen aushecken, welche in der Geschichte der Philosophie möglicherweise jene Funktion ausfüllen, die in der allgemeinen Überlieferung den Märchen zugesprochen wird.

Verleitet durch eine vorhersehbare berufliche Erfolglosigkeit – schließlich war Hume kaum mehr als ein verkrachter Student, der sich um Broterwerbszwänge noch nicht recht hatte kümmern müssen –, ging er nach Frankreich, dem Land, das im damaligen Europa als kulturelle Hochburg galt. Der angehende Philosoph, der mittlerweile einen steten Fleiß entwickelte und seine Notizbücher, die er fast immer bei sich trug, geradezu unermüdlich mit Aufzeichnungen füllte, ließ sich in Reims nieder, einer Stadt, die ihm gefiel, auf Dauer jedoch zu teuer wurde. Hume hatte, um überhaupt einen längeren Frankreich-Aufenthalt finanzieren zu können, all seine Ersparnisse zusammengekratzt; als diese zur Neige gingen, ließ er sich auf dem Land nieder, wo ihm freundliche Unterkunft in dem etwas heruntergekommenen Herrensitz Yvandeau gewährt wurde. Für Hume, einen geduldigen Schotten, der sich nach seinem Schlüsselerlebnis, der durchstandenen Krankheit, die zu neuer Selbstgewißheit führte, ohnehin zur Ruhe anzuhalten wußte, war es auf dem Lande fast zu ruhig. Die idyllische Landschaft, die er von den Fenstern seiner kleinen Wohnung aus sehen konnte, ließ ihn kalt; überhaupt hatte er, wie sich auch später herausstellen sollte, für Naturschönheiten wenig Sinn. Über die Zweifel, die er hegte, die wiederkehrenden Anflüge von Heimweh und manches Stimmungstief, dem er sich ausgesetzt sah, machte er nur seinem Tagebuch Mitteilung; ansonsten erfüllte er die selbstgesteckten Pflichten und konzentrierte sich auf seine philosophische Arbeit, von der er nunmehr sicher war, daß sie sich in einem ersten grundlegenden Werk niederschlagen würde.

Im Sommer 1737 fuhr Hume nach England zurück. Er hatte ein umfangreiches Manuskript bei sich, das 1739 unter dem Titel „Traktat über die menschliche Natur" in einer zweibändigen Edition erschien und zu einem bemerkenswerten Mißerfolg wurde. Hume, der sich vor Drucklegung seines Werkes des öfteren vergeblich zur Ordnung gerufen hatte, um keine übertriebenen Erwartungen aufkommen zu lassen, was die mutmaßliche Aufnahme des Traktats in der Öffentlichkeit anging, durfte durchaus der Meinung sein, mit diesem Buch eine gewichtige Leistung vollbracht zu haben: Vom philosophischen Selfmademan war er zum Philosophen geworden, der Ordnung in eine Grundsatzdebatte zu bringen versprach, die inzwischen eher für Verwirrung denn für Aufklärung sorgte. Um so mehr mußte es den Autor treffen, daß sein Erstlingswerk nahezu ohne Resonanz blieb und nur ein paar hämische Verrisse einheimsen konnte, deren Verfasser nichts anderes im Sinn zu haben schienen, als „einen nichtssagenden und grobschlächtigen Schotten", wie es in einer Besprechung hieß, „alsbald wieder der Vergessenheit zuzuführen, welche er verdient". In seiner 1776 veröffentlichten autobiographischen Skizze „Mein Leben" notierte Hume dazu:

„Nie ist es einem literarischen Unternehmen unglücklicher ergangen als meinem ‚Traktat über die menschliche Natur': Als Totgeburt fiel er aus der Presse und fand nicht einmal so viel Beachtung, um wenigstens unter den Eiferern ein leises Murren zu erregen. Aber da ich von Natur aus frohgemut und von sanguinischem Temperament bin, erholte ich mich rasch von diesem Schlag und setzte auf dem Lande mit großem Eifer meine Studien fort."

Was hier im heiteren Plauderton angesprochen und schnell übergangen wird, war in Wirklichkeit eine herbe Enttäuschung, unter deren Nachwirkungen Hume noch lange litt. Daß er nicht den Ruhm fand, den er sich insgeheim wohl doch erhofft hatte, konnte er noch verschmerzen, da seine Eitelkeit nur schwach ausgeprägt war; daß die Philosophie jedoch, der er auf die Welt verholfen hatte, fast vollständig ignoriert wurde, erfüllte ihn mit Trauer und Wut. Es schien ihm, als wäre seine ganze Arbeit, die zu guter Letzt drei schwergewichtige Bände umfaßte, gänzlich umsonst gewesen, ja, als hätte sie nie existiert, denn wo keine Resultate sind, die zur Kenntnis genommen werden, zählt auch die Mühe nicht mehr, die man sich gegeben hat. Hume mußte dies um so unbegreiflicher erscheinen, als er der Meinung war, der Philosophie ein Fundament auf schwankendem Boden verliehen zu haben: eine Art Gewißheit in der Welt gängiger Ungewißheiten. Er hatte die Bandbreite des menschlichen Denkens durchmessen und war zu dem Ergebnis gekommen, daß alle Erkenntnisprozesse als ein gewöhnungsbedürftiges Zusammenwirken von Sinneswahrnehmung und Verstandestätigkeit funktionieren; die Muster dieser Vorgänge wiederholen sich, ein ums andere Mal, so daß der Mensch mit einiger Berechtigung vermuten darf, es handele sich dabei um Gesetzmäßigkeiten, die für alle Zeiten gelten. In Wirklichkeit jedoch herrscht ein Diktat der Einzelfälle; sie alle, zusammengenommen, machen Erfahrung aus, und Erfahrung ist, wie Hume nicht müde wurde zu betonen, das halbe Leben. Sogar das Ich, eine Art heiliger Bezirk der neueren Philosophie, in dem man sich erhaben glaubt über empiristische Anfechtungen, verfällt dem Verdikt, eine nützliche Fiktion zu sein, ausgeheckt von der Einbildungskraft, die dem Menschen ohnehin etliche Streiche spielt …

„Ich meines Teils kann, wenn ich mir das, was ich als ‚Ich' bezeichne, so unmittelbar als irgend möglich vergegenwärtige, nicht umhin, jedesmal über die eine oder andere bestimmte Perzeption (Wahrnehmung, O.A.B.) zu stolpern, die Perzeption der Wärme oder Kälte, des Lichts oder Schattens, der Liebe oder des Hasses, der Lust oder Unlust. Niemals treffe ich mich ohne eine Perzeption an, und niemals kann ich etwas anderes beobachten als eine Perzeption … Wenn ich aber von einigen Metaphysikern, die sich eines solchen Ichs zu erfreuen meinen, absehe, so kann ich wagen, von allen übrigen Menschen zu behaupten, daß sie nichts sind als ein Bündel … verschiedener Perzeptionen, die einander mit unbegreiflicher Schnelligkeit folgen und beständig in Fluß und Bewegung sind. … Die Einbildungskraft läßt uns das eine Mal Schlüsse aus Ursachen und Wirkung ziehen. Dieselbe Einbildungskraft überzeugt uns ein ander Mal von der dauernden Existenz äußerer Gegenstände, auch wenn diese den Sinnen nicht gegenwärtig sind. So gewiß aber diese beiden Wirkungen im menschlichen Geist gleich natürlich und notwendig sich vollziehen, so widersprechen sie doch in gewissen Beziehungen einander direkt, so daß wir unmöglich richtige und regelrechte Schlüsse aus Ursachen und Wirkung ziehen und zur gleichen Zeit an die dauernde Existenz der Materie glauben können. Nichts ist gefährlicher für die Vernunft als der Flug der Einbildungskraft, nichts hat die Philosophen in mehr Irrtümer gestürzt ..."

David Hume war 28, als er die ersten beiden Bände des „Traktats über die menschliche Natur" veröffentlichte. Er hatte, über mehr als ein Jahrzehnt, harte Arbeit geleistet, wie er mit einiger Berechtigung glauben durfte; nun, da die verdiente Anerkennung ausblieb und der Philosoph, so seine Selbsteinschätzung, sich „wie ein Greis" fühlte, brauchte er Erholung, für die er die Rückkehr in heimatliche Gefilde wählte. Noch nie war ihm die schottische Provinz so anmutig und beruhigend erschienen wie jetzt, als er, ein Erfolgsphilosoph im Wartestand, wieder in die vertraute Umgebung eintauchte, wo man ihn willkommen hieß, als sei er nie richtig weg gewesen. Humes Bemühungen, sich ausschließlich auf seine freie Zeit zu konzentrieren und den offensichtlichen Mißerfolg, den man ihm zugemutet hatte, zu vergessen, wollten nicht recht gelingen: So stürzte er sich wieder in die Arbeit, wohl ahnend inzwischen, daß die angestrengte Muße nicht seine Sache war, und begann mit den Arbeiten am dritten Band des „Traktats", der sich vorwiegend ethischen Problemen widmete und bereits im Oktober 1740 in London erschien. Der Skeptizist Hume relativierte in diesem Buch auch die Moral des Menschen; sie ist für ihn kein aus den Zeitläuften herausgehobenes Handlungsgut, an dem sich gesellschaftliches Zusammenleben, ungeachtet der darin eingefaßten Widersprüche, orientieren kann, sondern Bestandteil des allgemeinen Erfahrungsprozesses, der sich mühsam und die Möglichkeiten des Irrtums mittragend vorwärtsbewegt. Vernunftgründe können moralisch-ethische Entscheidungen nicht zwingend reglementieren; die Begründungen, die sie liefern, verdanken sich vielmehr nachträglicher Reflexion, was nichts anderes bedeutet, als daß der einzelne oft genug allein bleibt, allein mit sich und seinem Gewissen, wenn ihm die Wahl angeboten wird zwischen dem anscheinend

Guten und Bösen. Hume entdeckt eine der unscheinbarsten Tugenden des Menschen, das Mitgefühl, dem er, durchaus hochachtungsvoll, die Funktion zuspricht, ein wesentliches, wenn nicht gar das entscheidende Regulativ für die Steuerung und Ordnung eines allgemeinen moralischen Handlungsgefüges zu sein …

„Mitgefühl ist, wie wir zugeben wollen, weit schwächer als unser Eigeninteresse; und das Mitgefühl mit Personen, die uns fernstehen, ist viel schwächer als mit Personen, die nahe sind und uns nahestehen; aber genau aus diesem Grund ist es für uns notwendig, in unseren ruhigen Urteilen und Gesprächen über die Charaktere der Menschen alle diese Unterschiede zu vernachlässigen und unsere Gefühle allgemeiner und sozialer zu machen. Abgesehen davon, daß wir selbst unseren Standpunkt in dieser Hinsicht häufig ändern, treffen wir jeden Tag Menschen, deren Situation sich von der unseren unterscheidet und für die eine Verständigung mit uns unmöglich wäre, würden wir ständig auf jenem Standpunkt und auf der uns eigenen Betrachtungsweise beharren. Der Austausch von Gefühlen in Gesellschaft und Gespräch bewirkt daher, daß wir einen allgemeinen, unveränderlichen Maßstab formen, nach welchem wir Charaktere und Sitten gutheißen und ablehnen können.“

Humes persönliche Lage erforderte ebenfalls Mitgefühl, und zwar Mitgefühl mit sich selbst. Da seine Bücher ohne besondere Anerkennung blieben und auch ein zwischenzeitlicher Versuch, als Professor an der Universität Edinburgh Fuß zu fassen, fehlschlug, mußte er sehen, daß er andere Gelderwerbsquellen auftat. So kam ihm ein Angebot des Marquis von Annandale, der in St. Albans, in der Nähe von London, residierte, gerade recht: Der hochgestellte, gerade 25 Jahre alt gewordene Herr, über den einige widersprüchliche Gerüchte in Umlauf waren, suchte einen Hauslehrer – das Gehalt, das er zu zahlen versprach, durfte als solide gelten. Hume sagte zu. Der Umgang mit dem Marquis ließ sich zunächst gut an, auch der Verwalter von Annandale, ein ehemaliger Kapitän namens Vincent, behandelte den Philosophen freundlich. Dann aber änderte sich das Klima: Der Marquis, der Jahre später entmündigt und für geisteskrank erklärt wurde, entpuppte sich als bizarre Gestalt, die nur darauf wartete, dem Neuankömmling in seinem Machtbereich das Leben schwerzumachen, wobei ihm Kapitän Vincent, der von gleicher Gesinnung zu sein schien, munter zur Seite stand. Hume, der in seiner Denker-Existenz zwar die Mühen der Arbeit erfahren hatte, aber noch nie systematisch drangsaliert worden war, verzweifelte; in den Briefen, die er an Freunde und Bekannte schickte, sprach er von Tötungsabsichten, bei denen er allerdings offenließ, wem diese gelten sollten: Wollte der Philosoph selber Hand an sich legen, oder hatte er, seinem friedfertigen Charakter widersprechend, Mordpläne gefaßt, um seine beiden Peiniger aus dem Wege zu räumen? Es kam jedoch zu keiner Verzweiflungstat: Im April 1776 setzte man ihm den Stuhl vor die Tür. Hume, erleichtert und wütend zugleich, versuchte, das ihm zustehende Restgehalt einzuklagen, ein Verfahren, das sich als äußerst langwierig erwies und erst elf Jahre später von Erfolg gekrönt war: Die Rechtsnachfolger des Marquis, dessen ständiges Kränkeln ihn übrigens nicht daran hinderte, ein langes Leben zu führen und erst im Jahre 1792 endgültig das Zeitliche zu segnen, mußten den Philosophen ausbezahlen. In der Zwischenzeit tröstete sich Hume damit, daß es ihm auch in vertrackten Zeiten, geärgert nämlich von einem Verrückten und dessen finsterem Adlatus, gelungen war, eine weitere philosophische Schrift fertigzustellen, die „Untersuchung über den menschlichen Verstand", in der er gleich zu Beginn einc fast heiter zu nennende Grundsatzerklärung abgibt, die Mensch und Philosophie gleichermaßen gilt:

„Der Mensch ist ein vernünftiges Wesen und empfängt als solches seine eigentümliche Speise und Nahrung von der Wissenschaft. Aber so eng sind die Schranken des menschlichen Verstandes, daß weder von der Ausdehnung noch von der Sicherheit seiner Errungenschaften auf diesem Gebiet viel Befriedigung erhofft werden kann. Der Mensch ist auch ein geselliges und nicht nur ein vernünftiges Wesen; aber er kann sich nicht immer angenehm unterhaltenden Umgangs erfreuen noch sich die rechte Genußfähigkeit dafür bewahren. Der Mensch ist endlich ein tätiges Wesen und muß wegen dieser Anlage sowie wegen der mannigfachen Bedürfnisse des menschlichen Lebens sich den Geschäften und der Arbeit unterziehen; aber bisweilen verlangt der Geist nach Erholung und kann nicht fortwährend die Last der Sorge und Arbeit ertragen. Die Natur scheint daher dem Menschengeschlecht eine gemischte Lebensweise als die geeignetste angewiesen und es im geheimen gewarnt zu haben, sich hier keiner Voreingenommenheit allzusehr hinzugeben und dadurch die Fähigkeit für andere Arbeiten und Vergnügungen einzubüßen. Fröne deiner Liebe zur Wissenschaft, spricht sie, aber deine Wissenschaft sei menschlich und lasse sich in unmittelbare Beziehung zum tätigen und geselligen Leben setzen. Unzugängliche Gedanken und tiefbohrende Forschungen untersage ich; ihre strenge Strafe sei grübelnde Schwermut, zu der sie dich führen, endlose Ungewißheit, in die sie dich verstricken, und die kalte Aufnahme, welche die Mitteilung deiner angeblichen Entdeckung erfahren wird. Sei ein Philosoph; aber inmitten all deiner Philosophie bleibe Mensch!"

An diese Devise versuchte sich Hume zu halten, was ihm um so mehr gelang, als er erfreut feststellen konnte, daß sich die Vorzeichen seiner Erfolglosigkeit, still und heimlich, in ihr Gegenteil zu verkehren begannen. Er war, durfte er konstatieren, auf dem Wege, ein anerkannter Autor zu werden, dessen Bücher sich nicht nur besser verkauften, sondern der auch von seiten einer bislang eher zugeknöpft bleibenden Wissenschaft zögerlichen Zuspruch erfuhr. Man würdigte Hume zunächst auf dem Gebiet seiner Nebenarbeiten: Er hatte sich auch als Historiker betätigt, der u.a. eine umfangreiche Geschichte Englands vorlegte, die viele Leser fand; zudem schrieb er ökonomische Untersuchungen und äußerte sich zu Fragen der politischen Ordnung. Den Zeitgenossen fiel auf, daß sie da einen Mann übersehen hatten, der zum Universalgenie taugte; als sich diese Erkenntnis immer mehr durchsetzte, fand auch der Philosoph David Hume Aufmerksamkeit: Von den Rändern seines Werks stieß man zurück in den eigentlichen Kern seiner Arbeit, die Philosophie, und beschloß, auch diese von nun an mit geradezu unerbittlichem Zuspruch zu verfolgen. Hume wurde zur berühmten Persönlichkeit. Die neue Freundlichkeit, welche ihm widerfuhr, erfreute ihn, wenn sie ihm auch, nach kurzer Zeit schon, übertrieben vorkam. So konnte er sich, zum Ausgleich und um übersteigertem Selbstbewußtsein vorzubeugen, an die wenigen Gegenstimmen halten, die es noch gab: Sie kamen vorwiegend aus dem Lager der konservativen Theologie, in dem Hume, nicht ganz zu Unrecht übrigens, des fortgesetzten Atheismus bezichtigt wurde, und formulierten zuweilen nur ein gehässig anmutendes Unbehagen, das sich nicht davor scheute, die mit den Jahren immer mächtiger gewordene Leiblichkeit des Philosophen in ihre Kritik mit einzubeziehen:

„Sein Aussehen spottete jeder Physiognomik, und der Tüchtigste in dieser Wissenschaft würde nicht die mindeste Spur seiner Geisteskräfte in den nichtssagenden Gesichtszügen haben entdecken können. Sein Gesicht war breit und fett, sein Mund groß und von einfältigem Ausdruck. Die Augen waren leer und geistlos, und beim Anblick seiner Korpulenz hätte man eher glauben können, einen Schildkröten essenden Ratsherrn als einen kultivierten Philosophen vor sich zu sehen. Die Weisheit hat sich sicherlich noch nie in eine so sonderbare Gestalt verkleidet.“

Als ebenso beleibter wie bekannter Denker ließ sich Hume 1763 noch einmal nach Frankreich einladen. Dort wurde er in einer Weise hofiert, die ihm selbst schier „unglaublich“ erschien; man überhäufte ihn mit Ehrungen aller Art, und nachdem er eine Zeitlang sogar als englischer Botschafter in Paris fungiert hatte, weil eine zuvor eingetretene diplomatische Vakanz auf regulärem Wege nicht rechtzeitig genug besetzt werden konnte, war es ihm endgültig gelungen, auch seinen äußeren Status in einer Weise abzurunden, daß alle kleinlichen bis kläglichen Einwände, die noch immer erhoben wurden, an ihm abprallen mußten.

Einige französische Philosophen machten ihrem berühmten Kollegen die Aufwartung; allen voran Jean-Jacques Rousseau, der als schwierig galt und mit dem Hume alsbald in eine Beziehung eintrat, die einer leidenschaftlich-mißverständlichen Liebesaffäre glich. Gegenseitige Lobpreisungen wechselten mit tiefen Verstimmungen ab; für den eher zurückhaltenden Schotten waren es besonders die unvorhergesehenen Gefühlsausbrüche Rousseaus, die ihn immer wieder irritierten. Von einer der Versöhnungsszenen, die zwischen ihnen stattfand, berichtete Hume:

„Er setzte sich auf meine Oberschenkel, schlug seine Hände um meinen Hals, küßte mich mit größter Innigkeit, und während er mein Gesicht mit Tränen benetzte, rief er aus: ‚Kannst du mir je vergeben, mein teurer Freund? Nach all den Beweisen der Zuneigung, die ich von dir erhalten habe, belohne ich dich mit diesem törichten und unpassenden Benehmen. Aber nichtsdestoweniger habe ich ein Herz, das deiner Freundschaft würdig ist. Ich liebe dich, ich achte dich. Und nicht ein Fünkchen deiner Güte ist an mir verschwendet.‘ “

Der Lebensabend David Humes verlief in ruhigen Bahnen. Der Philosoph kehrte nach Schottland zurück. Man pries seine Altersweisheit und rühmte seine abgeklärten Umgangsformen. Eine Aura der Zufriedenheit umgab ihn; seine Besucher merkten, daß sie einem Mann gegenübertraten, der mit mildgestimmtem Wohlwollen auf sein Leben zurückblickte. Viel hatte er erreicht und das meiste, wie er glaubte, „richtig gemacht". Auch als Hume erkrankte und seine letzten Jahre zu einem schmerzhaften Kampf wurden, dem kein Erfolg mehr beschieden sein konnte, resignierte er nicht; er schrieb an seinem großen Alterswerk, den „Dialogen über die natürliche Religion", deren Brisanz er als so gravierend einschätzte, daß er sie nur postum veröffentlicht wissen wollte. Als der Philosoph im August 1776 starb, trauerten zahlreiche Freunde, während seine Gegner ihre Schadenfreude nur mühsam zu verbergen wußten. Sie, die Gegner, erhielten zwei Jahre später noch einmal Wasser auf ihre Mühlen, als Humes Neffe die „Dialoge" aus dem Nachlaß veröffentlichte: Die letzte Schrift des Philosophen nämlich wagte es, am Nimbus des gerechten Gottvaters zu kratzen, der, so hat es den Anschein, die von ihm ins Leben beförderten Menschen lieber im Stich läßt, als daß er ihnen zu helfen versucht:

Die menschliche Gattung „hat die stärksten Bedürfnisse und die größten körperlichen Mängel. Sie steht ohne Kleidung, ohne Waffen, ohne Nahrung, ohne Unterkunft, ohne eine der Annehmlichkeiten des Lebens da und besitzt nichts, was sie nicht ihrem eigenen Geschick und Fleiß verdankt. Kurz, die Natur scheint eine genaue Berechnung des für ihre Geschöpfe unerläßlich Notwendigen angestellt und ihnen, einem harten Herrn vergleichbar, wenig mehr an Kräften und Fähigkeiten gewährt zu haben, als zur Befriedigung dieser Grundbedürfnisse unbedingt erforderlich ist. Ein *gütiger* Vater hätte eine reichliche Ausstattung gegeben, um seine Kinder vor Unfällen zu bewahren und ihr Glück und Wohlergehen selbst unter ungünstigen Umständen sicherzustellen ... Auf Epikurs alte Fragen gibt es noch immer keine Antwort: Ist er willens, aber nicht fähig, Übel zu verhindern? Dann ist er ohnmächtig. Ist er fähig, aber nicht willens? Dann ist er boshaft. Ist er sowohl fähig als auch willens? Woher kommt dann das Übel?“

„Ein weitläufiges Geschäft"

Immanuel Kant

Wer in der Philosophie auf Eingebungen wartet, braucht viel Geduld, denn Eingebungen sind im philosophischen Alltagsbetrieb eigentlich nicht so recht vorgesehen; man setzt eher auf die „saure Arbeit des Begriffs", die ihr unermüdlicher Propagandist, der Philosoph Hegel, weitaus höher schätzte als den Zuspruch, der sich aus den Quellen zweifelhafter Genialität speist. Geschehen kann es auch, daß Eingebungen, wenn sie sich denn einzustellen belieben, nahezu unbemerkt bleiben, weil sie zu unscheinbar sind, um sofort auffällig zu werden; sie wirken im verborgenen, halten Gedanken besetzt, die sie in eine bestimmte Richtung lenken, und schaffen sich ein Ensemble weiterführender Überlegungen, das oft erst sehr spät mit konkreten Ergebnissen aufwarten kann.

Dem Philosophen Immanuel Kant ist solches widerfahren; er mußte sich lange Jahre mit Reflexionen abmühen, die seine ursprünglichen Einsichten hartnäckig verdunkelten und schließlich so kompliziert erscheinen ließen, daß sie sich der Darstellung immer wieder entzogen. Kant, 1724 in Königsberg geboren, brachte bis zum Jahre 1770 eine respektable, wenn auch nicht übertrieben zügig verlaufende akademische Karriere hinter sich, die mit der späten Ernennung zum ordentlichen Professor der Logik und Metaphysik ihren vorläufigen Höhepunkt fand. In diesem Zeitraum hatte Kant nicht wenig publiziert, keine epochemachenden Werke zwar, aber doch einige gediegene bis kühne Schriften, die mit dazu beitrugen, daß der Ruf des Königsberger Philosophen bis in entlegenere deutsche Lande hinein ein guter war. Vom Jahre 1770 an schienen Kants schriftstellerische Aktivitäten jedoch deutlich nachzulassen; er veröffentlichte nur noch wenig, und auch in seiner persönlichen

Korrespondenz, die er bis dato nur selten vernachlässigt hatte, wurde er zögerlicher.

Der Grund dafür war ein Projekt, das Kant buchstäblich über den Kopf zu wachsen drohte; er arbeitete an einem philosophischen Standardwerk, das, so seine keineswegs geringe Hoffnung, den weltanschaulichen und erkenntnistheoretischen Grundlagenstreit seiner Zeit ein für allemal gegenstandslos machen sollte. Am 21. Februar 1772 schrieb er an seinen Berliner Vertrauten Marcus Herz:

„Wenn Sie über das gänzliche Ausbleiben meiner Antworten unwillig werden, so tun Sie mir hierin zwar nicht unrecht; wenn Sie aber hieraus unangenehme Folgerungen ziehen, so wünschte ich mich desfalls auf Ihre eigene Kenntnis meiner Denkungsart berufen zu können. Statt aller Entschuldigung will ich Ihnen eine kleine Erzählung von der Art der Beschäftigung meiner Gedanken geben, welche in müßigen Stunden bei mir den Aufschub des Briefeschreibens veranlassen. Nach Ihrer Abreise von Königsberg sah ich in den Zwischenzeiten der Geschäfte und der Erholungen, die ich so nötig habe, den Plan der Betrachtungen, über die wir disputiert hatten, noch einmal an, um ihn an die gesamte Philosophie und übrige Erkenntnis zu passen und dessen Ausdehnung und Schranken zu begreifen ... Nun machte ich mir den Plan zu einem Werke, welches etwa den Titel haben könnte: ‚Die Grenzen der Sinnlichkeit und der Vernunft'. Ich dachte mir darin zwei Teile, einen theoretischen und einen praktischen ... Indem ich den theoretischen Teil in seinem ganzen Umfange und mit den wechselseitigen Beziehungen aller Teile durchdachte, so bemerkte ich: daß mir noch etwas Wesentliches mangele, welches ich bei meinen langen metaphysischen Untersuchungen, sowie andere, aus der Acht gelassen hatte und welches in der Tat den Schlüssel zu dem ganzen Geheimnisse der bis dahin sich selbst noch verborgenen Metaphysik ausmacht."

Den Schlüssel zum Geheimnis der Metaphysik glaubte Kant entdeckt zu haben: Er lag für ihn in einem bislang noch nicht erkannten Zusammenwirken von Vernunft, Verstand und Sinnlichkeit, das nunmehr genauer beschrieben werden mußte. Gelang dies, so war damit ein wesentlicher Beitrag zur Lösung einer traditionsreichen, wenngleich immer unergiebiger werdenden Streitfrage geliefert, die sich aus dem Erkenntnisproblem ergab, das zwischen den sogenannten Dogmatisten auf der einen und Skeptizisten auf der anderen Seite diskutiert wurde. Die Dogmatisten, strenge Rationalisten allesamt, glaubten, aus der Verstandestätigkeit des Menschen eine dezidierte Begriffssystematik ableiten zu können, die als Methodenfundament der Philosophie diente; die Skeptizisten hingegen setzten auf die vergleichsweise schlichte, doch letztlich überzeugende Kraft lebenslanger Erfahrung, die sie dafür verantwortlich machten, daß überhaupt so etwas wie ein Wissens- und Erkenntnisbestand entstehen konnte. Darüber hinaus aber war das Erkenntnisproblem selbst gänzlich ungelöst: Was passierte, wenn ein Gegenstand zum Objekt subjektiver Erkenntnis wurde? Fand dabei nur eine äußere Reizung statt, die zu einer Übermittlung von Sinnesdaten führte? Oder geriet der Gegenstand in den Bannkreis subjektiver Ermächtigung, die dafür sorgte, daß der Gegenstand zum Begriff wurde, der damit über sein bloßes Dasein hinaus bestimmbare Eigenständigkeit gewann? Gab es möglicherweise Kategorien, die jede Erkenntnisleistung prägten, so etwa Raum und Zeit, und wie hatte man sich ihre Wirksamkeit im Auffassungsvermögen des Menschen vorzustellen? Und was ließ sich schließlich über die Realität selber sagen, unabhängig von der Tatsache, daß sie als Objekt subjektiven Wissens diente?

Kant hatte sich mit diesen Fragen schon des längeren befaßt; die Antwort, auf die er verfiel, bot sich an, ohne problemlos verfügbar zu sein, was bedeutete, daß sie ihm zuwachsen mußte in der Arbeit ihres Bedenkens. Eine solche Arbeit war auf Langfristigkeit angelegt, die allerdings nicht nur Mühen auf dem Weg zum großen Ziel versprach, sondern auch mit stillen Glücksperspektiven aufwarten konnte, die sich aus der berechtigten Hoffnung ergaben, daß bereits die tägliche Konzentration auf das Wesentliche mit bescheidenen Fortschritten belohnt werden könnte. An Marcus Herz schrieb er:

„In einer Gemütsbeschäftigung von so zärtlicher Art ist nichts hinderlicher, als sich mit Nachdenken, das außer diesem Felde liegt, stark zu beschäftigen. Das Gemüt muß in den ruhigen oder auch glücklichen Augenblicken jederzeit und ununterbrochen zu irgendeiner zufälligen Bemerkung, die sich darbieten möchte, offen, obzwar nicht immer angestrengt sein. Die Aufmunterungen und Zerstreuungen müssen die Kräfte desselben in der Geschmeidigkeit und Beweglichkeit erhalten, wodurch man instand gesetzt wird, den Gegenstand immer auf andern Seiten zu erblicken und seinen Gesichtskreis von einer mikroskopischen Beobachtung zu einer allgemeinen Aussicht zu erweitern."

Im Herbst 1769 war Kants Eingebung durch ein Lektüreerlebnis angeregt worden, das er dem kurz zuvor erschienenen Buch „Briefe an eine deutsche Prinzessin" des bekannten Schweizer Mathematikers Leonhard Euler verdankte. Euler hatte Überlegungen angestellt, die sich mit dem noch immer geheimnisträchtigen Zusammenspiel von Leib und Seele befaßten; dabei war er zu dem Ergebnis gelangt, daß beide in einer Beziehung stünden, die zwar denkbar sei, aber nicht anschaulich gemacht werden könne. Umgekehrt ließe sich allerdings auch eine Beziehung vorstellen, die auf reiner Anschaulichkeit beruhte und dem Denken entzogen blieb. Kant machte sich diesen Gedanken zunutze; ihm wurde klar, daß man Gegensätze sehr wohl zusammendenken konnte, besonders dann, wenn Gewichtungen vorzunehmen waren, die auf eine Entscheidung der Reflexion hinausliefen. Er arbeitete sich zu der Erkenntnis vor, daß alle Widersprüche, die in der Vernunft auftauchten, notwendiger Bestandteil des Denkens waren, den man nicht hinwegdisputieren konnte. Die Vernunft selbst lebte von und mit ihren Antinomien, die als Grenzen fungierten für das Wissens-Mögliche. Die Annahme solcher grundlegenden Widersprüchlichkeit bedeutete zugleich den Versuch, sich ihrer dialektisch zu versichern und sie methodologisch auf den Begriff zu bringen. In einem Rückblick auf seine philosophische Entwicklung, den Kant 1784 zu Zwecken der Selbstverständigung aufs Papier brachte, heißt es:

„Ich habe von dieser Wissenschaft nicht jederzeit so geurteilt. Ich habe anfänglich davon gelernt, was sich mir am meisten anpries. In einigen Stücken glaubte ich etwas Eigenes zu dem gemeinschaftlichen Schatze zutragen zu können; in anderen fand ich etwas zu verbessern, doch jederzeit in der Absicht, dogmatische Einsichten dadurch zu erweitern ... Es dauerte lange, daß ich auf solche Weise die ganze dogmatische Theorie dialektisch fand", das heißt, „daß sie sich in Dialektik, einen Widerstreit der Vernunft mit sich selbst auflöste".

Nachdem deutlich geworden war, daß eine Erkenntnistheorie, die allgemeingültig sein wollte, auf der antinomischen Struktur der Vernunft aufbauen mußte, ging es für Kant darum, den Begriffsapparat zu bestimmen, der Erkenntnisleistungen möglich machte. Er hatte zu überprüfen, ob die Dialektik der Vernunft nicht auch in ursächlichem Zusammenhang mit der Tätigkeit des Verstandes und dem Rezeptionsvermögen der sinnlichen Wahrnehmung stand; darüber hinaus galt es, die Anteile der Subjektivität am Zustandekommen objektiver Erkenntnis zu überprüfen. Diese Arbeiten, ein kritisches Geschäft, das sich seine Probleme selber besorgte, nahmen weitaus mehr Zeit in Anspruch, als Kant es sich vorgestellt hatte; hinzu kam, daß er zwar fleißig, aber auch gesundheitlich anfällig war. Eine „schwächliche Konstitution" und umfangreiche Lehramtsbelastungen, so sein wiederholter Hinweis, versagten es ihm, ein größeres als das bereits eingeplante Arbeitspensum abzuliefern. Trotzdem wurde man allmählich unruhig, denn es war bekannt, daß der Philosoph an einem gerüchteumwobenen großen Werk schrieb, „welches", wie einer seiner Schüler vorschnell bekanntgegeben hatte, „die menschliche Denkungsart von Grund auf revolutionieren" sollte. Das Werk aber erschien nicht; Jahr für Jahr verging, und da Kant immer noch lebte, schlug sich die Erwartungshaltung, die man mit seiner Schrift verband, in zusätzlichen Mutmaßungen nieder.

Der Philosoph reagierte auf entsprechende Nachfragen hinhaltend; immerhin, so konnte man seinen in der Regel knapp gehaltenen Mitteilungen entnehmen, befand er sich im Stadium intensiver Gedankenarbeit und hatte bei weitem noch nicht resigniert. An Marcus Herz schrieb er:

„Sie suchen im Meßkatalog fleißig, aber vergeblich nach einem gewissen Namen unter dem Buchstaben K. Es würde mir nach der vielen Bemühung, die ich mir gegeben habe, nichts leichter gewesen sein, als ihn darin mit nicht unbeträchtlichen Arbeiten, die ich beinahe fertig liegen habe, paradieren zu lassen. Allein da ich einmal in meiner Absicht eine so lange von der Hälfte der philosophischen Welt umsonst bearbeitete Wissenschaft umzuschaffen so weit gekommen bin, daß ich mich in dem Besitze eines Lehrbegriffs sehe, der das bisherige Rätsel völlig aufschließt und das Verfahren der sich selbst isolierenden Vernunft unter sichere und in der Anwendung leichte Regeln bringt, so bleibe ich, nunmehro halsstarrig, bei meinem Vorsatz, mich keinen Autorkitzel verleiten zu lassen, in einem leichteren und beliebteren Felde Ruhm zu suchen, ehe ich meinen dornigen und harten Boden eben und zur allgemeinen Bearbeitung frei gemacht habe."

Das „bisherige Rätsel" aber, von dem Kant sprach und das er glaubte, gelöst zu haben, hatte etwas Vertracktes an sich; es reagierte hinhaltend, ja sogar nachtragend, indem es sich mit neuen Geheimnissen umgab, die an die Stelle der alten traten. Kant, der sich gelegentlich metaphysisch veralbert vorkommen mußte, war des öfteren versucht, klein beizugeben; andererseits besaß er Ehrgeiz genug, seinen großen Erkenntnisplan weiterzuverfolgen und die Schwierigkeiten, denen er begegnete, als normale Arbeitshindernisse auf dem Weg zur Festschreibung der Wahrheit zu begreifen. Er wußte zudem, daß seine Probleme auch hausgemacht waren: Zum einen nämlich lief ihm, der schon länger nicht mehr der Jüngste war, tatsächlich die Zeit davon; zum anderen erwies sich seine eigentliche Aufgabe, ein kompliziertes Gedankenszenario aus dem Kopf heraus aufs Papier zu bringen und dort bei der Niederschrift nicht noch komplizierter werden zu lassen, als ein zutiefst tückisches Unterfangen, in dem man sich, Tag für Tag, aufs neue verrennen konnte. Kant blieb nichts anderes übrig, als den neugierigsten unter seinen Kollegen und Freunden, die sich bei ihm immer wieder nach dem Fortgang seines Werkes erkundigten, kleinere Etappenbereiche zukommen zu lassen, deren Formulierungen manches von den Schwierigkeiten anklingen ließen, in denen der Philosoph noch immer steckte:

„Ich empfange von allen Seiten Vorwürfe wegen der Untätigkeit, darin ich seit länger Zeit zu sein scheine, und bin doch wirklich niemals systematischer und anhaltender beschäftigt gewesen, als seit denen Jahren, da Sie mich nicht gesehen haben. Die Materien, durch deren Ausfertigung ich wohl hoffen könnte, einen vorübergehenden Beifall zu erlangen, häufen sich unter meinen Händen, wie es zu geschehen pflegt, wenn man einiger fruchtbarer Prinzipien habhaft geworden. Aber sie werden insgesamt durch einen Hauptgegenstand wie durch einen Damm zurückgehalten, an welchem ich hoffe, ein dauerhaftes Verdienst zu erwerben, in dessen Besitz ich auch wirklich schon zu sein glaube und wozu nunmehro nicht sowohl nötig ist, es auszudenken, sondern nur auszufertigen. Nach Verrichtung dieser Arbeit, welche ich jetzt antrete, nachdem ich die letzten Hindernisse nun den vergangenen Sommer überstiegen habe, mache ich mir ein freies Feld, dessen Bearbeitung für mich nur Belustigung sein wird. Es gehöret, wenn ich sagen soll, Hartnäkkigkeit dazu, einen Plan, wie dieser ist, unverrückt zu befolgen."

Trotz besagter Hartnäckigkeit, die Kant sehr wohl an den Tag legte, war er vom Zustand der „Belustigung", den er in seinem Brief erwähnt hatte, noch weit entfernt. Gesundheitliche Beschwerden behinderten seine Arbeit; er klagte über Magenschmerzen und merkwürdige Blähungen, die ihn immer wieder heimsuchten und denen sein Hausarzt mit allerlei Mittelchen zu Leibe rückte, ohne übertrieben erfolgreich zu sein. Kant trug sich deswegen mit dem Gedanken einer Selbstmedikation; er hatte sich eine medizinische Schrift besorgt, in der er, wie er glaubte, präzise Hinweise auf seine Krankheitsursachen finden würde.

Was den Fortgang des großen Werkes anging, so ließ die Vollendung weiter auf sich warten, auch wenn er Hinweise geben konnte, daß er wieder ein Stück vorwärtsgekommen war. An Marcus Herz schrieb er am 20. August 1777:

„Meine Untersuchungen ... haben systematische Gestalt gewonnen und mich allmählich zur Idee des Ganzen geführt, welche allererst das Urteil über den Wert und den wechselseitigen Einfluß der Teile möglich macht. Allen Ausfertigungen dieser Arbeiten liegt indessen das, was ich die *Kritik der reinen Vernunft* nenne, als ein Stein im Wege, mit dessen Wegschaffung ich jetzt allein beschäftigt bin und diesen Winter damit völlig fertig zu werden hoffe. Was mich aufhält, ist nichts weiter als die Bemühung, allem darin Vorkommenden völlige Deutlichkeit zu geben, weil ich finde, daß, was man sich selbst geläufig gemacht hat und zur größten Klarheit gebracht zu haben glaubt, doch selbst von Kennern mißverstanden werde, wenn es von ihrer gewohnten Denkungsart gänzlich abgeht."

Schließlich konnte Kant so etwas wie ein zehnjähriges Arbeitsjubiläum feiern, ohne sein Buch, von dem man nun immerhin wußte, daß es „Kritik der reinen Vernunft" heißen sollte, fertiggestellt zu haben. Ihm war entsprechend trübsinnig zumute; der Dichter Johann Georg Hamann, der ihn im Frühjahr 1779 wenige Tage vor seinem 55. Geburtstag besuchte, notierte anschließend, der Philosoph sei bei „besorgniserregender Stimmung" und „voller Lebens- und Todesgedanken" gewesen. Dennoch zeigte sich Kant entschlossen, sein Werk zu Ende zu bringen – ohne Rücksicht auf Verständlichkeit und die Ansprüche wissenschaftlicher Vollständigkeit. Der Kraftakt, den er sich verordnete, glich einer inspirierten Zwangsmaßnahme, die allerdings erfolgreich verlief: Am 14. Mai 1781, gerade noch rechtzeitig zu Beginn der Leipziger Ostermesse, kam die „Kritik der reinen Vernunft" auf den Markt, ein Buch, von dem sein Autor später sagte, er habe es als „das Produkt des Nachdenkens von einem Zeitraum von wenigstens zwölf Jahren" letztlich „innerhalb etwa 4 bis 5 Monaten, gleichsam im Fluge" niedergeschrieben.

Nach vollendeter Tat war der Philosoph erschöpft und in Maßen zufrieden; was die Aufnahme seines Werkes anging, machte er sich allerdings keine Illusionen. Wichtig für ihn war, daß er sein Ziel doch noch erreicht hatte. An einen Kollegen, den Philosophieprofessor Christian Garve, schrieb er im August 1783:

„Auch gestehe ich frei, daß ich auf eine geschwinde günstige Aufnahme meiner Schrift gleich zu Anfang nicht gerechnet habe; denn zu diesem Zwecke war der Vortrag der Materien, die ich mehr als 12 Jahre hintereinander sorgfältig durchgedacht hatte, nicht der allgemeinen Faßlichkeit genugsam angemessen ausgearbeitet worden, als wozu noch wohl einige Jahre erforderlich gewesen wären, da ich hingegen ihn in etwa 4 bis 5 Monaten zustande brachte, aus Furcht, ein so weitläufiges Geschäft würde mir, bei längerer Zögerung, endlich selber zur Last werden und meine zunehmenden Jahre (da ich jetzt schon im 60sten bin) möchten es mir, der ich jetzt noch das ganze System im Kopfe habe, zuletzt vielleicht unmöglich machen. Auch bin ich mit dieser meiner Entscheidung, selbst so wie das Werk daliegt, noch jetzt gar wohl zufrieden, dermaßen daß ich, um wer weiß welchen Preis, es nicht ungeschrieben wissen möchte, aber auch um keinen Preis die lange Reihe von Bemühungen, die dazugehört haben, noch einmal übernehmen möchte. Die erste Betäubung, die eine Menge ganz ungewohnter und einer noch ungewöhnlicheren, obzwar dazu notwendig gehörigen neuen Sprache hervorbringen mußte, wird sich verlieren."

Kant war zwar nüchtern genug, um zunächst keine besonderen Erfolge für sein Buch zu erwarten; trotzdem mußte er enttäuscht sein, als sich herausstellte, daß die „Kritik der reinen Vernunft" im ersten Anlauf fast völlig durch den Rost öffentlicher Anteilnahme fiel. Einige wenige Rezensionen erschienen, aus denen herauszulesen war, daß man das Werk, um das es ging, kaum oder gar nicht verstanden hatte; also war, konnte man folgern, die endspurthafte Eile, mit welcher der Autor seine Schrift letztendlich abgefertigt hatte, seinem Unternehmen doch nicht bekommen. Es haperte, so wurde allgemein geklagt, an der Verständlichkeit; aber ließen sich komplizierte Sachverhalte, durfte Kant zurückfragen, überhaupt leichtverständlich darstellen? Er versuchte seinem Lesepublikum entgegenzukommen, indem er zwei Jahre später mit einem Einführungsband vorstellig wurde, der die wesentlichen Gedankengänge seines Hauptwerks zusammenfaßte. Dieses Büchlein, wie Kant es nannte, eine immerhin 222 Seiten starke Abhandlung mit dem wenig ansprechenden Titel „Prolegomena zu einer jeden zukünftigen Metaphysik, die als Wissenschaft wird auftreten können", erfüllte die Hoffnung, die sein Verfasser mit ihm verband, nur bedingt. Zwar wurde die Bereitschaft des Philosophen begrüßt, sich näher zu erklären; die Prolegomena aber, nachgereichte Vorbemerkungen zu einem Opus magnum, hielt man für ähnlich unverständlich wie die „Kritik der reinen Vernunft". Am 26. August

1783 schrieb Kant einem seiner getreuen Verehrer, dem Philosophieprofessor Johann Schultz, der versucht hatte, sich für das Werk des Kollegen einzusetzen:

„Es macht mir ungemein viel Vergnügen, einen so scharfsinnigen Mann … an meine Versuche mit Hand anlegen zu sehen, vornehmlich aber die Allgemeinheit der Übersicht, mit der Sie allenthalben das Wichtigste und Zweckmäßigste auszuheben und die Richtigkeit, mit welcher Sie meinen Sinn zu treffen gewußt. Dieses letztere tröstet mich vorzüglich für die Kränkung, fast von niemand verstanden worden zu sein, und nimmt die Besorgnis weg, daß ich die Gabe, mich verständlich zu machen, in so geringem Grade, vielleicht in einer so schweren Materie gar nicht besitze; und alle Arbeit vergeblich aufgewandt haben möchte."

Schließlich aber wurde Kant doch noch verstanden, ein Vorgang, der nicht ohne stille Komik ablief. Es war, als hätte der Philosoph nur lange genug warten müssen, um eine wundersame Wandlung der wissenschaftlichen Meinung erleben zu dürfen; nicht mehr vom schwerfälligen Kant und seinen dunklen Gedankengängen war die Rede, sondern von einem wahren Meister, einem Kopernikus der Philosophie, der seiner Wissenschaft, die schon im Ruf stand, keine Wissenschaft mehr zu sein, zu neuem und ungeahntem Glanz verholfen habe. Was Kant sich über zwölf lange Jahre hinweg mühsam erarbeitet hatte, stand nun in feinstem Licht da: ein Vernunftprogramm, genial konzipiert und von solcher Eindringlichkeit, daß sich die geforderte Überzeugungskraft fast wie von selber einstellen wollte. Kant hatte das uralte Erkenntnisproblem des Menschen gelöst.

Zumindest mußten seine Anhänger das so sehen; die Lösung, die seine Philosophie anbot, lief auf eine raffinierte Ausgewogenheit hinaus, denn sie erklärte das Subjekt zum Schöpfer seines eigenen Wissens- und Wahrnehmungsbereichs, ohne die Eigenständigkeit einer von objektiven Gegebenheiten ausgehenden Erfahrung zu verleugnen. Der Mensch, so Kant, nimmt die Welt wahr, wie sie ihm erscheint; die Gesetzmäßigkeit ihrer Erscheinung aber, ihre Erkenntnisstruktur, wird von ihm selbst geprägt. Was über diese Struktur hinausreicht, was also Realität ist, die nicht im Wissen erscheint, entzieht sich seiner Kenntnis. Die Antinomien der Vernunft setzen sich demnach im Verstand fort; an ihnen muß der Mensch seine Erkenntnismöglichkeiten orientieren. Das Denken selbst bleibt widersprüchlich, was zugleich seine eigenartige Leistungsfähigkeit ausmacht; es arbeitet sich ab an der Diskrepanz zu seinem Gegenstand, der ein Dasein hat jenseits des Wissens.

„Wir haben also sagen wollen: daß alle unsere Anschauung nichts als die Vorstellung von Erscheinung sei; daß die Dinge, die wir anschauen, nicht das an sich selbst sind, wofür wir sie anschauen, noch ihre Verhältnisse so an sich selbst beschaffen sind, als sie uns erscheinen, und daß, wenn wir unser Subjekt oder auch nur die subjektive Beschaffenheit überhaupt aufheben, alle die Beschaffenheit, alle Verhältnisse der Objekte in Raum und Zeit, ja selbst Raum und Zeit verschwinden würden und als Erscheinungen nicht an sich selbst, sondern nur in uns existieren können. Was es für eine Bewandtnis mit den Gegenständen an sich und abgesondert von aller dieser Rezeptivität unserer Sinnlichkeit haben möge, bleibt uns gänzlich unbekannt. Wir kennen nichts als unsere Art, sie wahrzunehmen, die uns eigentümlich ist, die auch nicht notwendig jedem Wesen, obzwar jedem Menschen, zukommen muß."

Am Ende hatte Kant der Vernunft die Flügel gestutzt und die Ansprüche der Philosophie auf ein Normalmaß zurückgebracht, welches, bei all seiner erkenntniskritischen Bescheidenheit, erfolgreich genug war, um auch als Maßstab moderner Wahrheitsfindung dienen zu können. Das reduzierte Anspruchsdenken der Philosophie, von Kant in die Wege geleitet und von seinen Nachfolgern, wie etwa Hegel, als unnütze Geistesdiät geschmäht, bestimmt heute zum großen Teil das Selbstverständnis der diensthabenden Philosophen. Ein solcher Reduktionismus mag wohltuend erscheinen angesichts früherer Großmannssucht und der Kompliziertheit gegenwärtiger Probleme; vielleicht aber leistet die Philosophie damit auch zuwenig an Zumutungen, an verstiegenen oder gar kühnen Theorien und, nicht zuletzt, auch an übergreifenden Visionen, die über schiere Vernünftigkeit hinausreichen. Kant selbst glaubte, der Philosophie, im besonderen der von ihm rigoros beschnittenen Metaphysik, einen Liebesdienst erwiesen zu haben:

„Die Metaphysik, in welche ich das Schicksal habe, verliebt zu sein, ob ich mich gleich von ihr nur selten einiger Gunstbezeugungen rühmen kann, leistet zweierlei Vorteile. Der erste ist, den Aufgaben ein Genüge zu tun, die das forschende Gemüt aufwirft, wenn es verborgenere Eigenschaften der Dinge durch Vernunft nachspähet ... Der andere Vorteil ist der Natur des menschlichen Verstandes mehr angemessen und besteht darin: einzusehen, ob die Aufgabe aus demjenigen, was man wissen kann, auch bestimmt sei und welches Verhältnis die Frage zu den Erfahrungsbegriffen habe, darauf sich alle unsere Urteile jederzeit stützen müssen. In so ferne ist die Metaphysik eine Wissenschaft von den Grenzen der menschlichen Vernunft."

Wer sich, von Kant mit einem genauen Lageplan versehen, innerhalb dieser Vernunftgrenzen einzurichten versteht, weiß in der Regel, woran er ist. Es ist ein Land von gediegener Prächtigkeit, in dem er sich befindet, – ein Land, in dem man weiß, was man wissen kann, und sich Gedanken darüber macht, was man tun soll. Und – man darf hoffen in diesem Land, in dem zwar das Bewährte in Sichtweite bleibt, aber noch immer auch Abenteuer möglich sind – Reisen vom Bekannten ins Unbekannte, bei denen begründete Vorsicht zu walten hat.

„Es ist das Land der Wahrheit, umgeben von einem weiten und stürmischen Ozeane, dem eigentlichen Sitze des Scheins, wo manche Nebelbank und manches bald wegschmelzende Eis neue Länder lügt und indem es den auf Entdeckungen herumschwärmenden Seefahrer unaufhörlich mit leeren Hoffnungen täuscht, ihn in Abenteuer verflechtet, von denen er niemals ablassen und sie doch auch niemals zu Ende bringen kann. Ehe wir uns aber auf dieses Meer wagen, um es nach allen Breiten zu durchsuchen und gewiß zu werden, ob etwas in ihnen zu hoffen sei, so wird es nützlich sein, zuvor noch einen Blick auf die Karte des Landes zu werfen, das wir eben verlassen wollen, und zu fragen, ob wir mit dem, was es in sich enthält, nicht allenfalls zufrieden sein könnten oder auch aus Not zufrieden sein müssen, wenn es sonst überall keinen Boden gibt, auf dem wir uns anbauen könnten."

„Die Erhebung des Endlichen“

Georg Wilhelm Friedrich Hegel

In der Philosophie gibt es, wie auch wohl im sogenannten wirklichen Leben, den Typus des Spätberufenen. Er läßt sich mit allem, was er tut, Zeit; seine Langsamkeit scheint System zu haben. Was ein solcher Mensch zustande bringt, ist, wie man meinen möchte, bestenfalls solide, selten jedoch genial. Für die Genialität ist ein anderer Typus zuständig, der des jungen Genies, eines Überfliegers im Geiste, dem ganz einfach zufällt, was anderen, den weniger Bemittelten, letztlich nur schwerfällt. Trotzdem sollte man den Spätberufenen, der von seinen Kritikern wohl eher für einen Handwerker denn für einen Künstler gehalten wird, nicht unterschätzen; was er sich durch zähe Arbeit erwirbt, kann sehr wohl großartig sein und letztendlich als reife Leistung durchgehen, die für eine etwas andere Form der Genialität spricht.

Das Musterbeispiel eines solchen Spätberufenen war Georg Wilhelm Friedrich Hegel, der zum preußischen Staatsphilosophen aufstieg, obwohl seine Karriereprognosen eher ungünstig hätten genannt werden müssen. Als Student im renommierten Tübinger Stift fiel Hegel allenfalls durch konstante Trinkfestigkeit und einen Hang zu altklugen Späßchen auf, die bei seinen Freunden gut, bei seinen Lehrern jedoch weniger gut ankamen. Für die Genialität sorgten andere, der angehende Dichter Hölderlin etwa und, allen voran, der Philosoph Schelling, den man allgemein für ein kaum älter werdendes Wunderkind von nahezu unbegrenzten Talenten hielt. Während einige seiner Studienkollegen bereits auf den Höhen der zeitgenössischen Philosophie wandelten, übte sich Hegel noch in freundlich-kompetenter Zurückhaltung; bei Diskussionen hörte er lieber zu, als selber das Wort zu ergreifen, und er bewunderte die Belesenheit der jeweiligen Meinungsführer.

Zu diesen gehörte auch ein Mensch namens Leutwein, der es bis zum Magister brachte und später in Erinnerungen seiner Verwunderung darüber Ausdruck verlieh, daß nicht er, sondern der minderbegabte Hegel zum berühmten Philosophen werden konnte. Über seinen ehemaligen Kommilitonen schrieb Leutwein:

„Ich weiß zwar nicht, ob und wiefern Hegels letztes Jahr, das ihn mir entzog, ihn verändert habe. Ich zweifle aber daran. Jedenfalls war während der vier Jahre unseres näheren Umgangs die Metaphysik Hegels Sache nicht sonderlich. Sein Held war Rousseau ... Er glaubte, durch diese Lektüre gewisser allgemeiner Vorurteile und stillschweigender Voraussetzungen, oder wie Hegel es ausdrückte, Fesseln ledig zu werden. Eine besondere Freude hatte er am Buch Hiob wegen dessen ungeregelter Natursprache. Überhaupt schien er mir zuweilen etwas exzentrisch. Auf seine nachmaligen Ansichten geriet er erst im Auslande, denn in Tübingen war ihm nicht einmal Vater Kant recht bekannt."

Nachdem Hegel ein zweijähriges Studium hinter sich gebracht hatte, wurde er 1790 zum Magister der Philosophie ernannt; drei Jahre später legte er sein theologisches Konsistorialexamen ab, das ihn dazu berechtigte, ein geistliches Amt anzustreben, wovon er jedoch Abstand nahm. Das Abschlußzeugnis, das man Hegel ausstellte, entsprach zwar im großen und ganzen der listigen Unauffälligkeit, mit der er in Tübingen gewirkt hatte, war jedoch besser, als es sein späterer Biograph Rudolf Haym wahrhaben wollte, der dazu notierte: „Seine Lehrer gaben ihm das Zeugnis mit auf den Weg, daß er ein Mensch mit guten Anlagen, aber mäßigem Fleiß und Wissen, ein schlechter Redner und ein Idiot in der Philosophie sei."

Im Herbst 1793 trat Hegel eine Hauslehrerstelle in Bern an. Sein Arbeitgeber war ein angesehener Bürger der Stadt, Karl Friedrich Steiger, Mitglied der regierenden Körperschaft, des sogenannten Großen Rats, dem nur Besitzbürger und wohlhabende Aristokraten das Vergnügen hatten anzugehören. Die Atmosphäre im Hause Steiger war entsprechend leidenschaftslos, um nicht zu sagen kühl; der Hauslehrer Hegel, der mit seinem schlichten Auftreten ohnehin nicht viel von sich hermachte, wurde von oben herab behandelt, was dieser allerdings gar nicht anders erwartete und somit als korrekt empfand. Das Erfreulichste, was die Steigers zu bieten hatten, war ihr Landgut Tschugg, höchst ansehnlich im Jura zwischen Neuenburger und Bieler See gelegen, das zudem mit einer vorzüglich ausgestatteten Bibliothek aufwarten konnte, die Hegel, dem die Unterrichtung der beiden Steiger-Kinder genügend Zeit ließ, immerhin mitbenutzen durfte. Dort unterzog er sich, eigentlich zum ersten Mal in seinem Leben, intensiven Lektüre-Studien, die ihm dazu verhalfen, eigene Gedanken auf den Weg zu bringen. Aus der Ferne verfolgte Hegel, wie sein Tübinger Freund, der fünf Jahre jüngere Schelling, dabei war, eine Karriere als Philosoph zu machen; er nahm dies bewundernd zur Kenntnis und reagierte mit emphatischer, fast schmeichlerisch zu nennender Zustimmung. Am 30. August 1795 schrieb er von Tschugg aus an Schelling:

„Über die Folgen, die das Mißverstehen Deiner Grundsätze für Dich haben könnte, bist Du erhaben. Du hast schweigend Dein Werk in die unendliche Zeit geworfen: hie und da angegrinst zu werden, das, weiß ich, verachtest Du ... Dein System wird das Schicksal aller Systeme derjenigen Männer haben, deren Geist dem Glauben und den Vorurteilen ihrer Zeit vorausgeeilt ist ... Es fällt mir hiebei ein Urteil ein, das vorigen Sommer ein Repetent von Dir fällte; er sagte mir, Du seiest nur zu aufgeklärt für dieses Jahrhundert, im nächsten werden Deine Grundsätze an ihrem Platze sein ... Bemerkungen über Deine Schrift kannst Du von mir nicht erwarten. Ich bin hier nur ein Lehrling ... Was ich Dir ... schreiben könnte, wäre, Dir meine Freude über den freiern Geist der höhern Kritik, der darin webt, zu bezeugen, der, wie ich nicht anders von Dir erwartete, unbestochen von der Ehrwürdigkeit der Namen, das Ganze vor Augen hat und nicht Worte für heilig hält, – und Dir über Deinen Scharfsinn und Gelehrsamkeit Komplimente zu machen ... Von meinen Arbeiten ist nicht der Mühe wert zu reden; vielleicht schicke ich Dir in einiger Zeit den Plan von etwas zu, das ich auszuarbeiten gedenke ... Lebe wohl, antworte mir bald! Du kannst nicht glauben, wie wohl es mir tut, in meiner Einsamkeit von Dir und meinen andern Freunden von Zeit zu Zeit etwas zu hören."

Die Einsamkeit des Lehrlings auf dem Wege zur Philosophie: Hegel hatte seine Gründe, ein solches Bild für sich in Anspruch zu nehmen. Zum einen war er, was sich gar nicht leugnen ließ, tatsächlich isoliert, abgeschnitten von den Diskussionszentren, die er kannte, und daher angewiesen auf einen möglichst regen brieflichen Gedankenaustausch; zum anderen durfte er sich, gemessen an den Fortschritten seiner ehemaligen Kommilitonen, über die man ständig schöne Gerüchte in Umlauf hielt, getrost wie ein Anfänger im Geiste vorkommen, dessen tastende Versuche zwar löblich sein mochten, aber zum jetzigen Zeitpunkt nicht der Rede wert waren. Hegel, der noch keine Zukunft für sich sah, verklärte die Vergangenheit; gerne appellierte er an die glorreiche Tübinger Zeit, an die Hoffnungen und Träume, die sie aufgeworfen hatte, und er hauste sich in seine Erinnerungen ein, als gälte es, sie in Schutz zu nehmen vor den Anfechtungen einer gleichbleibend freudlosen Gegenwart. Fast sehnsüchtig erwartete er die Briefe, die ihm angekündigt wurden, und den Reminiszenzen, die sie in ihm anklingen ließen, bewahrte er, über den Tag hinaus, ein geradezu schwelgerisches Andenken. An Hölderlin, der ihm unter seinen Freunden wohl am nächsten stand, schickte er im August 1796 einen Hymnus mit dem Titel „Eleusis"; in ihm wird die Einsamkeit von ihrer positiven Seite gezeigt und als Erwartungsstand beschrieben, der ruhige Gewißheiten erahnen läßt, aber auch ein aus den Erinnerungen abgezogenes Wiedersehensglück:

„Um mich, in mir wohnt Ruhe, – der geschäftigten Menschen / nie müde Sorge schläft, sie geben Freiheit / und Muße mir – Dank dir, du meine / Befreierin o Nacht! – mit weißem Nebelflor / umzieht der Mond die ungewissen Grenzen / der fernen Hügel; freundlich blinkt / der helle Streif des Sees herüber – / des Tags langweil'gen Lärmen fernt Erinnerung, / als lägen Jahre zwischen ihm und jetzt; / dein Bild, Geliebter, tritt vor mich / und der entfloh'nen Tage Lust; doch bald weicht sie / des Wiedersehens süßern Hoffnungen – / Schon malt sich mir der langersehnten, feurigen / Umarmung Szene, dann der Fragen, des geheimern /

des wechselseitigen Ausspähens Szene, / was hier an Haltung, Ausdruck, Sinnesart am Freund / sich seit der Zeit geändert, – der Gewißheit Wonne, / des alten Bundes Treue fester, reifer noch zu finden, / des Bundes, den kein Eid besiegelte, / der freien Wahrheit nur zu leben."

Ein Leben für die Wahrheit, der er noch sehr zögerlich nachging: das war so etwas wie Hegels geheimer Wunschtraum, an dem er in seinem Schweizer Exil arbeitete. Den Freunden gegenüber ließ er durchblicken, daß ihm eine Rückkehr nur zu genehm gewesen wäre, obwohl er sich hütete, in übertriebenes Klagen auszubrechen. Schließlich ging es ihm nicht schlecht; man bezahlte ihn ordentlich, behandelte ihn herablassend, aber korrekt und gewährte ihm Muße genug, um eigene Pläne in die Tat umsetzen zu können. Im Sommer 1796 beispielsweise hatte er Zeit für eine längere Wanderung durch die Berner Ostalpen, die er zusammen „mit drei sächsischen Hofmeistern" absolvierte. Diese Unternehmung allerdings, die Freund Hölderlin, der gern von der Macht des Naturschönen schwärmte, aus der Ferne bereits vorschnell begrüßt hatte, verlief ganz und gar nicht nach Hegels Erwartungen. Dem Zauber der Bergwelt konnte er nichts abgewinnen; er fand sie nur öde und trist. Hegel besaß, wie sich auch später noch einige Male zeigen sollte, kein Gespür für große Landschaften und die Erhabenheit der Natur. In seinem Reisetagebuch notierte er nach dem wiederholten Anblick schneebedeckter Berge: „Weder das Auge noch die Einbildungskraft findet auf diesen formlosen Massen irgendeinen Punkt, auf dem jenes mit Wohlgefallen ruhen, oder wo diese Beschäftigung oder ein Spiel finden könnte. Der Mineralog allein findet Stoff, über die Revolution dieser Gebirge unzureichende Mutmaßungen zu wagen. Die Vernunft findet in dem Gedanken der Dauer dieser Berge oder in der Art von Erhabenheit, die man ihnen zuschreibt, nichts, das ihr imponiert, das ihr Staunen und Bewunderung abnötigte. Der Anblick dieser ewig toten Massen gab mir nichts als die einförmige und in die Länge langweilige Vorstellung: es ist so."

Im Frühherbst 1796 erhielt Hegel einen Brief Hölderlins, in dem ihm, überraschend genug, verführerische Zukunftsperspektiven eröffnet wurden: Der Freund konnte ihm eine Hauslehrerstelle bei der Familie Gogel in Frankfurt in Aussicht stellen, zu besten Konditionen, wie er schrieb, und nicht weit entfernt von seiner eigenen neuen Wirkungsstätte im Hause Gontard, wo Hölderlin seit Anfang des Jahres als Erzieher tätig war:

„Vorgestern kommt Herr Gogel ganz unvermutet zu uns und sagt mir, wenn Du noch frei seist und Lust zu diesem Verhältnis hättest, würd' es ihm lieb sein. Du würdest zwei gute Jungen zunächst zu bilden haben, von neun bis zehn Jahren, würdest durchgängig ungeniert in seinem Haus leben können, würdest, was nicht unwichtig ist, ein eigenes Zimmer bewohnen, wo Du Deine Buben nebenan hättest, würdest mit den ökonomischen Bedingungen sehr zufrieden sein; von ihm und seiner Familie soll ich übrigens nicht viel Gutes schreiben, weil gespannte Erwartung immer schlecht befriedigt würde, wolltest Du aber kommen, so stehe sein Haus Dir alle Tage offen. – Nun den Kommentar! Weniger als 400fl. bekömmst Du schwerlich. Das Reisegeld würde dir bezahlt werden, wie mir, und Du kannst wohl auf 10 Karolin rechnen. Alle Messe wirst Du ein sehr beträchtlich Geschenk bekommen. Und alles wirst Du frei haben, etwa Friseur, Barbier und was sonst Kleinigkeiten sind, ausgenommen. Du wirst sehr guten Rheinwein oder französischen Wein über Tisch trinken. Du wirst in einem Haus wohnen, das eines der schönsten in Frankfurt ist."

Das waren verlockende Aussichten, zweifelsohne, und Hegel zögerte nicht, das von Hölderlin übermittelte Angebot anzunehmen. Ein sofortiger Dienstantritt in Frankfurt ließ sich allerdings nicht bewerkstelligen, da der Herr von Steiger die Freigabe verweigerte und darauf bestand, daß Hegel die mit ihm getroffene Vereinbarung zumindest bis zum Jahresende erfüllte. Die letzten Wochen in der Schweiz waren von Vorfreude bestimmt, die Hölderlin mit einem weiteren Brief noch zu schüren wußte:

„Wir wollen brüderlich Müh' und Freude teilen, alter Herzensfreund! ... So bin ich Dir noch etwas brauchbar. Ich sehe, daß Deine Lage Dich auch ein wenig um den wohlbekannten immerheitern Sinn gebracht hat. Siehe nur zu! Du wirst bis nächsten Frühling wieder der Alte sein ... Du wirst Freunde finden, wie man sie nicht überall findet ... Ich sage Dir, Lieber, Du brauchst nichts als Dein und mein Haus, um recht glückliche Tage zu haben. Der Tag des Wiedersehens wird uns ziemlich verjüngen."

Hegels Erwartungen wurden nicht enttäuscht. Die Übersiedlung nach Frankfurt bedeutete für ihn einen Schritt zurück in die Welt, von der er sich im schmucken Schweizer Domizil fast ausgeschlossen wähnte. Die Kontakte zur Realität waren auf Buch- und Briefgröße geschrumpft; nun stand er bereit, die Wirklichkeit selbst wieder anzunehmen, der er mit nahezu unbändigem Interesse gegenübertrat. Der Schritt zurück in die Welt erwies sich zugleich als eine Hinwendung zur Zukunft, der er mit einer Philosophie beizukommen hoffte, die im Entstehen begriffen war. Hegels Philosophieren leistete sich Weitläufigkeit; es galt, die Tendenzen des Lebens aufzunehmen und zu begreifen, ein Prozeß, der vor aller Begriffsarbeit die bewußte Teilnahme am Leben selbst erforderte. Frankfurt bot dazu nicht wenige Möglichkeiten; im Vergleich zur eher freudlosen Beschaulichkeit, die er in der Schweiz genossen hatte, mußte ihm die Stadt wie eine Metropole erscheinen, in der man einiges nachholen konnte, auch die etwas gehobeneren Zerstreuungen, die Hegel jedoch schon länger nicht mehr genügten. An seine Jugendfreundin Nanette Endel schrieb er am 13. November 1797:

„Ich weiß nicht, wie es mir geht, immer in allgemeine Reflexionen hineinzugeraten; aber Sie verzeihen einem Menschen, der einmal Magister war und sich mit diesem Titel nebst Zubehör herumschleppt wie mit einem Satansengel, der ihn mit Fäusten schlägt. Sie werden sich unserer Manier und Art noch von Stuttgart erinnern; ich habe allen Grund zu vermuten, daß ein längerer Umgang mit Ihnen mich mehr befreit und mich mehr in die Fähigkeit eines frohen Spiels versetzt hätte."

Was Hegels Überlegungen in Frankfurt bestimmte, war der Geist des Widerspruchs. An ihm orientierte er sich, an ihm versuchte er Bestimmungen festzumachen, die dazu geeignet sein konnten, ein Fundament des Denkens abzugeben, das die grundlegenden Gegensätze von Subjekt und Objekt, von Erkenntnis und Realität in sich aufhob, ohne sie damit einzuebnen. Eine solche Annahme produktiver Gegensätzlichkeit, methodologisch nutzbar gemacht und an der schier endlosen Vielfalt subjektiv bestimmter Objekte erprobt, ließ sich als Dialektik begreifen, als Erkenntnisinstrument, das Reallogik und Wissen-von-sich in einem war. Dialektik, so vermutete Hegel, bezog ihre Gewißheit aus den Bestimmungen ihrer eigenen Bewegung, die schließlich zu einem System des Wissens führte, dessen verschiedene Erkenntnis- und Realitätsstufen miteinander verbunden waren.

Um ein solches System fixieren zu können, mußte man selbst systematisch denken, was Hegel schließlich zu einem ersten großangelegten Versuch führte, den Stand seiner Überlegungen auf den Begriff zu bringen: Im September 1800 vollendete er einen Aufsatz, der immerhin 47 Bogen umfaßte, von denen allerdings nur jene zwei erhalten geblieben sind, die man in der Hegel-Forschung später als Frankfurter Systemfragment bezeichnete. In diesem bruchstückhaften Text wurde am Beispiel des Gegensatzes von Protestantismus und Katholizismus ein neuer christlicher Religionsbegriff entwickelt, der wesentlich aus der Vermittlung durch die Philosophie hervorging und auf einer reinen, substantiell jedoch unversöhnten Geistigkeit beruhte. An einer neuen Religiosität sollte die Philosophie, ungeachtet ihrer zuvor geleisteten Begriffsarbeit, ihr Genügen finden, ein Gedanke, den Hegel in den Folgejahren umkehrte, indem er die Philosophie über die Religion setzte, deren Erkenntnismöglichkeit auf den Bannkreis des Glaubens beschränkt blieb. Das Frankfurter Systemfragment endete mit Erörterungen, die bereits das Credo der ausgearbeiteten Hegelschen Geschichtsphilosophie anklingen ließen:

„Die Natur ist geheiligt, aber nicht durch einen eignen Geist; sie ist versöhnt, aber sie bleibt für sich ein Unheiliges, wie zuvor. Die Weihe kommt ihr von einem Äußeren. Die ganz geistige Sphäre ist nicht aus eigenem Grund und Boden emporgestiegen. Der unendliche Schmerz ist in der Heiligung permanent und die

Versöhnung selbst ein Seufzer nach dem Himmel ... Die Erhebung des Endlichen zum Unendlichen charakterisiert sich ... als Erhebung endlichen Lebens zu unendlichem ... Jeder Einzelne ist ein blindes Glied in der Kette der absoluten Notwendigkeit, an der sich die Welt fortbildet. Jeder Einzelne kann sich zur Herrschaft über eine größere Länge dieser Kette allein erheben, wenn er erkennt, wohin die große Notwendigkeit will, und aus dieser Erkenntnis die Zauberworte aussprechen lernt, die ihre Gestalt hervorrufen. Diese Erkenntnis, die ganze Energie des Leidens und des Gegensatzes, der ein paar tausend Jahre die Welt und alle Formen ihrer Ausbildung beherrscht hat, zugleich in sich zu schließen und sich über ihn zu erheben, diese Erkenntnis vermag nur die Philosophie zu geben."

Hegel dehnte den Erkenntnisanspruch der Philosophie auf einen Bereich aus, den Kant für das Wissensmögliche ausgegrenzt hatte; dabei berief er sich nicht auf die Einsichtigkeit der intellektuellen Anschauung, mit der etwa Fichte die gewagte Deduktion seiner Wissenschaftslehre begründete, sondern er setzte auf dialektische Selbstbewegung des Begriffs, die sich aus der Annahme legitimierte, daß, so Hegel, „das Wahre ... ebensosehr als Substanz wie als Subjekt" zu begreifen sei. Damit wurde auch der altehrwürdige Gegensatz zwischen dem Begriff und seinem Gegenstand, zwischen Erkenntnis und Realität für aufgehoben erklärt und zu einem integrierenden Bestandteil der dialektischen Methode gemacht, die es ermöglicht, daß ein Subjekt sich zugleich als Subjekt und Objekt weiß. Hegel verlegte den Zwiespalt von Geist und Wirklichkeit in das Innere des Begriffs, wo er gewußt wird und deswegen als solcher zu einem anderen werden muß. So entstand die Identität des Nichtidentischen, die postulativ sein mochte, aber auch so produktiv war, daß sie sich zu einem Gesamtsystem des Wissens entfalten konnte, in dem die Reflexion alles an seinen Platz brachte, auch den Gedanken an eine Veränderung, die mehr bedeutete als die Veränderung eines Gedankens:

„Wenn eine Veränderung geschehen soll, so muß etwas verändert werden. Eine so kahle Wahrheit ist darum nötig gesagt zu werden, weil die Angst, die muß, von dem Mute, der will, dadurch sich unterscheidet, daß die Menschen, die von jener getrieben werden, zwar die Notwendigkeit einer Veränderung wohl fühlen und zugeben, aber, wenn ein Anfang gemacht werden soll, doch die Schwachheit zeigen, alles behalten zu wollen, in dessen Besitze sie sich befinden, wie ein Verschwender, der in der Notwendigkeit ist, seine Ausgaben zu beschränken, aber jeden Artikel seiner bisherigen Bedürfnisse, von dessen Beschneidung man ihm spricht, unentbehrlich findet, nichts aufgeben will, bis ihm endlich sein Unentbehrliches wie das Entbehrliche genommen wird." Hegel wußte sich auf dem Weg zu einer systematischen Philosophie des Geistes. Er arbeitete viel, wenn auch nicht unbedingt schnell; sein Hauslehrer-Dasein, das er zunehmend als Belastung empfand, ließ ihm die Zeit, die er brauchte.

Am 15. Januar 1799 erhielt er einen Brief seiner Schwester Christiane, in dem ihm mitgeteilt wurde: „Vergangene Nacht, kaum vor 12 Uhr, starb der Vater ganz sanft und ruhig. Ich vermag Dir nicht weiter zu schreiben. Gott stehe mir bei!"

Hegel fuhr in seine Heimatstadt Stuttgart; das Vermögen des Vaters, eines schwäbisch-sparsamen Expeditionsrates, der seine Frau Maria Magdalena um fünfzehn Jahre überlebt hatte und zu seinen drei Kindern bis zuletzt in inniger Beziehung stand, wurde unter den Geschwistern aufgeteilt. Auf Hegel entfiel ein Anteil von knapp 3155 Gulden, kein großes Vermögen, aber doch ein erkleckliches Sümmchen, das er durch eigene Ersparnisse noch aufstocken konnte, so daß er sich bei seiner Rückkehr nach Frankfurt Ende März 1799 als halbwegs wohlhabenden Mann betrachten konnte. Der Tod des Vaters, ein an sich trauriges Ereignis, und die damit verbundene Erbschaft setzten ihn in den Stand, seinem Leben eine selbstbestimmte Wendung zu geben; die Pläne dafür waren in Frankfurt gereift und sicher geworden. Hegel konnte nun daran denken, sich verstärkt um eine wissenschaftliche Karriere zu bemühen, für die ihm, wie er glaubte, wesentliche Voraussetzungen zugewachsen waren. Im November 1800 wandte er sich an Schelling, der mittlerweile als Professor in Jena lehrte und zu einer gewissen Berühmtheit gelangt war:

„Da ich mich endlich imstande sehe, meine bisherigen Verhältnisse zu verlassen, so bin ich entschlossen, eine Zeitlang in einer unabhängigen Lage zuzubringen und sie angefangenen Arbeiten und Studien zu widmen. Ehe ich mich dem literarischen Saus von Jena anzuvertrauen wage, will ich mich vorher durch einen Aufenthalt an einem dritten Ort stärken ... Deinem öffentlichen großen Gange habe ich mit Bewunderung und Freude zugesehen; Du erläßt es mir, entweder demütig darüber zu sprechen oder mich auch Dir zeigen zu wollen; ich bediene mich des Mittelworts, daß ich hoffe, daß wir uns als Freunde wiederfinden werden. In meiner wissenschaftlichen Bildung, die von untergeordneten Bedürfnissen der Menschen anfing, mußte ich zur Wissenschaft vorgetrieben werden, und das Ideal des Jünglingsalters mußte sich zur Reflexionsform, in ein System zugleich verwandeln; ich frage mich jetzt, während ich noch damit beschäftigt bin, welche Rückkehr zum Eingreifen in das Leben der Menschen zu finden ist ... Ich schaue darum auch, in Rücksicht auf mich, so voll Zutrauen auf Dich, daß Du mein uneigennütziges Bestreben, wenn seine Sphäre auch niedriger wäre, erkenntest und einen Wert in ihm finden könntest."

Mochte dieses Sendschreiben an Schelling noch vom Tonfall freundschaftlicher Unterwürfigkeit geprägt sein, so zeigten sich in ihm doch schon vorsichtige Ansätze eines neuen Selbstbewußtseins, das Hegel in der Folgezeit beharrlich und nahezu unbeirrt auszubauen wußte. Dabei orientierte er sich an seinen eigenen Möglichkeiten, die er, ungeachtet gelegentlicher Höhenflüge, ebenso realistisch einschätzte wie die gesellschaftlichen Rahmenbedingungen, in denen er sich einzurichten hatte. Er hoffte auf sein Glück, dem er einen gewissen Hang zur Wohlausgewogenheit unterstellte; da er es an Fleiß und bedächtigem Geschick nicht fehlen ließ, mußte man, wie er vermutete, auch an höherer Stelle auf ihn aufmerksam werden.

Dies geschah im Jahre 1804, wobei Hegel, der in Jena als miserabel bezahlter Privatdozent amtierte, sich nicht scheute, seinem Glück ein wenig nachzuhelfen: Er hatte erfahren, daß eine außerordentliche Professorenstelle zu besetzen sei, für die er sich selbst, als ein schon lange seinen Dienst schiebender

Dozent, mit höflichster Verklausulierung zur ersten Wahl erklärte. Um dies auch an entscheidungsberechtigter Stelle deutlich zu machen, schrieb er am 24. Februar 1804 an den zuständigen Staatsminister Goethe:

„Indem ich höre, daß einige meiner Kollegen der gnädigsten Ernennung zum Professor der Philosophie entgegensehen und hierdurch daran erinnert werde, daß ich der älteste der hiesigen Privatdozenten der Philosophie bin, so wage ich, der Beurteilung Euer Exellenz es vorzulegen, ob ich nicht durch eine solche, von den höchsten Autoritäten erteilte Ausgleichung in der Möglichkeit, nach meinen Kräften auf der Universität zu wirken, beschränkt zu werden befürchten muß ... Ich weiß zu sehr, daß diese Umstände der Ergänzung durch die gnädigen Gesinnungen Euer Exzellenz bedürfen ..., zugleich aber auch, wie sehr dadurch, daß die Durchlauchtigsten Erhalter wenigstens diese gnädige Rücksicht auf mich nähmen, mich nicht anderen nachzusetzen, meine Bestrebungen angefeuert würden."

Hegel mußte sich noch ein Jahr gedulden, ehe ihn die erwünschte Ernennung zum außerordentlichen Professor der Philosophie – mit einem jährlichen Salär von 100 Talern, wie Goethe leutselig mitteilte – endgültig ereilte. Nach zähem Beginn seiner akademischen Karriere ging alles weitere dann fast wie von selbst: Hegel avancierte zum meistdiskutierten Philosophen in deutschen Landen, und seine Philosophie, die Form und Inhalt, Begriff und Gegenstand, Logik und Metaphysik in sich zu vereinigen beanspruchte, trat als die Tollkühnheit des Denkens im Gewand äußerer Biederkeit auf.

Was sie, die Philosophie, nunmehr zu wissen glaubte, mutet bis auf den heutigen Tag ungeheuerlich an: Sie „ist sonach als das System der reinen Vernunft, als das Reich des reinen Gedankens zu fassen. Dieses Reich ist die Wahrheit, wie sie ohne Hülle an und für sich selbst ist. Man kann sich deswegen ausdrücken, daß dieser Inhalt die Darstellung Gottes ist, wie er in seinem ewigen Wesen vor der Erschaffung der Natur und des endlichen Geistes ist."

Hegel hat seiner Frankfurter Zeit ein ehrendes Andenken bewahrt. Im Rückblick erschien sie ihm wie eine bewegende

Krankengeschichte, an deren Ende der Patient mit einer denkwürdigen Genesung belohnt wurde. An den Theologen und Philosophen Karl Josef Windischmann schrieb Hegel im Mai 1810:

„Halten Sie sich für überzeugt, daß an Ihrem Gemütszustande, den Sie mir schildern, jene Arbeit teil hat, dieses Hinabsteigen in dunkle Regionen, wo sich nichts fest, bestimmt und sicher zeigt, allenthalben Lichtglänze blitzen, aber neben Abgründen ..., wo jeder Beginn eines Pfades wieder abbricht und ins Unbestimmbare ausläuft, sich verliert und uns selbst aus unserer Bestimmung und Richtung reißt. – Ich kenne aus eigner Erfahrung diese Stimmung des Gemüts oder vielmehr der Vernunft, wenn sie sich einmal mit Interesse und ihren Ahndungen in ein Chaos der Erscheinungen hineingemacht hat und wenn sie, des Ziels innerlich gewiß, noch nicht hindurch, noch nicht zur Klarheit und Detaillierung des Ganzen gekommen ist. Ich habe an dieser Hypochondrie ein paar Jahre bis zur Entkräftigung gelitten; jeder Mensch hat wohl überhaupt einen solchen Wendungspunkt im Leben, den nächtlichen Punkt der Kontraktion seines Wesens, durch dessen Enge er hindurchgezwängt und zur Sicherheit seiner selbst befestigt und vergewissert wird.“

„Ich bin, wer ich bin"

Arthur Schopenhauer

Der Philosoph Arthur Schopenhauer, der sich zeit seines Lebens gern an die von ihm selbst ausgegebene Devise „Bescheidenheit bei mittelmäßigen Fähigkeiten ist bloße Ehrlichkeit; bei großen Talenten ist sie Heuchelei!" hielt, dachte nicht nur Großes von seiner eigenen Philosophie, sondern er war sich auch im klaren darüber, wie sie, im Dienst einer höheren Evidenz und versehen mit seltener Folgerichtigkeit, entstanden war. Die Grundzüge von Schopenhauers Weltsicht bildeten sich schon früh heraus.

Im Jahre 1832 notierte der damals vierundvierzigjährige Philosoph in dem von ihm so genannten „Cholerabuch", das er angeblich „auf der Flucht vor der Cholera" begonnen hatte, der schon sein Kollege Hegel, zu Schopenhauers stillem, aber diebischem Vergnügen, zum Opfer gefallen war:

„In meinem 17ten Jahre, ohne alle gelehrte Schulbildung, wurde ich vom Jammer des Lebens so ergriffen wie Buddha in seiner Jugend, als er Krankheit, Alter, Schmerz und Tod erblickte. Die Wahrheit, welche laut und deutlich aus der Welt sprach, überwand bald die auch mir eingeprägten jüdischen Dogmen, und mein Resultat war, daß diese Welt kein Werk eines allgütigen Wesens sein könnte, wohl aber das eines Teufels, der Geschöpfe ins Dasein gerufen, um am Anblick ihrer Qual sich zu weiden: – darauf deuteten die Data, – und der Glaube, daß es so sei, gewann die Oberhand. – Allerdings spricht aus dem menschlichen Dasein die Bestimmung des Leidens; es ist tief ins Leiden eingesenkt, entgeht ihm nicht; sein Fortgang und Ausgang ist durchweg tragisch; eine gewisse Absichtlichkeit hierin ist nicht zu verkennen … Nun ist ja aber das Leiden der ‚Deuteros plus', der ‚zweite Weg', das Surrogat der Tugend und Heiligkeit; durch selbiges geläutert, gelangen wir zuletzt zur Verneinung des Willens zum Leben, zur Rückkehr vom Irrweg, zur Erlösung; daher eben hat jene geheime Macht, die unser Schicksal leitet, im Volksglauben mythisch als Vorsehung personifiziert, es allerdings darauf abgesehen, uns Leiden auf Leiden zu bereiten, weshalb meinem ganz einseitigen, aber so weit er sah: richtigen Blick in der Jugend, die Welt sich als ein Werk des Teufels darstellt."

Die Ereignisse, die in Schopenhauers siebzehntem Lebensjahr auf ihn wirkten, waren Erlebnisse eines fahrenden jungen Mannes. Heinrich Floris Schopenhauer, der Vater des angehenden Philosophen, ein redlicher, aus Danzig stammender Handelsmann, hatte seinen Sohn zu einer fast zweijährigen Europareise überredet. Zum Dank dafür mußte Arthur versprechen, nach seiner Rückkehr mit einer kaufmännischen Lehre zu beginnen und damit den Herzenswunsch seines Vaters zu erfüllen. Arthur willigte ein; die Reise lockte ihn, und der Vater, dessen Integrität er bewunderte, war für ihn eine zu große Respektsperson, als daß er es auf Dauer gewagt hätte, sich seinen Plänen entscheidend zu widersetzen, obwohl die Hauptinteressen des jungen Schopenhauer damals schon mehr den Wissenschaften und der geheimen Melancholie der schönen Künste galten. Anfang Mai 1803 brach die Familie Schopenhauer auf; mit von der Partie war noch Arthurs Mutter Johanna Schopenhauer, die später zu einer erfolgreichen Schriftstellerin werden sollte. Die Reise, die im August 1804 endete, führte durch Holland, England, Frankreich, die Schweiz und Österreich. Arthur Schopenhauer hat seine Eindrücke von dieser Reise in eigenen Aufzeichnungen festgehalten, die später, sehr viel später, als er längst berühmt geworden und von der philosophischen Bühne schon wieder abgetreten war, unter dem Titel „Reisetagebücher" veröffentlicht wurden.

Die Reisenotizen des jungen Schopenhauer verraten noch wenig von der Genialität und Stilsicherheit des späteren Philosophen. Berichtet wird von den bekannten Sehenswürdigkeiten, von fremdländischen Speise- und Kleidungsgewohnheiten oder gewissen Absonderlichkeiten, die dem jungen Mann, der sich ansonsten eher vornehm-gelangweilt gibt, aufgefallen waren.

Nur selten läßt er die Zurückhaltung des wohlerzogenen Sohnes aus gutbürgerlichem Hause fallen und gerät in Begeisterung – wie etwa bei einer Bergbesteigung im Berner Oberland oder beim Anblick des Montblanc-Massivs im Tal von Chamonix. Tief beeindruckt, ja betroffen gemacht hat Schopenhauer nur eine Begebenheit, die für ihn zum Schlüsselerlebnis wurde und die Grundzüge seiner pessimistischen Weltanschauung vorprägte: Mitte April 1804 hatte die Familie Schopenhauer von Marseille aus einen Ausflug nach Toulon unternommen und dort die Gelegenheit genutzt, den Hafen zu besichtigen; dabei sah Arthur zum ersten Mal in seinem Leben Galeeren-Sklaven – ein Anblick, der ihn erschütterte. In seinen „Reisetagebüchern" schrieb er darüber:

„Alle schweren Arbeiten im Arsenal werden durch die Galeeren-Sklaven verrichtet, deren Anblick für Fremde sehr auffällig ist. Sie werden in drei Klassen geteilt: die Erste machen diejenigen, die nur für leichte Verbrechen und kurze Zeit da sind, Deserteurs, Soldaten, die gegen die Subordination gefehlt haben usw. ... Die zweyte Klasse besteht aus größeren Verbrechern: sie arbeiten zwey und zwey, mit schweren Ketten an den Füßen zusammengefesselt. Die dritte Klasse, die der schwersten Verbrecher, ist an die Bänke der Galeere geschmiedet, die sie gar nicht verläßt: diese beschäftigen sich mit solchen Arbeiten, die sie im Sitzen verrichten können. Das Loos dieser Unglücklichen halte ich für bey weitem schrecklicher wie Todes-Strafen. Die Galeeren, die ich von außen gesehn habe, scheinen der schmutzigste, ekelhafteste Aufenthalt, der sich dencken läßt ... Das Lager der Forcats (der Sträflinge, d. Vf.) ist die Bank, an die sie gekettet sind. Ihre Nahrung bloß Wasser und Brod: ich begreife nicht, wie sie, ohne eine kräftigere Nahrung und von Kummer verzehrt, bey der starken Arbeit, nicht eher unterliegen; denn während ihrer Sklaverey werden sie ganz wie Lastthiere behandelt: Es ist schrecklich, wenn man es bedenckt, daß das Leben dieser Galeeren-Sklaven, was viel sagen will, ganz freudenlos ist – und bey denen, deren Leiden auch nach fünfundzwanzig Jahren kein Ziel gesetzt ist, auch ganz hoffnungslos; läßt sich eine schrecklichere Empfindung dencken, wie die eines solchen Unglücklichen, während er an die Bank der finsteren Galeere geschmiedet wird, von der ihn nichts wie der Tod mehr trennen kann! – Manchem wird sein Leiden wohl noch durch die unzertrennliche Gesellschaft dessen erschwert, der mit ihm an eine Kette geschmiedet ist. Und wenn dann nun endlich der Zeitpunkt herangekommen ist, den er ... täglich mit verzweifelnden Seufzern herbeywünschte: das Ende der Sklaverey, was soll er werden? – Er kommt in eine Welt zurück, für die er seit ... Jahren todt war; die Aussichten, die er vielleicht hatte, als er zehn Jahre jünger war, sind verschwunden: Keiner will den zu sich nehmen, der von der Galeere kommt ... Jahre Strafe haben ihn von dem Verbrechen des Augenblicks nicht reingewaschen. Er muß zum zweyten Mal ein Verbrecher werden und endet am Hoch-Gericht."

Nachdem man den Hafen von Toulon, die Galeeren und ihre unglücklichen Insassen bestaunt hatte, kehrte die Familie Schopenhauer nach Marseille zurück. Arthurs Reisetagebuch berichtet wieder von angenehmeren Dingen; er plaudert über eine Gemäldeausstellung, erörtert die Vorzüge mediterranen Klimas und räsoniert über die „Durchlässigkeit" des „südlichen Lichtes".

Die Erinnerung an die Galeeren-Sklaven aber wirkte in dem angehenden Philosophen nach; er behielt sie als abrufbares Bild, das sich in der noch ungeordneten Welt seiner Gedanken bereithielt, um noch einmal von sich reden zu machen. Zunächst jedoch erfüllte er sein Versprechen: Er trat die Kaufmannslehre an, die sich, wie befürchtet, als Tortur erwies und seinen ohnehin schon ausgeprägten Hang zu düsteren Visionen und globaler Nörgelei noch verstärkte. Der plötzliche Tod des Vaters am 20. April 1805 tat ein übriges: Arthur, hin- und hergerissen zwischen heftiger Trauer und einer sich eher verschämt anbietenden Hoffnung, aus der verhaßten Lehre doch noch aussteigen zu können, wurde immer unzufriedener. Er gab sich als Querulant von hohen Graden, was im besonderen seine Mutter zu spüren bekam, der er vorwarf, schon immer ein leichtes und lockeres Leben auf Kosten seines Vaters geführt zu haben. Johanna Schopenhauer, eine selbstbewußte Frau, der die Künste der Ironie nicht ganz fremd waren, ließ sich von ihrem Sohn nichts gefallen; sie löste das Schopenhauersche Kontor auf und zog mit der 1797 geborenen Tochter Adele nach Weimar. Arthur blieb zunächst allein in Hamburg zurück. Er legte seine Unzufriedenheit nun in die Briefe, die er nach Weimar sandte; schließlich hatte seine Mutter – die mittlerweile als Schriftstellerin von sich reden machte und einen bekannten Salon führte, in dem auch Goethe sich gerne sehen ließ – ein Einsehen mit den unermüdlichen Klagen ihres Sohnes: Sie stellte ihm die Entscheidung frei, die Kaufmannslehre zu beenden und statt dessen, nach Abschluß seiner Schulausbildung, mit einem Studium zu beginnen.

Schopenhauer ließ sich das nicht zweimal sagen. Im Juni 1807 wurde er Schüler am Gymnasium in Gotha, und bereits zwei Jahre später immatrikulierte er sich an der Universität Göttingen. Am 22. Februar 1809, an seinem 21. Geburtstag, zahlte ihm seine Mutter den väterlichen Erbanteil in Höhe von 20000 Reichstalern aus; hinzu kamen noch, wie es hieß, „Revenuen aus der Verwaltung eines Anteils an den Schopenhauerschen Ländereien" bei Danzig. Das ergab, über den Daumen gepeilt, einen Jahreszins von etwas mehr als 1000 Talern. Zum Vergleich: Goethe als ranghöchster Staatsbeamter Weimars hatte 1775 für ein Jahressalär von 1200 Talern seine Dienste am Hofe des Herzogs Karl August angetreten. Schopenhauer hatte also allen Grund, zufrieden zu sein. Er war es auch – vorübergehend. Dem beglükkenden Umstand, finanziell unabhängig zu sein, bewahrte der Philosoph ein lebenslanges, freundliches Andenken. Er lobte den Vater, der ihm dieses ermöglicht hatte; für die Mutter allerdings fand er noch immer nur wenig schmeichelhafte Worte. Wenn der Student Arthur Schopenhauer nach Weimar kam und der Schriftstellerin Johanna Schopenhauer einen Besuch abstattete, gab es regelmäßig Streit. Johanna, als bekannte Autorin von vielen bewundert, war inzwischen noch selbstbewußter geworden: Sie wies den Sohn an, sich in ihrem Hause aller Gehässigkeiten zu enthalten. Arthur, dem auch der neue Freund seiner Mutter mißfiel, stänkerte ungerührt weiter. Als er schließlich seine Absicht kundtat, nach Weimar überzusiedeln, machte sie ihm in einem Brief, der ein bezeichnendes Licht auf Schopenhauers mutmaßliche Charaktereigenschaften wirft, ein für allemal klar, welche Bedingungen sie an ein Zusammenleben von Mutter und Sohn in Weimar zu knüpfen gedachte:

„Nun zu Deinem Verhältnisse hier gegen mich ... Daß ich Dich recht lieb habe, daran zweifelst Du nicht; ich habe es Dir bewiesen, solange ich lebe. Es ist zu meinem Glücke notwendig zu wissen, daß Du glücklich bist, aber nicht, ein Zeuge davon zu sein. Ich habe Dir immer gesagt, es wäre sehr schwer, mit Dir zu leben; und je näher ich Dich betrachte, desto mehr scheint mir diese Schwierigkeit, für mich wenigstens, zuzunehmen ... Dein Mißmut ist mir drückend und verstimmt meinen heiteren Humor, ohne daß es Dir etwas hilft. Sieh, lieber Arthur, Du bist nur auf Tage bei mir zu Besuch gewesen, und jedesmal gab es heftige Szenen um nichts und wieder nichts und wieder nichts, und ... ich atmete erst frei, wenn Du weg warst, weil Deine Gegenwart, Deine Klagen über unvermeidliche Dinge, Deine finsteren Gesichter, Deine bizarren Urteile, die wie Orakelsprüche von Dir ausgesprochen werden, ohne daß man etwas dagegen einwenden dürfte, mich drückten ... Ich lebe jetzt sehr ruhig; seit Jahr und Tag habe ich keinen unangenehmen Augenblick gehabt, den ich nicht Dir zu danken hätte. Ich bin still für mich, niemand widerspricht mir, ich widerspreche niemandem, kein lautes Wort hört man in meinem Haushalt; alles geht seinen einförmigen Gang, ich gehe den meinen ..., und das Leben gleitet dahin, ich weiß nicht wie. Dies ist mein eigentliches Dasein, und so muß es bleiben, wenn Dir die Ruhe und das Glück meiner noch übrigen Jahre lieb ist ... Dazu gehört, daß wir wenig miteinander sind ... Höre also, auf welchem Fuß ich mit Dir sein will. Du bist in Deinem Logis zu Hause; in meinem bist Du ein Gast, wie ich es etwa nach meiner Verheiratung im Hause meiner Eltern war, ein willkommener, lieber Gast, der immer freundlich empfangen wird, sich aber in keine häusliche Einrichtung mischt. Um diese bekümmerst Du Dich gar nicht ... ich dulde keine Einrede, weil es mich verdrießlich macht und nichts hilft ... an meinen Gesellschaftstagen kannst Du abends bei mir essen, wenn Du Dich dabei des leidigen Disputierens ... wie auch alles Lamentierens über die dumme Welt und das menschliche Elend enthalten willst, weil mir das immer eine schlechte Nacht und üble Träume macht – und ich gern gut schlafe."

Schopenhauer bemühte sich eine Zeitlang, den Wünschen seiner Mutter nachzukommen, aber es wollte ihm nicht recht gelingen. Sein Naturell, das Johanna Schopenhauer treffend beschrieben hatte, brach sich immer wieder Bahn. In ihrem Salon, einem gehobenen Ort subtil-sorglosen Plauderns, wirkte er wie ein gelehrter Grobian, der seine Lebensaufgabe darin sah, für schlechte Laune zu sorgen. Schopenhauers Weltsicht stand fest; das Licht, das ihm im Hafen von Toulon aufgegangen war, warf seinen trüben Schein voraus und wies ihm die Richtung. Als er mit dem Philosophiestudium begann, war es nur noch eine Frage der Zeit, bis er die seinen Anschauungen gemäßen Gedanken gefunden haben würde. Im Oktober 1813 promovierte er an der Universität Jena mit der Dissertation „Über die vierfache Wurzel des Satzes vom zureichenden Grunde" zum Doktor der Philosophie. Johanna Schopenhauer, auf der Höhe ihres Ruhms stehend, kommentierte die Arbeit ihres Sohnes mit der spöttischen Frage: „Das ist wohl etwas für Apotheker?", worauf er entgegnete: „Man wird sie noch lesen, wenn von Deinen Schriften kaum mehr ein Exemplar in der Rumpelkammer stecken wird!" Johanna Schopenhauer erwiderte: „Von der Deinigen wird die ganze Auflage noch zu haben sein."

Mit dieser Prognose sollte die Mutter, zumindest was sein Hauptwerk „Die Welt als Wille und Vorstellung" anging, zunächst recht behalten. Im Mai 1814 ließ sich Schopenhauer in Dresden nieder. Die Stadt gefiel ihm; er lebte auf und wurde, für seine Verhältnisse, direkt gesellig. Er verkehrte in Literaten- und Künstlerkreisen und wußte dort mit respektlosen Scherzen auf sich aufmerksam zu machen. Zu seiner guten Laune trug auch der Umstand bei, daß er spürte, wie seine Philosophie sich konkretisierte und zu einem veritablen Gedankengebäude aufwuchs. Das Bild von Toulon, das seinen Eindruck hinterlassen hatte, machte wieder von sich reden und ließ sich nun – endgültig – beim Wort nehmen. In einer seiner autobiographischen Skizzen notierte Schopenhauer dazu rückblickend:

„Von 1814 bis 1818 habe ich in Dresden privatisiert, die Bibliothek und Kunstsammlungen zu vielseitigen Studien benutzend und in der schönen Umgebung meinen Gedanken nachhängend ... Während dieses vierjährigen Aufenthalts in Dresden ist es gewesen, daß in meinem Kopfe, gewissermaßen ohne mein Zutun, mein philosophisches System, strahlenweise wie ein Kristall zu einem Zentrum konvergierend, zusammenschoß, so wie ich es sofort im ersten Band meines Hauptwerks niedergelegt habe. Mich haben nicht die Bücher, sondern die Welt hat mich befruchtet."

Schon ein Jahr zuvor, in Berlin, wo er sich über die Philosophen Schleiermacher und Fichte geärgert hatte, waren Schopenhauer Gedanken zu Kopf gestiegen, die ihm wie die Vorspiegelung seiner künftigen Philosophie erschienen, der er, in geeigneterer Umgebung, zur Ausarbeitung verhelfen wollte. Triumphierend und förmlich mit fliegenden Fingern hielt er daraufhin den folgenden Eintrag in seinem Manuskriptbuch fest:

„Unter meinen Händen und vielmehr in meinem Geiste erwächst ein Werk, eine Philosophie, die Ethik und Metaphysik in Einem seyn soll, da man sie bisher trennte so fälschlich als den Menschen in Seele und Körper. Das Werk wächst, concrescirt allmählich und langsam wie das Kind im Mutterleibe; ich weiß nicht, was zuerst und was zuletzt entstanden ist ... Ich werde ein Glied, ein Gefäß, einen Theil nach dem andern gewahr, d. h. ich schreibe auf, unbekümmert, wie es zum Ganzen passen wird: denn ich weiß, es ist alles aus einem Grund entsprungen. So entsteht ein organisches Ganzes, und nur ein solches kann leben ... Ich, der ich hier sitze und den meine Freunde kennen, begreife das Entstehn des Werkes nicht, wie die Mutter nicht das des Kindes in ihrem Leibe begreift. Ich seh' es an und spreche wie die Mutter: ‚Ich bin mit Frucht gesegnet'. Zufall, Beherrscher dieser Sinnenwelt! laß mich leben und Ruhe haben noch wenige Jahre! denn ich liebe mein Werk wie die Mutter ihr Kind; wann es reif und geboren seyn wird, dann übe dein Recht an mir ... Gehe ich aber früher unter in dieser eisernen Zeit, o so mögen diese unreifen Anfänge, diese meine Studien, der Welt gegeben werden wie sie sind und als was sie sind."

Was in den beiden Berliner Jahren, trotz Schopenhauers ungebremster Begeisterung, noch philosophisches Stückwerk blieb, geriet in seiner Dresdner Zeit wie von selbst aufs Papier und fügte sich zum System. Schopenhauer kam es vor, als müßte er nur seiner inneren Stimme lauschen, die ihm Kunde gab vom Geheimnis der Welt. Er wurde zum Protokollanten einer Philosophie, deren Zeit gekommen war. Das äußere Gebaren des jungen Mannes, der sich nicht nur gedankenverloren gab, sondern auch enthusiasmiert zeigte, war dabei von kuriosen Zügen nicht ganz frei. Schopenhauers späterer Schüler und Adlatus Frauenstädt berichtete:

„Als Schopenhauer zu Dresden mit seinem Hauptwerk schwanger ging, zeigte er, wie er mir selbst erzählt, in seinem ganzen Wesen und seinen Gebärden etwas so Auffallendes, daß man ihn beinahe für toll gehalten. Einst, im Treibhause zu Dresden umhergehend und ganz in Betrachtungen über die Physiognomie der Pflanzen vertieft, habe er sich gefragt, woher diese so verschiedenen Formen und Färbungen der Pflanzen? Was will mir hier dieses Gewächs in seiner so eigentümlichen Gestalt sagen? Welches ist das innere subjektive Wesen, der Wille, der hier, in diesen Blättern und Blüten, zur Erscheinung kommt? – Er habe vielleicht laut mit sich gesprochen und sei dadurch sowie durch seine Gestikulationen dem Aufseher des Treibhauses aufgefallen. Dieser sei neugierig gewesen, wer denn dieser sonderbare Herr sei, und habe ihn beim Weggehen ausgefragt. Hierauf Schopenhauer: Ja, wenn Sie mir das sagen könnten, wer ich bin, dann wäre ich Ihnen viel Dank schuldig.' Darauf habe ihn jener angesehen, als ob er einen Verrückten vor sich habe. ‚Das aber ist Humor', fügte Schopenhauer bei dieser Gelegenheit hinzu."

Schließlich war es soweit: Im März 1818 hatte Schopenhauer das Manuskript seines Buchs abgeschlossen, das Anfang 1819 bei Brockhaus in Leipzig erschien und zu einem eindrucksvollen Mißerfolg wurde. Die Drucklegung seines Werkes hatte der Philosoph gar nicht abgewartet. Im September 1818 war er zu einer ersten Italienreise aufgebrochen, die ihn nach Venedig, Rom, Neapel und Mailand führte. Schopenhauer war von dem

Wert seines Buches felsenfest überzeugt. Auch als sich abzeichnete, daß es von den Meinungsführern der philosophischen Welt fast gänzlich ignoriert wurde, ließ er sich nicht beirren. Zweifel überkamen ihn selten; er rechnete fest mit der Dummheit der Menschen und vertraute darauf, daß die Wahrheit sich letztlich doch durchsetzen würde. An der Grundeinschätzung seines Werkes, die er schon am 28. März 1818 in einem überaus selbstbewußten Brief an seinen zukünftigen Verleger Brockhaus kundgetan hatte, hielt Schopenhauer ein Leben lang fest:

„Mein Werk ... ist ein neues philosophisches System; aber neu im ganzen Sinne des Wortes: nicht neue Darstellung des schon Vorhandenen, sondern eine im höchsten Grade zusammenhängende Gedankenreihe, die bisher noch nie in irgendeines Menschen Kopf gekommen. Das Buch, in welchem ich das schwere Geschäft, sie anderen verständlich mitzuteilen, ausgeführt habe, wird, meiner festen Überzeugung nach, eines von denen sein, welche nachher die Quelle und der Anlaß von hundert anderen Büchern werden ... Vor einem Jahr fing ich an, das Ganze im zusammenhängenden Vortrag für andere faßlich zu machen ... Dieser Vortrag selbst ist gleich fern von dem hochtönenden, leeren und sinnlosen Wortschwall der neuen philosophischen Schule ...; er ist im höchsten Grade deutlich, faßlich, dabei energisch, und ich darf wohl sagen, nicht ohne Schönheit: nur wer echte Gedanken hat, hat echten Stil. Der Wert, den ich auf meine Arbeit lege, ist sehr groß: denn ich betrachte sie als die ganze Frucht meines Daseins. Der Eindruck nämlich, welchen auf einen individuellen Geist die Welt macht, und der Gedanke, durch welchen der Geist, nach erhaltener Bildung, auf jenen Eindruck reagiert, ist allemal nach zurückgelegtem dreißigsten Jahre da, vorhanden und geschehen; alles Spätere sind nur Entwicklungen und Variationen desselben."

Was Schopenhauers Philosophie, die er in seinem Hauptwerk „Die Welt als Wille und Vorstellung" zusammenfaßte und später durch eine Vielzahl von brillanten Einzelanalysen ergänzte, gerade auch für den heutigen Leser so überzeugend erscheinen läßt, ist ihre verblüffende Modernität. Lange vor Freud beschäftigte er sich mit dem Unbewußten, das für ihn zu dem einen

Welt- und Individualwillen gehört, der das Leben, im Großen wie im Kleinen, durchwirkt und beherrscht. Schopenhauers Philosophie war ein Frontalangriff auf die großen Vernunftsysteme seiner Zeit: Nicht mehr die Rationalität, wie von Fichte, Schelling und Hegel, den deutschen Idealisten, auf unterschiedliche Weise dargetan, hat das Sagen, sondern der Wille, der alle Existenzformen des Lebendigen ins Dasein treibt und dem Tod zuführt. Der Mensch ist nicht mehr die Krone der Schöpfung, sondern ein Lebewesen unter vielen, das sich vor anderen nur durch seine enorme Selbstüberschätzung auszeichnet – auch dies ein wahrhaft moderner Aspekt der Schopenhauerschen Philosophie. Der biologischen Allmächtigkeit des Willens entkommen kann der Mensch kaum: Es gelingt ihm dies, vorübergehend, nur in der meditativen Kraft, die von den Künsten, im besonderen der Musik, ausgeht – und in der „Verneinung des Willens zum Leben", einer Askese, die den Individualwillen durch Bedürfnislosigkeit gegenstandslos zu machen versucht, den übergreifenden Weltwillen und seine Gesetzmäßigkeiten jedoch nicht entscheidend beeinträchtigen kann.

„Der Kern und Hauptpunkt meiner Lehre ... ist jene paradoxe Grundwahrheit, daß das, was Kant als das Ding an sich ... für schlechthin unerkennbar hielt, nichts anderes ist als jenes uns unmittelbar Bekannte und sehr genau Vertraute, was wir im Innern unseres eigenen Selbst als Willen finden; daß demnach dieser Wille, weit davon entfernt, wie alle bisherigen Philosophen annahmen, von der Erkenntnis unzertrennlich und sogar ein bloßes Resultat derselben zu scin, von dieser, die ganz sekundär und späteren Ursprungs ist, grundverschieden und völlig unabhängig ist, folglich auch ohne sie bestehn und sich äußern kann, welches in der gesamten Natur ... wirklich der Fall ist ... Die Erkenntnis und ihr Substrat, der Intellekt", sind demnach „ein vom Willen gänzlich verschiedenes ... Phänomen, ihm selbst unwesentlich, von seiner Erscheinung im tierischen Organismus abhängig, daher physisch, nicht metaphysisch, wie er selbst", so „daß folglich nie von Abwesenheit der Erkenntnis geschlossen werden kann auf Abwesenheit des Willens – also nicht, wie man bisher ohne Ausnahme annahm, Wille durch

Erkenntnis bedingt sei, wiewohl Erkenntnis durch Wille ... Meine ganze Philosophie läßt sich" daher „zusammenfassen in dem einen Ausdruck: die Welt ist die Selbsterkenntnis des Willens."

Schopenhauers später Ruhm setzte, zögerlich zunächst, aber dann doch nahezu gradlinig verlaufend, mit der Veröffentlichung seines Buches „Parerga und Paralipomena" im Jahre 1851 ein. Dieses Werk, dessen Titel (in deutscher Übertragung: ‚Nebenarbeiten und Nachgebliebenes') eher auf eine komische Oper als auf ein philosophisches Erfolgsbuch, das auch ein größeres Lesepublikum ansprechen konnte, schließen läßt, berichtet aus dem Garten des Menschlichen im Stile eines großartigen Reiseschriftstellers, „Ja, das ist es", befand schon Leo Tolstoj, „das ist die Welt in einer unglaublich schönen und hellen Spiegelung!" Gespiegelt wurden in der Tat alle Bereiche des Lebens, die von jeher Menschengedanken in Beschlag genommen haben. Das Inhaltsverzeichnis der „Parerga und Paralipomena" liest sich denn auch wie eine poetische Phänomenologie des Daseins: ‚Über die anscheinende Absichtlichkeit im Schicksale des einzelnen'; ‚Über Urteil, Kritik, Beifall und Ruhm'; ‚Über Selbstdenken'; ‚Über Sprache und Worte'; ‚Über die Weiber'; ‚Über die Erziehung'; ‚Über Lärm und Geräusch'; ‚Von dem, was einer ist'; ‚Von dem, was einer hat'; ‚Von dem, was einer vorstellt' und anderes mehr.

Die „Parerga und Paralipomena" wurden als wahrhaftige ‚Aphorismen zur Lebensweisheit' aufgenommen (so auch der Titel des Hauptstücks der Sammlung, das – mit ungezählten Nachdrucken und Separateditionen – als Schopenhauers erfolgreichstes Buch in die Literaturgeschichte der Philosophie eingehen sollte). Das Publikum fand sich darin tatsächlich mit Einsichten belohnt, die den unverrückbaren Kern menschlichen Existierens betrafen. – Schopenhauer hatte nun seine Leser, und die „Komödie" seines „Ruhmes", wie er die Aufmerksamkeit, die ihm noch zuteil wurde, selber nannte, beglänzte ihm – er nahm es gelassen und mit wachsamer Genugtuung zur Kenntnis – die letzten Jahre seines Lebens.

Seinen Ursprüngen ist Schopenhauer immer treu geblieben;

das Erlebnis, das ihn im Hafen von Toulon zum Nachdenken brachte, begründete seine Philosophie, von der auch, ungeachtet ihres feingewebten Desillusionismus, eine widerborstige Behaglichkeit ausgeht, in der man sich einhausen kann. Den „Jammer des Lebens", von dem der junge Schopenhauer, wie wir hörten, „in seinem 17ten Jahre" bereits „ergriffen wurde", hat er ein ums andere Mal nachgezeichnet und in vielerlei Variationen als die eine und einzige Leidensgeschichte menschlicher Erbärmlichkeit erzählt.

Das Problem heutiger Schopenhauerianer allerdings ist er, der Meister, selbst. Was er – mit zeitlosem Bezug – gesagt hat, läßt sich besser nicht sagen; sein Sprachwitz bleibt unübertroffen, und da man das tiefe Fahrwasser seiner Gedanken nur noch selten erreicht, dümpeln manche gern dort, wo das Seichte beginnt und ausgewählte Philologen sich zu ihren alljährlichen Mutproben treffen. Man hat sich eingerichtet im gemütlich-gemachten Unwirtlichen, und man erfreut sich – das hinwiederum kann kein Vorwurf sein – an den Vorzügen Schopenhauerscher Weltsicht, die sich, alles in allem, zu einem realistischen Allzweckpessimismus bündeln läßt, aus dem das universelle „Mitleid" ebenso erwächst wie das ehrwürdig-alte Desiderat eines ganz anderen Lebens.

Schopenhauer wußte, „wie nichtssagend und bedeutungsleer, von außen gesehn, und wie dumpf und besinnungslos, von innen empfunden, das Leben der allermeisten Menschen dahinfließt. Es ist ein mattes Sehnen und Quälen, ein träumerisches Taumeln durch die vier Lebensalter hindurch zum Tode, unter Begleitung einer Reihe trivialer Gedanken. Sie gleichen Uhrwerken, welche aufgezogen werden und gehn, ohne zu wissen, warum; und jedesmal, daß ein Mensch gezeugt und geboren worden, ist die Uhr des Menschenlebens aufs neue aufgezogen, um jetzt ihr schon zahlreiche Male abgespieltes Leierstück abermals zu wiederholen, Satz vor Satz und Takt vor Takt, mit unbedeutenden Variationen."

Schopenhauer aber wußte auch: „Solange der Ausgang einer gefährlichen Sache nur noch zweifelhaft ist, solange nur noch die Möglichkeit, daß er ein glücklicher werde, vorhanden ist, darf an kein Zagen gedacht werden, sondern bloß an Widerstand – wie man am Wetter nicht verzweifeln darf, solange noch ein blauer Fleck am Himmel ist."

Den Meteorologen und Philosophen also bleibt die Hoffnung, zumal eine begründete Einsicht in die fatale Hinfälligkeit alles Irdischen nicht mehr sonderlich originell anmutet und es sich inzwischen auch unter Nichtphilosophen herumgesprochen hat: Leben ist immer – lebensgefährlich.

„*Geboren aus den Geheimnissen der Frühe*“

Friedrich Nietzsche

Es gibt Landschaften, die etwas so zweifelsfrei Großartiges an sich haben, daß die dazugehörigen großartigen Gedanken scheinbar wie von selbst in den Köpfen der Menschen aufsteigen, wenn der Blick aufgetan wird und jenes fast ungläubige Staunen anhebt, das sehr nah noch an einer ursprünglichen Ehrfurcht steht. Eine solche Landschaft ist das Oberengadin, dem nicht wenige Dichter und Denker ein rühmendes Erinnern bewahrt haben, aus dem zuweilen Rührung mit anklingt über jene versunknen schönen Tage, als die Natur noch frei war und stolz – und, vor allem, sicher vor den Tritten ihrer Bewunderer. Hermann Hesse etwa notierte 1953 in seinen „Engadiner Erlebnissen“:

„Gesehen habe ich viele Landschaften, und gefallen haben mir beinahe alle, aber zu schicksalhaft mir zugedachten, mich tief und nachhaltig ansprechenden, allmählich zu kleinen zweiten Heimatländern aufblühenden, wurden mir nur ganz wenige, und wohl die schönste, am stärksten auf mich wirkende von diesen Landschaften ist das obere Engadin.“

Der Philosoph Friedrich Nietzsche, dem es schließlich vergönnt war, eine der Landschaft angemessene Philosophie zu entwickeln, hatte das Engadin bereits für sich entdeckt, als er im Sommer 1881, eher zufällig, den kleinen Ort Sils-Maria ausfindig machte, der ihn von Anfang an begeisterte. Nietzsche atmete auf. Es war ihm, als sei er an ein Ziel gelangt, das, bis auf weiteres, nur noch ihm gehörte. Das Ende – für ihn – war ohnehin längst in Sicht; die Frage schien nur, ob er noch einmal zu alter Lebendigkeit zurückfinden konnte oder jene Todesahnungen wahrzumachen hatte, die ihn, den Schmerz- und Leidgewohnten, seit geraumer Zeit schon begleiteten. Er entschied sich, umgetrieben von einer kaum gekannten Euphorie, für das Leben, dessen Schattenseiten er zur Genüge kannte. Die Landschaft, die ihn umgab, erklärte er kurzerhand zu einer Seelenverwandten; ja, manchmal hatte er den Eindruck, daß in den Bergen am Horizont schon sein anderes Ich auf ihn wartete; ein eishöhenerfahrener Doppelgänger, der ihm Antworten gab auf die nur zögernd gestellten Fragen.

„In mancher Natur-Gegend entdecken wir uns selber wieder, mit angenehmem Grausen; es ist die schönste Doppelgängerei. Wie glücklich muß der sein können, welcher jene Empfindung gerade hier hat; in dieser beständigen sonnigen Oktoberluft, in diesem schalkhaft-glücklichen Spielen des Windzuges von früh bis Abend, in dieser reinsten Helle und mäßigsten Kühle, in dem gesamten anmutig-ernsten Hügel-, Seen- und Wald-Charakter dieser Hochebene, welche sich ohne Furcht neben die Schrecknisse des ewigen Schnees hingelagert hat – hier, wo Italien und Finnland zum Bunde zusammengekommen sind und die Heimat aller silbernen Farbentöne der Natur zu sein scheint; wie glücklich der, welcher sagen kann: Es gibt gewiß viel Größeres und Schöneres in der Natur, dies aber ist mir innig und vertraut, blutsverwandt, ja noch mehr."

Nietzsches Wanderungen in dieser Landschaft waren Erkundungsgänge im eigenen Werk, das der Fortführung harrte. Er hatte die „Morgenröthe" veröffentlicht, ein Aphorismen-Buch, das den Mißerfolg seiner zuvor erschienenen Schriften noch zu vertiefen schien. Er, der gerade 37 Jahre alte Professor Friedrich Nietzsche, den die Universität Basel, gar nicht einmal sonderlich widerstrebend, aus gesundheitlichen Gründen vorzeitig pensioniert hatte, war im Sommer des Jahres 1881 ein nahezu unbekannter Autor. Nietzsche wußte dies, aber er gönnte sich, zumindest an den ihm beschiedenen besseren Tagen, die vorgeblich-feste Überzeugung, daß seine eigentliche Zeit erst noch kommen würde. Klar war er sich auch darüber geworden, daß seine bisherigen Arbeiten noch nicht das waren, was er wirklich zu schreiben gedachte. Der Weisheit, seiner Weisheit letzter Schluß ließ noch auf sich warten, aber er machte bereits auf sich aufmerksam und überzog ihn mit unnachgiebigen Überlegungen, denen er auf seinen Wanderungen in der Umgebung von

Sils-Maria, einbezogen in die dazugehörige Landschaft, wie ein Tagträumer folgte, dem das endgültige Erwachen bevorstand. Sogar Nietzsches Gesundheit, die ihm schon so viele üble Streiche gespielt hatte, schien sich seinem anfänglichen Hochgefühl umstandslos anzupassen. Frohgemut meldete er am 8. Juli in einem Brief an Mutter und Schwester:

„Nie gab es einen Menschen, auf den das Wort *niedergedrückt* weniger gepaßt hätte ... Mein Aussehen ... ist vortrefflich, meine Muskulatur infolge meines beständigen Marschierens fast die eines Soldaten, Magen und Unterleib in Ordnung. Mein Nervensystem ist, in Anbetracht der ungeheueren Tätigkeit, die es zu leisten hat, prachtvoll."

Dieser Zustandsbericht für die Lieben daheim, die ihn von jeher mit gutgemeinten Ratschlägen zu traktieren pflegten, war einigermaßen übertrieben; Nietzsche hatte es sich, aus taktischen Gründen, ohnehin angewöhnt, die Familienangehörigen durch gelegentliche Wohlbefindlichkeits-Bulletins, die sich wie verklausulierte Durchhalteparolen lasen, bei Laune und fernab der ganz großen Sorgen zu halten. In Wirklichkeit ging es ihm auch in Sils-Maria nicht gerade prächtig; die alten Krankheitssymptome, denen er bestimmte Wetterkonstellationen zuordnete, begleiteten ihn mit treuer Anhänglichkeit. Je mehr Wolken über ihm waren, desto schlechter fühlte er sich; er brauchte den von ihm so oft beschworenen „reinen Himmel". Am 14. August 1881 schließlich war es soweit: Auf einer seiner Wanderungen überkam Nietzsche jene Erleuchtung, die sich ihm schon länger angedeutet hatte und nun wie ein Gedanken-Gewitter über ihn hereinbrach. Was er sah, war der Zusammenbruch von Ordnung und Zeit, aus dem eine alte, neue und furchtbare Wahrheit erwuchs: *Die ewige Wiederkunft des Gleichen.* Sie wurde zum Kerngedanken von Nietzsches bekanntestem Buch „Also sprach Zarathustra". In seiner (1888 geschriebenen) philosophischen Autobiographie „Ecce Homo" ist Nietzsche auf sein Schlüsselerlebnis eingegangen:

„Ich erzähle nunmehr die Geschichte des Zarathustra. Die Grundconception des Werks, der Ewige-Wiederkunfts-Gedanke, diese höchste Formel der Bejahung, die überhaupt erreicht werden kann –, gehört in den August des Jahres 1881: er ist auf ein Blatt hingeworfen, mit der Unterschrift: *6000 Fuss jenseits von Mensch und Zeit.* – Ich gieng an jenem Tage am See von Silvaplana durch die Wälder; bei einem mächtigen pyramidal aufgethürmten Block unweit Surlei machte ich Halt. Da kam mir dieser Gedanke. – Rechne ich von diesem Tage ein paar Monate zurück, so finde ich, als Vorzeichen, eine plötzliche und im Tiefsten entscheidende Veränderung meines Geschmacks, vor Allem in der Musik. Man darf vielleicht den ganzen Zarathustra unter die Musik rechnen; – sicherlich war eine Wiedergeburt in der Kunst zu hören eine Vorausbedingung dazu ... Rechne ich dagegen von jenem Tage an vorwärts, bis zur plötzlichen und unter den unwahrscheinlichsten Verhältnissen eintretenden Niederkunft im Februar 1883 – die Schlußpartie, dieselbe, aus der ich im Vorwort ein paar Sätze citirt habe, wurde genau in der heiligen Stunde fertig gemacht, in der Richard Wagner in Venedig starb –, so ergeben sich achtzehn Monate für die Schwangerschaft. Diese Zahl gerade von achtzehn Monaten dürfte den Gedanken nahelegen, unter Buddhisten wenigstens, daß ich im Grunde ein Elephanten-Weibchen bin."

Obwohl Nietzsches „Ecce Homo" das Musterbeispiel einer für die Öffentlichkeitsarbeit zurechtgemachten Künstlerbiographie ist, in der sich zudem bereits manche Anzeichen stilisierter Wahnvorstellungen finden, darf man den mitgeteilten Fakten, nach Abzug der handelsüblichen Fehleinschätzungen, doch im großen und ganzen Glauben schenken. Was Nietzsches Schlüsselerlebnis am Felsen von Surlej angeht, so ist das erwähnte Blatt mit der „Unterschrift: 6000 Fuss jenseits von Mensch und Zeit" noch vorhanden; es findet sich als 141. Eintragung in Nietzsches Notizbuch Nr. 11, das er vom Frühjahr 1881 an mit seinen Aufzeichnungen bedachte. Dort brachte er, unter dem unmittelbaren Eindruck seiner Erleuchtung, das folgende Programm zu Papier:

„Die Wiederkunft des Gleichen. Entwurf. – 1. Die Einverleibung der Grundirrthümer. – 2. Die Einverleibung der Leidenschaften. – 3. Die Einverleibung des Wissens und des verzichtenden Wissens ... 4. Der Unschuldige. Der Einzelne als

Experiment. Die Erleichterung des Lebens, Erniedrigung, Abschwächung – Übergang. – 5. Das neue Schwergewicht: die ewige Wiederkunft des Gleichen. Unendliche Wichtigkeit unseres Wissens, Irrens, unserer Gewohnheiten, Lebensweisen für alles Kommende. – Was machen wir mit dem Reste unseres Lebens – wir, die wir den größten Theil desselben in der wesentlichsten Unwissenheit verbracht haben? Wir lehren die Lehre – es ist das stärkste Mittel, sie uns selber einzuverleiben. Unsere Art Seligkeit, als Lehrer der größten Lehre ... – Anfang August 1881 in Sils-Maria, 6000 Fuss über dem Meere und viel höher über allen menschlichen Dingen!"

Es fällt auf, daß die Unterschrift auf dem Notizblatt anders lautet, als sie Nietzsche in seinem „Ecce Homo" zu erinnern glaubte; mag sein, daß dies mit der Beschränkung auf das Wesentliche zu hat, die sich die philosophische Selbstbiographie, mit Hilfe feiner Retuschen und Korrekturen, zum Ziel setzen mußte. Die erweiterte Wendung „viel höher über allen menschlichen Dingen" entsprach aber wohl Nietzsches eigener Einschätzung des Vorfalls am Abend dieses 14. August. Das Erlebnis am Felsen von Surlej war kein jäh aufkommender Gedankenblitz gewesen, der einmal aufzuckte und sich dann auf immer in den Schacht des Bewußtseins absenkte, sondern es handelte sich dabei um eine vergleichsweise langanhaltende Vision von höchster Intensität. Nie zuvor geschaute Bilder stürmten auf ihn ein; die alte, neu-geschaute Wahrheit setzte sich in ihm fest wie eine Fieberkrankheit, die ihn durch und durch schüttelte und frösteln machte vor Freude und Angst. Über den eigentlichen Verlauf seines Schlüsselerlebnisses hat Nietzsche nur wenig Andeutungen gemacht; am Abend des 14. August 1881, als er wieder zur Ruhe kam, schrieb er in einem Brief an seinen Freund Heinrich Köselitz alias Peter Gast:

„Nun, mein lieber guter Freund! Die Augustsonne ist über uns, das Jahr läuft davon, es wird stiller und friedlicher auf Bergen und in den Wäldern. An meinem Horizonte sind Gedanken aufgestiegen, dergleichen ich noch nicht gesehn habe – davon will ich nichts verlauten lassen, und mich selber in einer unerschütterlichen Ruhe erhalten. Ich werde wohl einige Jahre noch leben müssen! Ach, Freund, mitunter läuft mir die Ahnung durch den Kopf, daß ich eigentlich ein höchst gefährliches Leben lebe, denn ich gehöre zu den Maschinen, welche zerspringen können! Die Intensitäten meines Gefühls machen mich schaudern und lachen – schon ein Paarmal konnte ich das Zimmer nicht verlassen, aus dem lächerlichen Grunde, daß meine Augen entzündet waren – wodurch? Ich hatte jedesmal den Tag vorher auf meinen Wanderungen zuviel geweint, und zwar nicht sentimentale Thränen, sondern Thränen des Jauchzens; wobei ich sang und Unsinn redete, erfüllt von einem neuen Blick, den ich vor allen Menschen voraus habe."

Nietzsches Vision war eine Sache; sie zur Sprache zu bringen eine andere. Die Eindrücke verblaßten; der Glanz des Geschauten blätterte ab, und die Gegenstandswelt stand, bis auf Widerruf, wieder im Licht des Alltäglichen. Nietzsches alte Beschwerden kehrten zurück; er sah Wolken am Himmel und gab sich zunehmend gereizt. Dem Philosophen machte es Mühe, sich der „sauren Arbeit des Begriffs" zu unterziehen, die sein Kollege Hegel als unverzichtbar für jedes ernsthafte Philosophieren angesehen hatte. Nietzsche versuchte, aus seiner Idee der ewigen Wiederkunft des Gleichen eine Konzeption zu entwickeln, die auch Aussagen über eine mögliche praktische Anwendbarkeit innerhalb der Bilanzierungsbemühungen des gewöhnlichen Lebens riskierte. Das Individuum als Hort biederer Vernünftigkeit war ein Muster ohne Wert; nach Nietzsches Vorstellungen hatte es abzudanken, um als ein ganz neuer Mensch wiederaufzuerstehen: Dieser neue Mensch richtete sich in seinem Leben ein wie in einem allgewaltigen Spiel; er wurde, Fügung des nunmehr Erkannten, zum Kind, das den überkommenen Ernst des Daseins endgültig verabschiedete.

„Wir stellen uns wie Kinder zu dem, was früher den *Ernst des Lebens* ausmachte ... Unser Streben ... ist ..., alles als werdend zu verstehen, uns als Individuum zu verleugnen, möglichst aus *vielen* Augen in die Welt zu sehen ... Es sollen die herrschenden überschauenden Wesen geschaffen werden, die dem Spiel des Lebens zuschauen und es *mitspielen,* bald hier, bald dort, ohne allzu heftig hineingerissen zu werden."

Das Leben – ein Spiel. Dieser Gedanke ist, bezogen auf seinen Urheber, nicht ohne eine gewisse Komik: Nietzsche nämlich, dem sein Dasein oft genug wie ein nicht enden wollendes Privatissimum zur Einübung in die äußerste Leidensfähigkeit vorkommen mußte, konnte es sich im Grunde gar nicht leisten, sein eigenes Leben als Spiel zu begreifen. Das Spiel wurde ihm zu einer Zufluchtsmetapher, aus der man sich mit dem Rüstzeug für eine unerbittliche Lebensbejahung verproviantieren konnte, die ihm, ungeachtet aller tapferen Bekundungen, von Tag zu Tag schwerer fiel. Er selbst schrieb sich die Rolle des Spielleiters zu, der einmal als Souffleur begonnen hatte, dann den Part des jugendlichen Helden geben durfte und schließlich als Vollstrekker enden mußte. Dem Auflösungsprozeß der Geschichte, den er einzuleiten und zu beschleunigen hatte, fiel nicht nur das Individuum zum Opfer, sondern zu guter Letzt auch Gott. Sein Ende wurde bereits am Felsen von Surlej eingeläutet, wo Nietzsches Eingebung ihm eine Welt eröffnete, in der für den von Ewigkeit zu Ewigkeit diensttuenden Schöpfer aller Dinge kein Platz mehr war. Gottes Tod, vom Philosophen Nietzsche ein ums andere Mal freudig gewürdigt, ließ sich als Ereignis ausloben, das der „ewigen Wiederkunft des Gleichen" einen zusätzlichen Sinn verlieh. Der Mensch war nun im Besitz vollkommener Freiheit, die zu verwirklichen ihm alles abverlangte; aus dem „Spiel des Lebens" wurde ein Spiel um Leben und Tod, das der schieren Unbegreiflichkeit, wie zum Spaß, ihre Grenzen zog. Was sie, die Freiheit, bedeutet, der das Ende Gottes geschuldet wird, aber auch das Wissen um die ewige Wiederkunft des Gleichen, hat Nietzsche in einem seiner großartigsten Prosastücke beschrieben, das in dem (1886 erschienenen) Buch „Die fröhliche Wissenschaft" enthalten ist.

„Wohin ist Gott? Was haben wir gemacht? haben wir denn das Meer ausgetrunken? Was war das für ein Schwamm, mit dem wir den ganzen Horizont um uns auslöschten? Wie brachten wir dies zustande, diese ewige feste Linie wegzuwischen, auf die bisher alle Linien und Maße sich zurückbezogen, nach der bisher alle Baumeister des Lebens bauten, ohne die es überhaupt keine Perspektive, keine Ordnung, keine Baukunst zu geben schien?

Stehen wir denn selber noch auf unseren Füßen? Stürzen wir nicht fortwährend? Und gleichsam abwärts, rückwärts, seitwärts, nach allen Seiten? Haben wir nicht den unendlichen Raum wie einen Mantel eisiger Luft um uns gelegt? Und alle Schwerkraft verloren, weil es für uns kein Oben, kein Unten mehr gibt? Und wenn wir noch leben und Licht trinken, scheinbar wie wir immer gelebt haben, ist es nicht gleichsam durch das Leuchten und Funkeln von Gestirnen, die erloschen sind? Noch sehen wir unseren Tod, unsere Asche nicht, und dies täuscht uns und macht uns glauben, daß wir selber das Licht und das Leben sind – aber es ist nur das alte frühere Leben im Lichte, die vergangne Menschheit und der vergangne Gott, deren Strahlen und Gluten uns immer noch erreichen – auch das Licht brauchte Zeit, auch der Tod und die Asche brauchen Zeit! Und zuletzt, wir Lebenden und Leuchtenden: wie steht es mit dieser unserer Leuchtkraft? verglichen mit der vergangner Geschlechter? Ist es mehr als jenes aschgraue Licht, welches der Mond von der erleuchteten Erde erhält?"

„Leben und Licht trinken" – das wurde zum Orientierungsbonmot für Nietzsches oft genug verzweifelte Existenzbemühungen. Er hatte das Gefühl, am Zielpunkt seiner Philosophie angekommen zu sein, aber noch waren die Zeitnehmer nicht erschienen, die darüber zu befinden hatten, ob er erfolgreich gewesen war oder nicht. In seiner Selbsteinschätzung gingen mächtige Hochstimmungen und Depressionen ineinander über; – er tröstete sich mit der altbewährten Erkenntnis, daß gut Ding schon immer Weile haben wollte. Er, Nietzsche, hatte ja keine Allerweltsphilosophie in die Welt gesetzt, aus der sich jedermann das Passende für die eigene Gemütslage herausklauben konnte; seine Erkenntnisse, das hatte er sich selbst einhämmern müssen, waren wahrhaft-furchtbar, und die daraus abzuleitenden Gewißheiten mußten die Grundfesten der sogenannten zivilisierten Welt erschüttern. Eine Nachricht schließlich wie die vom Tode Gottes konnte möglicherweise als so unglaublich aufgefaßt werden, daß sie die Registraturen der öffentlichen Kenntnisnahme gar nicht erst erreichte. Nietzsche sprach sich Mut zu, den er mehr denn je brauchen konnte: Wer Großes wollte, das war der wiederkehrende und letzten Endes eher klägliche Rat, den er sich selber zu geben hatte, mußte warten können und einen langen Atem haben.

„Große Nachrichten brauchen lange Zeit, um verstanden zu werden, während die kleinen Neuigkeiten vom Tage eine laute Stimme und eine Allverständlichkeit des Augenblicks haben. Gott ist tot! Und wir haben ihn getötet!! Dies Gefühl, das Mächtigste und Heiligste, was die Welt bisher besaß, getötet zu haben, wird noch über die Menschen kommen, es ist ein ungeheures neues Gefühl! Wie tröstet sich einmal der Mörder! ... Das Ereignis selbst ist viel zu groß, zu fern, zu abseits vom Fassungsvermögen vieler, als daß auch nur seine Kunde schon angelangt heißen dürfte ... Diese lange Fülle und Folge von Abbruch, Zerstörung, Untergang, Umsturz, die nun bevorsteht: wer erriete heute schon genug davon, um den Lehrer und Vorausverkünder dieser ungeheuren Logik von Schrecken abgeben zu müssen, den Propheten einer Verdüsterung und Sonnenfinsternis, derengleichen es wahrscheinlich noch nicht auf Erden gegeben hat."

Das Publikum aber nahm den Wertezertrümmerer Nietzsche noch immer kaum zur Kenntnis: Seine Philosophie schien man, in leicht boshafter Anlehnung an Goethes „Faust", nach der Devise behandeln zu wollen: Die Botschaft hör'n wir nicht, allein es fehlt uns auch der Glaube. Nietzsche mochte es so gehen wie dem von ihm geschätzten Schopenhauer, der sich die längste Zeit seines Lebens einer systematischen Mißachtung seiner Werke ausgesetzt sah und erst als wachsamer Greis die öffentliche Auslobung seiner Fähigkeiten miterleben durfte. Nietzsche hatte sich entschlossen, der Welt, die nichts von ihm wissen wollte, als unerbittlicher Claqueur zu begegnen: Er nahm das Gegebene an, um es, in einem Akt außermoralischer Vernunft, mit seiner eigentlichen Wahrheit zu identifizieren. Eine solche schadlos-listige Hinwendung zur Existenz ließ sich auch als hintersinnige Ästhetisierung der Dinge begreifen, die das ehemals Abseitige adelte und dem Diesseits jene Rechtfertigung versprach, mit der man ansonsten nur das Jenseits bedacht hatte.

„Ich will immer mehr lernen, das Notwendige an den Dingen

als das Schöne zu sehen – so werde ich einer von denen sein, welche die Dinge schön machen. Amor fati: das sei von nun an meine Liebe! Ich will keinen Krieg gegen das Häßliche führen. Ich will nicht anklagen, ich will nicht einmal die Ankläger anklagen. Wegsehen sei meine einzige Verneinung! Und, alles in allem und großen: ich will irgendwann einmal nur noch ein Jasagender sein!"

Nietzsches tückischer Positivismus trieb die einmal ins Bild gebrachten Gewißheiten über sich hinaus: Wenn Gott längst gestorben war und die ewige Wiederkunft des Gleichen immer schon bevorstand, dann konnte auch der Mensch zur Selbstüberwindung aufwachsen, einer höheren Form der alltäglichen Anstrengung, sich Mut einzugeben für das unaufhörliche Absterben bei lebendigem Leibe. Der Mensch wird zu dem, was er ist; dieser Einsicht, der nach langem Weg die Rückkehr zu sich selbst beschieden ist, hat Nietzsche in seinem „Zarathustra" zum emphatischen Ausdruck verholfen.

„Der Mensch ist etwas, das überwunden werden soll. Was habt ihr getan, ihn zu überwinden? ... Der Übermensch ist der Sinn der Erde ... Ich beschwöre euch, meine Brüder, bleibt der Erde treu und glaubt denen nicht, welche euch von überirdischen Hoffnungen reden! ... Mut ist ... der beste Totschläger ... Mut, der angreift: der schlägt noch den Tod tot, dem er spricht: ‚War das das Leben? Wohlan! Noch Einmal.' "

Nietzsche hatte gesehen, was er sehen wollte – und sehen mußte. Er war an einen Punkt gelangt, der ihm die unmittelbare Einsicht in das Wesen der Wahrheit gewährte. Diesen Ort ruhiger Gedankenschau und einer vorbehaltlosen Ankunft hat er selbst als „Mittag" bezeichnet; Mittag, die Mitte zwischen der Morgenröte und dem Untergehen der Sonne, entbietet den langanhaltenden Moment einer geglückten und zum Wissen erhobenen Schwebe.

„Wem ein thätiger und stürmereicher Morgen des Lebens beschieden war, dessen Seele überfällt um den Mittag des Lebens eine seltsame Ruhesucht, die Monden und Jahre lang dauern kann. Es wird still um ihn, die Stimmen klingen fern und ferner; die Sonne scheint steil auf ihn herab. Auf einer verborgenen

Waldwiese sieht er den großen Pan schlafen; alle Dinge der Natur sind mit ihm eingeschlafen, einen Ausdruck von Ewigkeit im Gesichte – so dünkt es ihm. Er will Nichts, er sorgt sich um Nichts, sein Herz steht still, nur sein Auge lebt – es ist ein Tod mit wachen Augen. Vieles sieht da der Mensch, was er nie sah, und soweit er sieht, ist Alles in ein Lichtnetz eingesponnen und gleichsam darin begraben. Er fühlt sich glücklich dabei, aber es ist ein schweres, schweres Glück."

Nietzsche kehrte immer wieder gern nach Sils-Maria zurück. Seine Leiden nahmen zwar zu, und auch die Höhenluft konnte ihm längst nicht mehr helfen: Der Ort jedoch war ihm zum lebendigen Erinnerungsbild geworden; hier konnte er auf den Spuren seiner Eingebung vom Sommer 1881 bleiben, die sich ihm anboten und noch immer seine Gedanken belegten. Es waren vertraute Wege, die er ging. Manchmal kam es ihm dabei vor, als wollte er noch einmal, wie zum Trotz, von der Höhe des Mittags herabsteigen und, in aller Frühe, mit der Arbeit beginnen, die sein Leben war.

„Dann kommen, als Entgelt, die wonnevollen Morgen anderer Gegenden und Tage, wo er schon im Grauen des Lichts die Musenschwärme im Nebel des Gebirges nahe an sich vorübertanzen sieht, wo ihm nachher, wenn er still, in dem Gleichmaß der Vormittagsseele, unter Bäumen sich ergeht, aus deren Wipfeln und Laubverstecken heraus lauter gute und helle Dinge zugeworfen werden, die Geschenke aller jener freien Geister, die in Berg, Wald und Einsamkeit zu Hause sind und welche, gleich ihm, in ihrer bald fröhlichen, bald nachdenklichen Weise, Wanderer und Philosophen sind. Geboren aus den Geheimnissen der Frühe, sinnen sie darüber nach, wie der Tag zwischen dem zehnten und zwölften Glockenschlage ein so reines, durchleuchtetes, verklärt-heiteres Gesicht haben könne: sie suchen die Philosophie des Vormittags."

Es ging seinen Gang. – Im Sommer 1888 war Nietzsche zum letzten Mal in Sils-Maria. Am 4. Juli schrieb er in einem Brief an seinen Freund Overbeck in Basel:

„Ich ... bin in einem miserablen Zustande. Ewiger Kopfschmerz, ewiges Erbrechen; eine Recrudescenz meiner alten

Leiden; tiefe nervöse Erschöpfung verhüllend, bei der die ganze Maschine nichts taugt. Ich habe Mühe, mich gegen die traurigsten Gedanken zu vertheidigen. Oder vielmehr: ich denke sehr klar, aber nicht günstig über meine Gesammtlage. Es fehlt nicht nur an der Gesundheit, sondern an der Voraussetzung zum gesund-werden. – Die Lebenskraft ist nicht mehr intakt."

Die Eingebung von Sils-Maria hat Nietzsche nicht mehr vergessen. Er wußte, daß ihm am Felsen von Surlej eine Offenbarung zuteil geworden war, die ihn rücksichtslos in ihre Dienste nahm. – Die Friedfertigkeit abgelebter Gedanken verschwindet, wenn die „Gewalt der Inspiration" über das Denken hereinbricht ...

„Hat Jemand, Ende des neunzehnten Jahrhunderts, einen deutlichen Begriff davon, was Dichter starker Zeitalter Inspiration nannten? Im andren Fall will ich's beschreiben ... Der Begriff Offenbarung, in dem Sinn, daß plötzlich, mit unsäglicher Sicherheit und Feinheit, Etwas sichtbar, hörbar wird, Etwas, das Einen im Tiefsten erschüttert und umwirft, beschreibt einfach den Thatbestand. Man hört, man sucht nicht; man nimmt, man fragt nicht, wer da giebt; wie ein Blitz leuchtet ein Gedanke auf, mit Nothwendigkeit, in der Form ohne Zögern – ich habe nie eine Wahl gehabt. Eine Entzückung, deren ungeheure Spannung sich mitunter in einen Thränenstrom auslöst; bei der der Schritt unwillkürlich bald stürmt, bald langsam wird; ein vollkommenes Außer-sich-sein mit dem distinktesten Bewußtsein einer Unzahl feiner Schauder und Überrieselungen ...; eine Glückstiefe, in der das Schmerzlichste und Düsterste nicht als Gegensatz wirkt, sondern als bedingt, als herausgefordert ... – die Länge, das Bedürfnis nach einem weitgespannten Rhythmus ist beinahe das Maaß für die Gewalt der Inspiration ... Alles geschieht im höchsten Grade unfreiwillig, aber wie in einem Sturme von Freiheits-Gefühl, von Unbedingtsein, von Macht, von Göttlichkeit ... Es scheint wirklich, um an ein Wort Zarathustras zu erinnern, als ob die Dinge selber herankämen und sich zum Gleichnisse anböten."

„Mühe, Dunkel, krachendes Eis“

Ernst Bloch

Mit den Einsichten, die zur Philosophie werden sollen, steht es kaum anders als mit den sehr gewöhnlichen Gewißheiten, die uns durch den Alltag begleiten: Nicht alles ist Gedanken-Gold, was da glänzt; manches erledigt sich von selbst, manches ist schon während des Aufstiegs zum Kopf rettungslos überholt, und manches schließlich wird schlichtweg vergessen.

Ähnliches läßt sich von den philosophischen Eingebungen sagen, denen nicht immer die ehrende Erinnerung bewahrt wird, die sie verdienen. Das mag daran liegen, daß die Philosophie von Natur aus etwas arg Dominierendes an sich hat: Nur selten duldet sie andere, zumal triviale Überlegungen neben sich, die ihr in die Quere kommen könnten, und sie beansprucht das Denken in glühender Gänze. Der Blick zurück fällt da schwer; die Erinnerung an die Anfänge versiegen, und so tritt die Entstehungsgeschichte einer Philosophie oft in ein mildtätiges Dunkel, das den betreffenden Denker selbst meist noch hermetischer anmuten mag als versierte Interpretationskünstler, die daran gewöhnt sind, auch aus kryptischem-bis-drögem Material einseitige Schlüsse zu ziehen.

Der Philosoph Ernst Bloch hingegen, 1885 in Ludwigshafen geboren, bewahrte sich zeitlebens eine vergleichsweise präzise Erinnerung an seine Jugend und die darin eingebetteten philosophischen Anfänge. In einem ausführlichen Interview, das er im Jahre 1974 dem französischen Fernsehen gab und das später unter dem Titel „Die Welt bis zur Kenntlichkeit verändern“ veröffentlicht wurde, erzählte Bloch von seiner frühen Hinwendung zur Philosophie und ihren absehbaren Konsequenzen.

„Meine erste Schrift, die ich mit elf Jahren verfaßt habe, war nicht sehr philosophisch. Sie hatte den Titel *Über die Verhütung von Dampfkessel-Explosionen.* Ich hatte zu Weihnachten eine Dampfmaschine geschenkt bekommen, und so interessierte mich der Zusammenhang mit dem Kesselstein in den Töpfen, in der Küche. Ich studierte das Problem, wie man die Dampfkessel-Explosionen, die durch Kesselstein entstehen, verhindern könnte. Das war noch nicht sehr philosophisch, zugegeben. Aber kurz danach, mit dreizehn Jahren, schrieb ich *Das Weltall im Lichte des Atheismus,* mit dem ersten Satz: ‚Die Materie ist die Mutter alles Seienden. Sie allein hat alles hervorgebracht, und kein überirdisches Wesen hatte dabei die Hand im Spiel.‘ Das ist ... billiger, vulgärer Materialismus, den ich wohl irgendwo abgeschrieben habe; aber die Sache interessierte mich, und so habe ich mir das schlecht und recht zu eigen gemacht.“

Blochs frühes philosophisches Interesse war abenteuerlich vielseitig ausgerichtet. Der Schüler Bloch, von dem es in einem Zeugnis hieß, er trage „ein anmaßendes, unbescheidenes, selbstgefälliges Wesen zur Schau, das mit dem tiefen Stand seiner Kenntnisse durchaus nicht im Einklang steht“, versorgte sich mit dem Wissensstoff, den das Leben bot. Was er in sich aufnahm, war auch die spannungsgeladene Atmosphäre von Ludwigshafen, einer vergleichsweise häßlichen, obgleich überschaubaren Arbeiterstadt, deren rauhe Eigenheiten auf das seltsamste mit dem eher vornehmen Ambiente von Mannheim kontrastierten, das nahbei, auf der anderen Rheinseite, lag und doch eine ganz andere Welt zu eröffnen schien. Wo diese Städte, scheinbar umstandslos, ineinander übergingen, tat sich alsbald ein merkwürdig-realistischer Dunstkreis auf, in dem man beides kennenlernen konnte: die Grobschlächtigkeit einer auf unmittelbaren Lebenserhalt gerichteten Existenz mit den dazugehörigen Sorgen und einen im Absinken begriffenen Schauplatz des schönen Scheins, für den man es sich noch angelegen sein ließ, Bücher zu lesen und den edelsten Träumen des Vergangenen nachzuhängen. In einer 1959 erschienenen autobiographischen Skizze mit dem für ihn typischen Titel „Über Eigenes selber“ schrieb Bloch:

„All das gesteigert, wohl auch übersteigert aufgenommen, wie es zu Jugend und Lautverstärkung paßt. Hier die reine Fabrikstadt Ludwigshafen, häßlich, geschichtslos, gegründet durch Chemie, doch voll haariger Burschen, Schiffer, Kneipen wie bei Jack London. Und überm Rhein dann das alte vornehme Theater Mannheims, die barocke Sternwarte, die Schloßbibliothek, diese Oase, philosophiehaltig. Die Bibliothek eröffnete den ganzen spekulativen Farbenbogen von Spinoza bis Hegel; einen jungen Menschen, wie hundert Jahre vorher geboren, nahm er auf. Dann in großer Stille der Schwetzinger Schloßgarten mit Apollotempel und Moschee, als lauter Mozart scheinend, auch auf arabisch. Rheinaufwärts der Speyrer, rheinabwärts der Wormser Dom, nah am Neckar Heidelberg. Auch dieses Ensemble von Fabrik und bunter Aura also mochte wohl die Suche nach einer Philosophie nahelegen, einer zwischen Verstand und Aura unzerstückelten."

Blochs Liebe zur Philosophie wurde von seinen Eltern nicht geteilt, zumal der Schüler Ernst den nötigen schulischen Ernst oft genug vermissen ließ und während seiner gesamten Gymnasialzeit nur durch mäßige Leistungen, aber ein vergleichsweise wortstarkes und abgehobenes Selbstbewußtsein von sich reden machte. Der Vater, ein solider Mann, den der bayerische Staatsdienst beschäftigt hielt, wollte – wie wohl so viele andere gutmeinende Väter auch –, daß sein Sohn etwas Ordentliches werden sollte; darunter verstand er die – damals wie heute – gängigen Brotberufe: Den Zeitläuften trotzte man am nachhaltigsten als Beamter, aber auch gegen eine Liaison seines Sohnes mit der in jener Zeit noch hochangesehenen Jurisprudenz hätte Max Bloch nichts einzuwenden gehabt. Im Sommer 1905 machte Sohn Ernst, mit Ach und Krach und zur Erleichterung der meisten Lehrer, sein Abitur. Daß er im Anschluß daran, allen Bedenken der Eltern zum Trotz, doch noch Philosophie studieren durfte, verdankte er – folgt man der von Bloch gern erzählten Anekdote – einem launigen Zufall, dem man ohne weiteres glauben möchte, daß er von der List der Vernunft selber in Szene gesetzt worden sein könnte:

„Als ich das Abitur gemacht hatte, endlich, mit Mühe und Not, fuhr ich mit meinen Eltern in die Schweiz. Wir kamen am Abend an, und als ich aus meinem Hotelzimmer blickte, sah ich unten im Mondschein einen Friedhof mit einem kleinen Tempel, einem kleinen Mausoleum liegen. Vom Fenster aus war nichts wirklich zu erkennen. Als ich aber am nächsten Morgen, als es hell wurde, hinunterging und mir diesen kleinen Tempel, beziehungsweise dieses kleine Mausoleum, näher ansah, entdeckte ich die in die Wand gemeißelte Inschrift: ‚Hier ruht Georg Friedrich Wilhelm Schelling. Dieses Monument setzte ihm in ewiger Dankbarkeit sein treuer Freund und Schüler, König Maximilian II. von Bayern.' – Ich führte meinen Vater, den bayerischen Beamten, dorthin, und der erkannte nun angesichts dieser Inschrift, daß man, wenn man Philosophie studiert, es im Leben durchaus zu etwas bringen kann, allerdings nur, wenn man sehr viel Fleiß hat, mehr als ich in der Schule gezeigt hatte, und so erlaubte er mir rätselhafterweise, Philosophie zu studieren, allerdings mit der Auflage, auch juristische Vorlesungen zu hören, damit ich Rechtsanwalt werden könne ... Das klingt alles sehr unwahrscheinlich, ist aber so geschehen."

In den Jahren 1905 und 1906 studierte Bloch in München; die Stadt gefiel ihm: Der Lebemann Bloch brauchte das Leben, um seine Gedanken, die das Ungewöhnliche im Normalen suchten, bei Laune halten zu können. Die akademische Philosophie vermochte ihn nicht recht zu überzeugen; wie andere vor ihm empfand er ein handfestes Mißvergnügen an dem Umstand, daß es verbeamtete Philosophieprofessoren waren, die ihm die Weisheit auf Rationen füllten und zur allgefälligen Verdauung bereitstellten. Bloch warf seinen Respekt auf die Großen der Philosophiegeschichte, die sich in ihren Büchern am Leben erhielten. Sein bewährter Hang zum besseren Wissen, den er schon in trüben Schultagen kultiviert hatte und noch immer mit Charme vorzubringen wußte, ließ ihn auch an der Universität nicht im Stich. Von München aus ging Bloch nach Würzburg; er tauschte die Großstadt ein gegen die angebliche Heimeligkeit der Provinz. In dieser Zeit des Aufbruchs und selbstbewußten Suchens hatte er sein philosophisches Schlüsselerlebnis, das ihm, ohne Vorwarnung und so als gälte es, eine insgeheim bereits eingeleitete Entwicklung entscheidend zu beschleunigen, ein Licht aufgehen ließ und zu jener Einsicht verhalf, die noch der alte Bloch, in treuem Angedenken, als seinen „einzigen und ersten originalen Gedanken" bezeichnete:

„Zweiundzwanzigjährig kam der Blitz: die Entdeckung des Noch-Nicht-Bewußten, die Verwandtschaft seiner Inhalte mit dem ebenso Latenten in der Welt. *Besonders in der schöpferischen Arbeit wird eine eindrucksvolle Grenze überschritten, die ich als die Übergangsstelle zum noch nicht Bewußten bezeichne. Mühe, Dunkel, krachendes Eis, Meeresstille und glückliche Fahrt liegen um diese Stelle. An ihr hebt sich, bei gelingendem Durchbruch, das Land, wo noch niemand war, ja das selber noch niemals war. Das den Menschen braucht, Wanderer, Kompaß, Tiefe im Land zugleich.* Ein entscheidender Tenor war mit dieser damaligen Aufzeichnung notiert, samt Begriff von Heimat, die sich erst bildet."

Die Idee des Noch-Nicht-Bewußten war für den stets zukunftswilligen Bloch ein Schlüssel zur Welt, die sich ihm als zweifach aufgefaltetes Dasein anbot: Als Welt hatte die große umgreifende Realität zu gelten, in der das bekannte Regelwerk und die noch undurchschauten Gesetzmäßigkeiten galten. Welt aber war auch jenes zumeist bruchstückhafte Wissen-von-sich, das in jedem einzelnen Ich stattfand und zu einer Identität wurde, die, im Kleinen, entsprechend der objektiven Ratlosigkeit im Großen, oftmals undurchschaut blieb und dem Menschen das altehrwürdige Problem hinterließ, mit sich selber ins reine zu kommen. Bloch begriff, daß die Zeit, in einem jeden erfüllten Augenblick, schon alles bei sich und versammelt hat, was aus der Gegenwart herausgehoben wird, um zur Zukunft zu werden. Die Wirklichkeit, das war Bloch schlagartig klargeworden, trägt viel mehr Möglichkeiten in sich, als der sogenannte gesunde Menschenverstand anzunehmen bereit ist; die Zukunft selbst kann zum großen Entwurf werden, in dem sich alle unsere Sehnsüchte erfüllen und die Hoffnungen an ihr versöhnliches Ende kommen. „Echte Zukunft" ersteht weitab von jeder schlechten Wiederholung und ist stets mehr als reines Wunschdenken. Bloch erläuterte dies in einem Gespräch mit Radio Canada, das im Sommer 1976 gesendet wurde:

„Die echte Zukunft – das ist die Entwicklung, die auf uns

wartet, die von uns mitbefördert werden muß; die es notwendig macht, aus dem Dunkel des erlebten Augenblicks herauszukommen, die uns dazu ermuntert, uns zu erforschen, und die bewirkt, daß die in und vor uns liegenden Dinge herausgebracht werden ... So lautet denn der erste und am schnellsten einleuchtende Grundbegriff meiner Philosophie, daß der von uns gerade erlebte und gelebte Augenblick selber noch völlig unmittelbar, also dunkel, ‚nicht herausgebracht' ist ... ‚Am Fuße des Leuchtturms ist kein Licht', sagt schon das Sprichwort. Das heißt, der gerade gelebte Augenblick ist völlig dunkel; ich kann ihn erst später und wahrscheinlich nur auf verfälschte Weise wahrnehmen ... Oder aber ich erwarte ihn, male mir etwas aus, was noch nicht da ist. Bezieht sich dieses Ausmalen auf die echte Zukunft, so entsteht aus diesem Ausgemalten, das dem Vorhergeträumten, den Wunschbildern adäquat sein kann, utopisches Denken bzw. ein Denken aus dem Utopischen. Das ist eine neue Art des Philosophierens, die absolut nichts gemein hat mit der bloßen Wiedererinnerung an schon Vorgegebenes, das nur reproduziert wird, mit der Reproduktion von Dingen, die ohne ein Bemühen von uns entstanden sind. Diese Philosophie ist nicht der Ansicht, es gehe darum, quasi mit unserem beschränkten Untertanenverstand etwas hervorzubringen, das selbst schon völlig herausgebracht ist und empirisch als reflektierter Begriff erscheint. Nein. Sie geht vielmehr von der Grundthese aus, daß die Welt selber eine Frage ist und daß der Affekt, den wir ihr gegenüber empfinden, sowohl philosophisch wie wissenschaftlich, der des Staunens ist. Das Staunen ist die Mutter des Fragens überhaupt."

Im Vergleich zu Freuds berühmt-berüchtigtem Unbewußten, das eher einem heimtückisch bergenden Schatzkästlein glich und von Bloch auch als das „Nicht-mehr-Bewußte" bezeichnet wurde, erwies sich das Noch-Nicht-Bewußte als ein dynamisches Erklärungsmodell für den Ereignischarakter von Welt und Bewußtsein. Der Philosophie war damit eine Kategorie an die Hand gegeben, Geschichte auf ihre uneingelösten Versprechen hin zu befragen und der Zukunft ein Bild einzugeben, das aus dem Sehnsuchtspotential und Verschwiegenheitsarsenal der Gegenwart stammte. Blochs Schlüsselerlebnis, die Entdeckung des

Noch-Nicht-Bewußten, setzte in ihm eine enorme Arbeitswut frei. Es kam ihm vor, als müßte er, getragen von dem, was ihm als Eingebung widerfahren war, in das äußerlich unversehrte Weltgebäude einsteigen wie ein enthusiasmierter Souffleur, der das längst Vergessene einzuflüstern hatte, das Außer-Acht-Gelassene und – Merkverse für die Tagträume des Zukünftigen. Philosophie, wie Bloch sie verstand, konnte nichts anderes versuchen, als eine Reinschrift anzufertigen vom arg mitgenommenen Buch des Lebens; das Ganze nur, der Blick auf das noch unwirkliche Glück, zählte, aber auch die liebevolle Versenkung ins Detail war gefragt: Eine neue Philosophie konnte nicht so tun, als bewege sie sich noch in der krachledernen Abhängigkeit vom Ewiggestrigen.

„Neuer Ton geht anfangs nur wenigen ein, selten anders. Solcher Anfang kann lange dauern, doch einmal hört er auf ... So notwendig ein Blick ist, der sich aufs Verreisen versteht und aufs Nebenbei, das oft instanzenreiche, so sehr ist das im Grunde Einheitliche, ja Einfache seiner Sache dem Philosophen unerläßlich. Ein Punkt gehört dazu, worin sich, einmal gespürt, das ganze Wesen konzentriert ... Das bedeutet bewußte, also ebenso kritische wie der Tendenz verschworene Zeitgenossenschaft; nur dadurch kann weiter hinaus, weit hinaus ins gesamte Zeitanliegen geblickt werden. Man muß philosophisch auch mit dem Sextanten arbeiten, Länge und Breite bestimmend, auf denen das fahrende Schiff sich befindet. Dies ist so wichtig wie das Fernrohr, das besonders fernhintreffend, utopisch kräftig sein muß, um das Nächste: die Erde und unsere Angelegenheiten darauf einzusehen ... Genau die Welt mit dem utopischen Stern im Blut ist nicht monoton; genau ihre Vielfalt verlangt auch jähes Niederfahren aufs Detail. Genau die überall noch währende Experimentbeschaffenheit im Geschichts- und Weltprozeß verlangt von ihrer Abbildung verschiedene Seiten des einen Gipfels; sie setzt den Dienst der Variationen am offenen Thema."

Die Weltanschauung, die Blochs Philosophie die nötige Würze gab, war der Marxismus. Von ihm mochte er nicht lassen – vielleicht weil er es sich erlauben konnte, ihn im Sinne der abenteuerlich-hochfliegenden Philosophie, die er sich selbst zurechtgelegt hatte, auf das liebevollste zu verbiegen. Der Marxismus war für Bloch eine Ideologie schöpferischer Freiheit; im Bereich der Politik besorgte er die praktische Arbeit, die sich aus der großen Denkfigur des Noch-Nicht-Bewußten ergab.

Bloch blieb dem Marxismus wie einer lebenslang idealisierten Jugendliebe treu, deren Regiment sich auf den Bezirk schöner Erinnerung erstreckte; ein solches Bild, das aus früher Leidenschaftlichkeit resultiert, hat vor der schnöden Realität immer wieder ungeahnte Starkpunkte voraus. Wenig Glück war dem Philosophen Bloch beschieden, wenn er sich auf das Feld der Tages- und Jahrhundertpolitik herabließ; seine Nibelungentreue dem Marxismus gegenüber, die letztlich wohl auf gesicherter Überzeugung beruhte, brachte ihn zu finsteren Fehlurteilen und veranlaßte ihn, manch unappetitlichen Kommentar zu menschenverachtenden Inszenierungen (wie etwa den Stalinschen Schauprozessen) abzugeben.

Im Laufe der Zeit jedoch und begünstigt von radikal veränderten Umständen schlug die Blochsche Marxismus-Orthodoxie in ihr Gegenteil um. Als der Philosoph in den fünfziger und sechziger Jahren wiederholt mit den offiziellen Philosophie-Verwaltern der DDR zusammenstieß, die ihr Fach zu einer Leistungsdisziplin streng-geschulter Flach- und Betonköpfe machen wollten, war es ein leichtes, Bloch zum antiautoritären Querdenker zu erklären. Dies tat man, aus naheliegenden Gründen, vorzugsweise im Westen, wo es in gewissen Kreisen durchaus als schick galt, sozialistische Eigenbrötler mit an den stets gut gedeckten Tisch des Hauses zu bitten. Nach dem Bau der Berliner Mauer blieb Bloch in der Bundesrepublik, in der er schon bald zum geliebten und gefürchteten Freigeist avancierte, den die Studenten und Feuilletons schätzten und die offiziell-amtierende Philosophie mit säuerlichem Desinteresse abzustrafen suchte. Je älter der Philosoph Bloch wurde, desto jugendlicher wirkte seine Philosophie.

Zur Zeit der Studentenunruhen lief der unruhige alte Mann Bloch zu ganz großer Form auf: Alles Kleinkarierte und Rechthaberische hatte er abgestreift; nun gelang es ihm, ein ums andere Mal, von der Idee des Sozialismus im Stile eines großen Poeten zu berichten, der sich seine Kinderträume bewahrt hat und deswegen unkundig ist in der Kunst, vor jeder Zeit schon klein beizugeben. Heute, da die sogenannten kommunistischen Systeme, aus zum Teil auch unerfindlichen Gründen, von einem Debakel ins andere geschliddert sind, darf man sich des großen und realistischen Tagträumers Bloch mit einer gewissen Wehmut erinnern. Wie hätte er wohl eine Entwicklung kommentiert, die sich im rasenden Tempo und fast schon wieder spielerisch eherner Gesetzmäßigkeiten zu entledigen scheint?

Bloch hielt, in jungenhaftem Trotz und wider schlechteres Wissen, an der Überzeugung fest, daß die Kraft des utopischen Denkens die Welt verändern könnte. Was eine Philosophie, die sich die visionäre Stärke des Noch-Nicht-Bewußten zu eigen macht und dem Marxismus verbunden bleibt, zu leisten vermag, hat er 1965 während der Berliner Universitätstage in einem Vortrag mit dem Titel „Antizipierte Realität – Wie geschieht und was leistet utopisches Denken“ auszuführen versucht, in dem es (u. a.) heißt:

„Es gibt einen besonders großen Prozentsatz dieses Noch-Nicht-Bewußten in drei Gestalten: a) in der Jugend, die überfüllt ist mit Wachträumen, im Ausmalen des eigenen Lebens mit vielen Bildern; b) in Wendezeiten von einer Gesellschaft zur anderen, man denke an die gesellschaftlichen Jugendzeiten wie Renaissance, die Zeit vor der Französischen Revolution, den deutschen Sturm und Drang, die Zeit vor ’48 und unsere Zeit, die voll ist von Noch-Nicht: das Alte will nicht vergehen, das Neue will nicht werden, etwas ist im Schwange; c) in künstlerischer, wissenschaftlicher und philosophischer Produktivität. Dante drückt es in dem sehr superben Vers aus: ‚Das Wasser, das ich fasse, hat man noch nie befahren.‘ Das ist der Grenzbegriff von Novum in Produktivität. – Dies alles aber ist einsam, leer, Privatvergnügen, wenn dem Noch-Nicht-Bewußten nicht ein Noch-Nicht-Gewordenes objektiv gegenübersteht. Dieses Noch-Nicht-Gewordene ist das Korrelat des Noch-Nicht-Bewußten. Wenn und so oft aber das Noch-Nicht-Bewußte in seinen Akten und Inhalten etwas taugt, ist es eine mentale Repräsentation, also eine seelische Stellvertretung für noch nicht Gewordenes draußen … Träume, Nachtträume …, Tagträume eröffnen ein riesiges Reich von Noch-Nicht, in verschiedener Verantwortung, medizinisch, sozial, technisch, geographisch, künstlerisch, religiös, Wunschlandschaften in Malerei, in Dichtung, Oper, und die vielen Religionsinhalte, die alle gefüllt sind mit Erwartung von etwas nicht Vorhandenem … Hier steht die Welt als Experiment vor Augen, als höchst laborierendes Laboratorium ihrer ausstehenden Sinnfindungen selber."

Seinem philosophischen Schlüsselerlebnis, der Entdeckung des Noch-Nicht-Bewußten, hat Bloch vor allem mit der Niederschrift seines großen Hauptwerks „Das Prinzip Hoffnung" entsprochen, einem wahrhaft weitreichenden Gedankenepos von hohen Graden, das aus der Wunderwelt der Desiderate und Traumprojektionen wie ein wort- und bilderstarker Abenteuerroman berichtet. Das Schicksal, das dieses hell-leuchtende Werk nahm, ist nicht ohne Komik: Den Titel des Buches, das kaum einer je zu Ende gelesen hat – was damit zusammenhängen könnte, daß es immerhin einen Umfang von mehr als 1600 Seiten zu bieten hat –, kennt heute jeder, auch wenn den wenigsten bewußt sein dürfte, daß sich ein philosophisches Opus magnum dahinter verbirgt. „Das Prinzip Hoffnung" ist zur Allerweltsfloskel verkommen, die der halbwegs Sprachkundige verwendet, um auf die Unabgeschlossenheit aller irdischen Bemühungen zu verweisen, denen der unbelehrbare Glaube gilt, daß es eines guten Tages vielleicht doch noch besser kommen könnte. Besonders in Politikerkreisen, die sich hinlängliche Dankbarkeit auch für das dürftigste Bonmot bewahrt haben, hat man das „Prinzip Hoffnung" als Sinnspruch für nahezu alle Gelegenheiten schätzen gelernt, mit dem bei Bedarf Launigkeit, verhaltener Optimismus oder die sträfliche Vertrauensseligkeit im Lager des politischen Gegners angezeigt werden kann. Bloch hätte diesen auf die Kopfzeile seines Werkes beschränkten Erfolg amüsiert zur Kenntnis genommen; ihm wäre es wohl eher komisch vorgekommen, wenn die dazugehörige Philosophie in gleichem Maße Verbreitung gefunden hätte, obwohl sie nichts Geringeres anklingen läßt als das noch nicht eingelöste Menschenmögliche.

Mit ihm aber, dem Menschenmöglichen, das Freiheit und

Würde endgültig zusammenbringen will, hat es die Politik nicht so sehr wie die Philosophie zu tun, der eine strikte Unduldsamkeit noch immer gut zu Gesichte steht. Die meisten Politiker, selbstsicher oft bis zur Selbstgefälligkeit, mühen sich ab in ihren Tagesgeschäften, wobei nicht wenige Standesvertreter, verbeamtet bis unter die Haarspitzen, sehr wohl Sorge dafür tragen, daß sie nicht am Siechtum der Überanstrengung zugrunde gehen. Ihnen, den Lauen und Halbherzigen, den durchschnittlichen Brüdern im Geiste, die sich mit dem zufriedengeben, was ihnen zugeworfen wird, war besonders der alte Bloch, der sich, wo immer es ging, einzumischen wußte wie ein Junger, ein stetes Ärgernis. Blochs öffentliche Auftritte wurden zu Lebzeiten des Philosophen schon zur Legende. Wo er, der große alte Mann mit dem markanten Gesicht, der Späherbrille und dem eindrucksvollen Schopf, auftrat, war etwas los. Wie Bloch auf der Rednertribüne wirkte, hat der Journalist Heinz Brandt beschrieben: „Wie er da stand, schlohweißen Hauptes, mit beschwörendem Seherblick, die Arme zum Himmel gereckt, Zornesfalten über der Nase, steil zur zerfurchten breiten Stirn aufsteigend, so daß sich die vertikalen und horizontalen Linien michelangelesk überschnitten, glich er einem alttestamentarischen Propheten, der, mit Jehova hadernd, den Untergang seines Jerusalems abzuwenden unternimmt."

Der Eindruck des Ungewöhnlichen verstärkte sich, wenn man Bloch gegenübersaß und Gelegenheit erhielt, mit diesem „Moment der Wahrhaftigkeit", wie ihn ein betont gutwilliger Interpret einst nannte, ins Gespräch zu kommen und zur großen Rede aufzufahren. Der Schriftsteller Jean Améry notierte einmal nach einer Unterredung mit Bloch: „Sehr selten sah und sieht man dies: ein Antlitz von derart ungeheurer, fast quälender geistiger Angestrengtheit. Lippen, die tief herabgezogen sind, nicht von Spott, noch weniger von Verachtung; von gestrafftestem geistigen Kraftaufwand ganz allein. Längsfalten, wie von Schnitzmessern gekerbt. Durchdringend blickende Augen hinter beängstigend dicken Brillen eines schwer Kurzsichtigen. Dazu eine ganz seltsame Stirn, höhnisches Dementi des Wort- und Bildklischees von der ‚Hohen Denkerstirn'. Ernst Blochs Stirne ist auffallend niedrig, ein mäßig gebogenes Halbrund, gebildet vom Ansatz des dichten, harten weißen Haares. Das ganze Gesicht stellt beunruhigende Anforderungen, vor denen zu bestehen keiner sich so geschwind zutraut."

Ein Philosoph wie Bloch fehlt uns in dieser Zeit. Mag sein, daß er, wie wir auch, mit der denkwürdigen Rasanz der Entwicklung einerseits und der um sich greifenden postmodernen Gleichgültigkeit andererseits seine Schwierigkeiten hätte. Um so mehr würde er an seine Überzeugungen erinnern, die auszusprechen anderen heute sichtlich schwerfällt. Blochs „Prinzip Hoffnung", das auf der Erinnerungsarbeit gründet, die sich nach der Entdekkung des Noch-Nicht-Bewußten, dem Blochschen Schlüsselerlebnis, ergab, steht noch immer zur ungefälligen Lektüre an. Das „Prinzip Hoffnung" hütet – im Gewesenen sowohl als auch im Gegenwärtigen und in der Zeit, die da kommt – das uns übereignete Glücksversprechen; am Horizont der Hoffnung hält sich, letztlich, jene alles benennende *Heimat* bereit, die Rückhalt gibt und Geborgenheit, weil in ihr der Mensch, nach langem Weg, zu sich selber findet:

„Das Morgen im Heute lebt, es wird immer nach ihm gefragt. Die Gesichter, die sich in die utopische Richtung wandten, waren zwar zu jeder Zeit verschieden, genauso wie das, was sie darin im einzelnen, von Fall zu Fall, zu sehen meinten. Dagegen die *Richtung* ist hier überall verwandt, ja in ihrem noch verdeckten Ziel die gleiche; sie erscheint als das einzig Unveränderliche in der Geschichte. Glück, Freiheit, Nicht-Entfremdung, Goldenes Zeitalter, Land, wo Milch und Honig fließt, das Ewig-Weibliche, Trompetensignal im Fidelio und das Christförmige des Auferstehungstags danach: es sind so viele und verschiedenwertige Zeugen und Bilder, doch alle um das her aufgestellt, was für sich selber spricht, indem es noch schweigt. Die Richtung auf dies materiell und nicht nur logisch Einleuchtende muß invariant sein; das ist an jedem Ort erkennbar, wo Hoffnung ihr Überhaupt aufschlägt und darin zu lesen versucht ... Marx bezeichnet als sein letztes Anliegen ‚die Entwicklung des Reichtums der menschlichen Natur'; dieser *menschliche* Reichtum wie der von Natur insgesamt liegt einzig in der Tendenz-Latenz, worin die

Welt sich befindet... Mit diesem Blick also gilt: Der Mensch lebt noch überall in der Vorgeschichte, ja alles und jedes steht noch vor der Erschaffung der Welt, als einer rechten. *Die wirkliche Genesis ist nicht am Anfang, sondern am Ende,* und sie beginnt erst anzufangen, wenn Gesellschaft und Dasein radikal werden, das heißt, sich an der Wurzel fassen. Die Wurzel der Geschichte aber ist der arbeitende, schaffende, die Gegebenheiten umbildende und überholende Mensch. Hat er sich erfaßt und das Seine ohne Entäußerung und Entfremdung in realer Demokratie begründet, so entsteht in der Welt etwas, das allen in die Kindheit scheint und worin noch niemand war: Heimat.“

„Die Erklärungen haben ein Ende"

Ludwig Wittgenstein

Als am 26. April 1889 der Knabe Ludwig Josef Johann Wittgenstein als jüngstes von acht Geschwistern in Wien das Licht der Welt erblickte, war seine Umgebung ihm durchaus wohlgesonnen. Im Hause der Wittgensteins mangelte es an nichts: Der Vater, Karl Wittgenstein, amtierte als Zentraldirektor der Prager Eisenindustrie und hatte damit eine Stellung inne, die sich durchaus mit der des legendären Alfred Krupp in Deutschland vergleichen ließe. Wittgenstein senior war einer der vergleichsweise fortschrittlichen Großindustriellen der damaligen Zeit: Er förderte die schönen Künste, hatte Umgang mit Intellektuellen, Musikern und Dichtern; er bemühte sich um fortschrittliche Produktionsmethoden und war doch ein loyaler, ja im Prinzip unnachgiebiger Anhänger der maroden österreichisch-ungarischen Doppelmonarchie.

Karl Wittgensteins Aufstieg zu einem führenden Industriemagnaten Österreichs hätte wohl auch, so darf man sagen, von einem unserer heutigen fleißigen Serienautoren ersonnen und in einem Drehbuch festgehalten werden können: 1864 hatte er sich auf dem Gymnasium den Zorn der Lehrerschaft wegen eines unbotmäßigen Aufsatzes zugezogen. Er mußte das Gymnasium verlassen und brannte von zu Hause durch. Mit falschem Paß gelangte er nach Amerika; dort schlug er sich als Kellner, Musiker, Parkwächter und Barkeeper durch. Nebenbei gab er Unterricht in Griechisch und Mathematik und versuchte sich als Musiklehrer für Geige und Horn. 1867 kehrte er nach Wien zurück; er begann mit dem Maschinenbaustudium, das er jedoch nicht abschloß.

Was Karl Wittgenstein aus Amerika mitbrachte, war ein realistisch geschärfter Blick auf das Machbare und die präzise Einschätzung veränderter Gegebenheiten. Für die andere Seite des Lebens, die den unproduktiven Künsten gehörte, hatte er ein merkwürdiges Faible. Seinen Kindern war er gleichwohl ein gestrenger Vater, der Sorge dafür trug, daß vor allem das gelernt wurde, was er für richtig hielt. Zukunftsweisend waren für ihn nur der Beruf des Technikers und der Kaufmannsstand. Ludwigs Mutter, Leopoldine Wittgenstein, eine stille und sanfte Frau, trat stets hinter ihrem Mann zurück und ließ ihn gewähren.

Die Einflüsse, die von diesem familiären Hintergrund ausgingen, sind für Ludwig Wittgensteins Entwicklung sehr viel erheblicher gewesen, als er selbst es wahrhaben wollte. Dies gilt auch für seine Hinwendung zur Philosophie und das damit in Zusammenhang stehende Schlüsselerlebnis, von dem noch zu reden sein wird.

Das Wien der damaligen Zeit war eine Hochburg der Melancholie. Schwermütige Gedanken beherrschten die Diskussion: Existentielle Traurigkeit, der nachzuhängen die einfachen Leute weder Zeit noch Muße hatten, machte sich im besonderen in den vermögenden Ständen breit; es hatte wohl etwas mit schwarzer Lust zu tun, wenn man, im gemachten Nest sitzend, subtile Reflexionen auf die Ausweglosigkeit aller irdischen Bemühungen verschwenden durfte. Auch die Familie Wittgenstein war nicht frei von dieser Schwermut, für die der Vater selbst anfällig blieb: Drei von fünf Söhnen begingen Selbstmord, und Ludwig Wittgenstein hatte zeit seines Lebens mit wiederkehrenden Depressionen zu kämpfen.

Für die Wittgenstein-Kinder war es schwer, den hochgesteckten Anforderungen des Vaters zu entsprechen. Ludwig als Jüngster hatte es da noch verhältnismäßig leicht: Er erfreute den Vater durch ein offensichtliches technisches Talent, das er an den Tag legte. Ansonsten aber fiel er nicht weiter auf: Seine Geschwister, insbesondere Ludwigs Bruder Paul, der ein berühmter Konzertpianist wurde, den auch der Verlust eines Arms nicht aus der Karrierebahn werfen konnte, schienen begabter zu sein.

Nachdem Ludwig zunächst von Hauslehrern unterrichtet worden war, besuchte er ab 1903 die Staatsoberrealschule in Linz, die kurz zuvor ein gleichaltriger Schüler namens Adolf

Hitler wieder verlassen hatte. Ludwig Wittgenstein zeichnete sich durch eher mäßige Schulleistungen aus. Bei seinen Mitschülern galt er als seltsamer Vogel, der seine Unsicherheit durch manieriertes Gehabe zu überdecken suchte: Im Gegensatz zu seinen Klassenkameraden sprach er ein fast affektiert wirkendes Hochdeutsch, und er legte, zur Erheiterung aller, Wert darauf, mit ‚Sie' angeredet zu werden.

Karl Wittgenstein, der bereits zwei Söhne durch Selbstmord verloren hatte, machte sich Sorgen um seinen Jüngsten. Er holte Ludwig nach Wien zurück, dem es in vertrauter Umgebung besser ging. Er las viel; Kleist, Goethe, Mörike, Lessing beeindruckten ihn, und er zeigte sich angetan von der grimmigen Weltsicht, die der Philosoph Schopenhauer verbreitete. Am 14. Juli 1906 beendete Wittgenstein die 7. Klasse der Realschule mit der Matura; die Zensuren, die man seinen schulischen Leistungen erteilte, waren wenig berauschend. Im Oktober des gleichen Jahres schrieb er sich an der Technischen Hochschule Berlin-Charlottenburg ein. Noch immer befaßte er sich am liebsten mit technischen Problemen. In Berlin jedoch, so weiß Wittgensteins Schwester Hermine in ihren „Familienerinnerungen" zu erzählen, machte sich zum ersten Mal auch sein Interesse für die Philosophie nachhaltig bemerkbar.

„Zu dieser Zeit oder etwas später ergriff ihn plötzlich die Philosophie, d.h. das Nachdenken über philosophische Probleme, so stark und völlig gegen seinen Willen, daß er schwer unter der doppelten und widerstreitenden inneren Berufung litt und sich wie zerspalten vorkam. Es war eine von den Wandlungen, deren er noch mehrere in seinem Leben durchmachen sollte, über ihn gekommen und durchschüttelte sein ganzes Wesen ... Ludwig befand sich in diesen Tagen fortwährend in einer unbeschreiblichen, fast krankhaften Aufregung."

Philosophie, das wurde Wittgenstein sehr schnell bewußt, war ein todernstes Frage- und Antwortspiel, bei dem die gleichen Fragen, in einer Art hellsichtiger und über Bedarf klugen Blödsinnigkeit, immer wieder neu gestellt wurden, um sich dafür die gleichen Antworten einzuholen, auf die man letztlich kaum etwas geben durfte, weil sie auch durch den scheinbaren Fortschritt des Wissens nicht wirklich unerschütterlich gemacht werden konnten. Wer mit dem philosophischen Fragen nicht unmittelbar in die schiere Verzweiflung oder an den Rand des Verstummens geraten wollte, mußte versuchen, sich eine Gewißheit zurechtzulegen, die ihm zumindest vorübergehende, vielleicht aber auch eine als lebenslanger Trost verbleibende Sicherheit bot. Eine solche Gewißheit wurde Wittgenstein durch ein Schlüsselerlebnis im Jahre 1910 zuteil, als er, gerade einundzwanzig geworden, der Aufführung des Theaterstücks „Die Kreuzelschreiber" von Ludwig Anzengruber beiwohnte.

Im Mittelpunkt dieses Stücks steht der „Steinklopferhans", unehelicher Sohn einer Dienstmagd, der sich aufgrund einer Eingebung zum bäuerlichen Querdenker und Dorfphilosophen mausert. Nach einer schweren Krankheit, während der er, verlassen von allen, allein auf sich gestellt bleibt, wird ihm auf einmal klar, daß er in Sicherheit ist: Ihm kann, zwischen Himmel und Erde, nichts mehr passieren.

Auf diesen Zusammenhang ist Wittgensteins Biograph Brian McGuiness eingegangen, der den „Steinklopferhans" allerdings nicht beim Namen nennt, sondern nur als „Figur" bezeichnet, die „eine Offenbarung" erfahren hat.

„Wittgensteins religiöses Erwachen steht zweifellos in Zusammenhang mit der Szene, in der eine Figur die ‚extraige Offenbarung' oder ‚Eingebung' beschreibt, die sie gehabt hat. Dieser Mensch hat bisher in schrecklichem Elend gelebt; eines Tages wirft er sich, als die Sonne scheint, ins Gras und denkt, er werde sterben. Als er abends aufwacht, wird ihm ‚inwendig so wohl, als wär's hell Sonnenlicht von vorhin in mein' Körper verblieb'n ... und da kommt's über mich, wie wann eins zu eim'm andern red't: Es kann dir nix g'schehn! Selbst die größt' Marter zählt nimmer, wenn's vorbei ist! Ob d'jetzt gleich sechs Schuh tief da unterm Rasen liegest oder ob d'das vor dir noch viel tausendmal siehst – es kann dir nix g'schehn! – Du g'hörst zu dem all'n, und dös alles g'hört zu dir! Es kann dir nix g'schehn!"

Wittgenstein machte diese Gewißheit zu seiner eigenen. Sie wurde nicht nur zum Leitmotiv seiner religiösen Überlegungen, sondern bot ihm auch eine unprogrammatische Absicherung für den Gang seines philosophischen Fragens, das die Grenzen des Sagbaren vor dem Hintergrund allgemeiner Sprachfähigkeit neu zu bestimmen suchte. Ein solcher Grenzgang im Vorfeld jeder kommunikativen Identitätsfindung enthielt von Natur aus alle Möglichkeiten des Scheiterns. Wittgenstein war dies mehr als bewußt, und so erinnerte er sich der Eingebung, die ihm zuteil geworden war, als eines unnachgiebigen und, wie er selbst sagte, „wortlosen Glaubens“, der, ungeachtet aller Realitätsverluste, über die vom Leben selbst angerichteten Debakel hinausweisen mußte. Die äußeren Umstände konnten ihn nun nicht mehr treffen, auch wenn er als Person in den Wirren der Zeit mit auf der Strecke bleiben sollte. Wittgenstein hatte sich seinen Grund zurechtgelegt, dem er die Gewißheit verdankte, „absolut geborgen“ zu sein, und so durfte er sein philosophisches Arbeitsprogramm, das die Möglichkeiten einer Erkenntnisbegründung von den Rändern des Mitteilbaren her ins Licht setzte, wie eine existentielle Kraftanstrengung inszenieren, die, im wahrsten Sinne des Wortes, ohne Rücksicht auf Verluste vorgehen mußte. Rückblickend notierte er über die Bedeutung seines Schlüsselerlebnisses:

„Es trieb mich, gegen die Grenzen der Sprache anzurennen, wie es, glaube ich, alle Menschen getrieben hat, die jemals über Ethik oder Religion zu schreiben oder zu sprechen versucht haben. Dieses Anrennen gegen die Grenzen unseres Käfigs ist völlig und vollkommen hoffnungslos.“

Im Jahre 1911 immatrikulierte sich Wittgenstein an der Universität Cambridge, die damals das europäische Zentrum für philosophische und naturwissenschaftliche Grundlagenforschung war. Als Star von Cambridge galt der Philosoph Bertrand Russell, ein scharfsinniger und witziger Kopf, der sich zeit seines Lebens gern mit selbsternannten Autoritäten anlegte. Der unbekannte Student aus Wien zeigte keinerlei Respekt vor dem Meister und verfolgte ihn mit bohrenden Fragen. In einem Brief an seine damalige Freundin Lady Ottoline berichtete Russell:

„Mein deutscher Freund entpuppt sich als Plagegeist. Er begleitete mich nach meiner Vorlesung nach Hause und argumentierte bis zum Nachtessen, hartnäckig und abwegig, aber ich glaube, nicht dumm ... Er meint, daß man nichts Empirisches wissen könne. Ich forderte ihn auf zuzugeben, daß sich in dem Zimmer kein Rhinozeros befinde, aber er weigerte sich."

Wittgenstein, obwohl noch ohne Amt und Würden, wurde zu einem gleichberechtigten Gesprächspartner Russells, der, nach anfänglicher Amüsiertheit, zu der Erkenntnis gelangte, daß es sich bei seinem Studenten um ein besonderes Talent, ja um ein Genie handeln müsse. In seiner „Autobiographie" schrieb Russell über Wittgenstein:

„Er war vielleicht das vollendetste Beispiel eines Genies der traditionellen Auffassung nach, das mir je begegnet ist: leidenschaftlich, tief, intensiv und beherrschend. Er hatte eine gewisse Reinheit, die ich nie wieder in diesem Maße gesehen habe, außer bei G.E. Moore ... Er besuchte mich jeden Abend um Mitternacht und lief wie ein wildes Tier drei Stunden lang in erregter Stille in meinem Zimmer hin und her. Einmal sagte ich zu ihm: ‚Denken Sie über die Logik nach oder über Ihre Sünden?' – ‚Beides', antwortete er und lief weiter. Ich mochte nicht vorschlagen, daß es Zeit sei, ins Bett zu gehen, denn es schien ihm und mir möglich, daß er Selbstmord begehen würde, wenn er mich verließe."

Wittgensteins Einstieg in die Philosophie vollzog sich mit genialischer Wucht. Der seltsame Student wurde recht schnell, auch durch sein Äußeres, die markig-hagere Gestalt und die betont unkonventionelle Kleidung, zu einer bekannten Figur. Die Umgangsformen, die an der Universität herrschten, waren, abgesehen von den üblichen Schrulligkeiten, von bemerkenswerter Liberalität: Begabten Studenten standen viele Türen offen. Nur so erscheint es verständlich, daß Wittgenstein mit den in Cambridge residierenden Größen der Philosophenzunft schon bald auf mehr oder weniger vertrautem Fuße stand. Am 29. November 1912 hielt er vor dem angesehenen örtlichen „Moral Science Club" seinen ersten Vortrag über das Thema „Was ist Philosophie?". – Zwei Monate später erreichte ihn die Nachricht vom Tod seines Vaters.

Karl Wittgenstein war am 20. Januar 1913 gestorben und hatte seinen Kindern ein großes Vermögen hinterlassen, das hauptsächlich aus amerikanischen Wertpapieren bestand. Ludwig Wittgenstein konnte nun über ein Einkommen von mehr als 300000 Goldkronen im Jahr verfügen. Ein solcher Reichtum erschien ihm allerdings mehr als Belastung denn als willkommene Wohltat. So wandte er sich, auch dies nicht ganz untypisch für seine Einstellung, in einem formlosen Brief an den Herausgeber der renommierten Kulturzeitschrift „Der Brenner": „Verzeihen Sie, daß ich Sie mit einer großen Bitte belästige. Ich möchte Ihnen eine Summe von 100000 Kronen überweisen und Sie bitten, dieselbe an unbemittelte österreichische Künstler nach Ihrem Gutdünken zu verteilen."

Diesem wahrhaft unkonventionell vorgetragenen Ansinnen wurde entsprochen. Der Dichter Georg Trakl, ohnehin nervenkrank, geriet, als er die Mitteilung erhielt, daß man ihm 20000 Goldkronen zu vermachen gedenke, so in Panik, daß er die Flucht ergriff und untertauchte. Sonst aber tat die Spende Wittgensteins gute Wirkung; in den Genuß größerer Geldsummen kamen (u.a.) Theodor Haecker, Else Lasker-Schüler, Oskar Kokoschka und der Lyriker Rainer Maria Rilke, der sich in einem „dem unbekannten Freund draußen" gewidmeten Gedicht bedankte, von dessen „schwindelhaftem Ton" sich Wittgenstein, dem eine Abschrift der Verse zugestellt worden war, „unangenehm berührt" zeigte.

Bei Ausbruch des Ersten Weltkriegs meldete Wittgenstein sich als Freiwilliger und wurde zum 2. Festungs-Artillerieregiment nach Krakau abkommandiert. Er absolvierte seinen Waffendienst nicht etwa als weltfremder oder verschüchterter Intellektueller; in allen Zeugnissen aus der damaligen Zeit ist von „Pflichtbewußtsein" und beträchtlichem „technischem Geschick" die Rede. Wittgenstein, so schien es, war ein „Patriot". Er stellte der österreichischen Armee sogar eine Million Kronen für die Entwicklung eines Mörsers zur Verfügung. In den radikalen Pazifisten, zu denen auch Russell gehörte, sah er Traumtänzer, die sich über ihre eigene Unehrlichkeit nicht im klaren waren. Ein Freund Wittgensteins berichtete:

„Ich habe in dieser Hinsicht wiederholt sehr abfällige Urteile über seinen Freund Russell von ihm gehört. Als dieser in den zwanziger Jahren einen ‚Weltbund für Frieden und Freiheit' oder dergleichen gründen ... wollte, hat ihn Wittgenstein so beschimpft, daß Russell sagte: ‚Na ja, Sie würden wohl eher einen Weltbund für Krieg und Knechtschaft gründen', was Wittgenstein leidenschaftlich bejahte: ‚Eher noch, eher noch'."

Im Juni 1916 brachte Wittgenstein, nach der Lektüre von Tolstojs „Kurzer Darlegung des Evangeliums", Gedanken zu Papier, die sich an die Eingebung seines Schlüsselerlebnisses anschließen und, unabhängig von den grundsätzlichen Überlegungen zu Sprache und Logik, so etwas wie ein philosophisches Glaubensbekenntnis darstellen:

„Gott und den Zweck des Lebens? – Ich weiß, daß diese Welt ist. Daß ich in ihr stehe, wie mein Auge in seinem Gesichtsfeld. Daß etwas an ihr problematisch ist, was wir ihren Sinn nennen. Daß dieser Sinn nicht in ihr liegt, sondern außer ihr. Daß das Leben die Welt ist. Daß mein Wille die Welt durchdringt. Daß mein Wille gut oder böse ist. Daß alles Gut und Böse mit dem Sinn der Welt irgendwie zusammenhängt. Den Sinn des Lebens, d.i. den Sinn der Welt, können wir Gott nennen. Und das Gleichnis von Gott als einem Vater daran knüpfen. Das Gebet ist der Gedanke an den Sinn des Lebens. Ich kann die Geschehnisse der Welt nicht nach meinem Willen lenken, sondern bin vollkommen machtlos. Nur so kann ich mich unabhängig von der Welt machen – und sie also doch in gewissem Sinne beherrschen –, indem ich auf einen Einfluß auf die Geschehnisse verzichte."

In seinem letzten Fronturlaub, den er auf dem Anwesen seines Onkels Paul verbrachte, schrieb Wittgenstein die „Logisch-Philosophische Abhandlung" nieder, die ihn, unter dem Titel der englischen Übersetzung „Tractatus logico-philosophicus", schließlich berühmt machen sollte. Er bot das Manuskript dem Karl-Kraus-Verleger Jehoda an, der jedoch ablehnte. Die Antwort erhielt Wittgenstein erst wenige Tage vor Kriegsende. Am 3. November 1917 war er bei Trient in italienische Kriegsgefangenschaft geraten. Die erzwungene Ruhe, der er sich im Gefangenenlager am Fuße des Monte Cassino ausgesetzt sah, ließ altbekannte Depressionen in ihm hochkommen. Er fühlte sich leer und ausgebrannt. War dieser Krieg das Leid wert gewesen, das er heraufbeschworen hatte? Hinzu kamen persönliche Gründe für Trauer und Wut: Zwei Tage bevor Wittgenstein der Ablehnungsbescheid des Verlegers Jehoda erreichte, war ihm mitgeteilt worden, daß sich sein Bruder Kurt an der Front erschossen hatte – der dritte Selbstmord unter Karl Wittgensteins Söhnen.

Der „Tractatus" erschien 1921 in einer ersten fehlerhaften Fassung, von der Wittgenstein sich wütend distanzierte. Ein Jahr später brachte der angesehene Londoner Verlag Routledge & Kegan Paul das Werk in einer zweisprachigen Fassung heraus. Nur zögerlich setzte die Rezeption ein; Begeisterungsstürme löste Wittgensteins Abhandlung nicht aus. Das mochte an der strengen Konstruktion des Ganzen liegen; mit einer Unklarheit der Aussagen des „Tractatus" konnte das anfängliche Unverständnis, dem Wittgenstein sich ausgesetzt sah, allerdings kaum zu tun haben, denn philosophische Eindeutigkeit, ja: Unmißverständlichkeit war es gerade, die sein Werk intendierte. Das „klar Sagbare" in der Philosophie sollte ein für allemal festgehalten werden.

„Der Angelpunkt ... ist die Theorie dessen, was durch Aussagen, d.h. durch die Sprache, ausgedrückt werden kann (und, was das Gleiche besagt, was *gedacht* werden kann) – und dessen, was durch Aussagen nicht ausgedrückt, sondern nur gezeigt werden kann; das, glaube ich, ist das Kardinalproblem der Philosophie."

Der „Tractatus" verordnete der Philosophie ein radikales, sprachlogisch begründetes Diätprogramm, das im besonderen jenen Philosophen, die sich an die Völlereien der alten Metaphysik gewöhnt hatten, gar nicht schmecken wollte. Für die traditionellen Themen des abendländischen Denkens war, bei strenger Anwendung der Wittgensteinschen Beschränkungstherapie, nur noch wenig an wirklich Mittelbarem übrig.

„Die Welt ist alles, was der Fall ist. – Was der Fall ist, die Tatsache, ist das Bestehen von Sachverhalten. Der Sachverhalt ist eine Verbindung von Gegenständen (Sachen, Dingen). – Der Gegenstand ist einfach; die Konfiguration ist das Wechselnde, Unbeständige. Die Konfiguration der Gegenstände bildet den

Sachverhalt. – Wir machen uns Bilder der Tatsachen. – Den Gegenständen entsprechen im Bilde die Elemente des Bildes. – Das Bild hat mit dem Abgebildeten die logische Form der Abbildung gemein. – Was das Bild darstellt, ist sein Sinn; das logische Bild der Tatsache ist der Gedanke. – Im Satz drückt sich der Gedanke sinnlich wahrnehmbar aus. – Die im Satz angewandten einfachen Zeichen heißen Namen; der Name bedeutet den Gegenstand. Der Gegenstand ist seine Bedeutung. – Nur der Satz hat Sinn; nur im Zusammenhang des Satzes hat ein Name Bedeutung. – Der Gedanke ist der sinnvolle Satz."

Am Ende blieb dieser auf Schonkost gesetzten Philosophie nur der sehnsüchtige Blick auf das (noch) Machbare:

„Alles, was überhaupt gedacht werden kann, kann klar gedacht werden. Alles, was sich aussprechen läßt, läßt sich klar aussprechen ... Es zeigt sich zwar in allem Sagbaren auch Unsagbares, aber was gezeigt werden kann, kann nicht gesagt werden ... Worüber man nicht sprechen kann, darüber muß man schweigen."

Wittgenstein war nach der Veröffentlichung seines „Tractatus" zunächst der Meinung, die „Probleme" der Erkenntnisbegründung „gelöst" und eine dauerhafte Schadensbegrenzung im Geltungsbereich des Wissens erzielt zu haben. Dieser Optimismus jedoch hielt nicht lange an, und ihm dämmerte schon bald, daß mit seinem Werk das letzte Wort der Philosophie, jener zähen alten Dame, die womöglich alle ihre Kinder überlebt, noch nicht gesprochen war.

Nach dem Wiedereintritt in das ‚Zivilleben' versuchte Wittgenstein einen radikalen Neubeginn: Er verzichtete auf sein Vermögen und ließ es, sehr zur Verwirrung der Betroffenen, unter den Familienmitgliedern verteilen. Von September 1920 bis Mai 1926 amtierte er, mit eher mäßigem Erfolg, als Volksschullehrer in der österreichischen Provinz. Er kehrte nach Wien zurück und wirkte dort als Architekt am Bau einer dreistöckigen Villa mit, die seine Schwester Hermine in Auftrag gegeben hatte und später als „hausgewordene Logik" bezeichnete. Anfang 1929 kehrte er nach Cambridge zurück. Er erhielt ein Forschungsstipendium und stürzte sich in die Arbeit. Der „Tractatus" war mittlerweile ein gleichermaßen bekanntes wie umstrittenes Buch – und Wittgenstein ein Philosoph, der sich anschickte, zur Berühmtheit zu werden. Noch immer glaubte er zu wissen, daß ihm nichts passieren konnte; er vertraute der Gewißheit, die sich ihm in seinem Schlüsselerlebnis eröffnet und anvertraut hatte.

Fast unbemerkt von allen aufmerksamen Beobachtern arbeitete er an einer Weiterentwicklung seiner Philosophie. Nicht mehr die reduktionistische Zustandsbeschreibung des „Tractatus" stand nun im Mittelpunkt seines Interesses, sondern der tatsächliche Gebrauch von Sprache und die dazugehörigen Anwendungsmöglichkeiten. In den „Philosophischen Untersuchungen", dem eigentlichen Hauptwerk seiner Spätphilosophie, widmete Wittgenstein sich dem Reichtum der natürlichen Sprachen, die ja, wie er wußte, viel mehr zu leisten imstande waren, als es das asketische Methodenverständnis der Naturwissenschaften zulassen wollte. Das neue Zauberwort der Wittgensteinschen Spätphilosophie hieß „Sprachspiel":

„Führe dir die Mannigfaltigkeit der Sprachspiele vor Augen ... Befehlen und nach Befehlen handeln – Beschreiben eines Gegenstandes – Eine Geschichte erfinden und lesen – Theater spielen – Rätsel raten – Einen Witz machen; erzählen – Aus einer Sprache in eine andere übersetzen – Bitten, Danken, Fluchen, Grüßen, Beten."

Aus den Sprachspielen ergibt sich, was eine Sprache zu sagen hat ...

„Die Bedeutung eines Wortes ist sein Gebrauch in der Sprache ... Das Wort *Sprachspiel* soll hervorheben, daß das Sprechen der Sprache ein Teil ist einer Tätigkeit – oder einer Lebensform. – Und eine Sprache vorstellen heißt, sich eine Lebensform vorstellen ... Das Sprachspiel hat seinen Ursprung nicht in der Überlegung. Die Überlegung ist ein Teil des Sprachspiels. Und der Begriff ist daher im Sprachspiel zu Hause. Du mußt bedenken, daß das Sprachspiel sozusagen etwas Unvorhersehbares ist. Ich meine: Es ist nicht begründet. Nicht vernünftig (oder unvernünftig). Es steht da – wie unser Leben."

Die Bedeutung von Wittgensteins Spätphilosophie besteht

darin, daß sie einen Ansatz bietet, aus dem Reichtum der Normalsprache die Vielfältigkeit menschlicher Lebensformen abzuleiten und zugleich analytisch einem tiefergehenden Verständnis zuzuführen. Der Philosoph wird zum methodisch geschulten Registrator der vertrackten Alltäglichkeit, deren Oberflächenstruktur er durchschaut, um zu ihrer wahren Befindlichkeit vorzudringen.

1938 nahm Wittgenstein die britische Staatsbürgerschaft an; 1939 erhielt er die ehrenvolle Berufung als Nachfolger Moores auf dessen Lehrstuhl in Cambridge. Wittgenstein war nun Philosophieprofessor, was ihm „absurd" erschien und „als eine Art Lebendig-Begrabensein" vorkam. Während des Zweiten Weltkriegs übernahm er freiwillige Hilfsdienste in einem Londoner Hospital. 1947 gab er seine Professur und die damit verbundenen Ämter auf. Sein Gesundheitszustand verschlechterte sich. Er suchte die Einsamkeit; ein Jahr lang lebte er in Irland, „weitab", wie er bekundete, „von jeder Zivilisation". Als die Ärzte im Sommer 1949 feststellten, daß er Krebs hatte, schien er fast erleichtert:

„Ich war keineswegs erschrocken, als ich erfuhr, daß ich Krebs habe, aber ich war's, als ich erfuhr, daß man dagegen etwas unternehmen könne, denn ich hatte nicht den Wunsch, weiterzuleben …"

Wittgenstein wußte, daß seine Lebensuhr abgelaufen war. Daß der Tod auf ihn wartete, fand er nur gerecht – warum sollte es ihm bessergehen als anderen. Die Einsicht, daß ihm letztlich nichts geschehen konnte, hatte ihn durch sein Leben begleitet, und im Sterben schließlich erfuhr sie ihre eigentliche Bewährung.

Obwohl es ihm miserabel ging, arbeitete Wittgenstein bis zwei Tage vor seinem Tod an Aufzeichnungen, die postum unter dem Titel „Über Gewißheit" veröffentlicht wurden. Er starb am 29. April 1951. Eines seiner letzten Worte soll der Satz gewesen sein: „Sagen Sie ihnen, daß ich ein wundervolles Leben gehabt habe!" Ein solches Diktum bezog seine innere Wahrheit aus der Botschaft, die Wittgenstein mit seinem Schlüsselerlebnis zur lebenslangen Bewahrung anheimgestellt worden war. Auf die verbliebenen Freunde allerdings mußte dieser Gruß wie ein letzter kläglicher Scherz wirken angesichts des Endes, das er sich oft genug herbeigewünscht hatte.

Wittgenstein, der den Stolz kannte und die Verzweiflung, hat der Philosophie jene Bescheidenheit anempfohlen, die ihn selbst zeit seines Lebens auszeichnete. Er wußte – und daran dürfen wir uns stets erinnern: „Zweifel kann nur bestehen, wo eine Frage besteht, und diese nur, wo etwas gesagt werden kann. – Wir fühlen, daß selbst, wenn alle möglichen wissenschaftlichen Fragen beantwortet sind, unsere Lebensprobleme noch gar nicht berührt sind."

„Der Zuspruch des Feldweges"

Martin Heidegger

Daß ein Philosoph, der auf die Höhe seiner Gedanken will, oft genug von der Tagesform abhängig ist, leuchtet ein und mag zugleich dem, der sich zu großen Respekt für die Philosophie bewahrt hat, unangemessen komisch vorkommen; – so als sei die Vorstellung, daß ein Philosoph, der Großes anzielt und dabei nur den vielzitierten Ofen trifft, etwas leicht Unanständiges und mit unser aller gepflegten Würde kaum vereinbar. Dennoch ist klar, daß auch die Philosophie ihre Zeit hat und der Philosophierende auf eine bestimmte Eigenbefindlichkeit setzen muß, wenn er der Sache des Denkens, über bloßes Genügen hinaus, entsprechen will. Mit dem Philosophieren also, so könnte man salopp sagen, klappt es nicht immer, und es scheint einer eigenartigen und im ursprünglichen Sinn des Wortes zeitgemäßen Stimmung zu bedürfen, um auf den Höhenweg zu gelangen, der den Gedanken gehört.

Martin Heidegger, 1889 im badischen Städtchen Meßkirch geboren, der wohl umstrittenste Denker der Moderne, hat sich über diesen Zusammenhang von Philosophie und einer ihr begegnenden, ins Persönliche hinein abgestimmten Zeit schon früh Klarheit verschafft; er sah seine Arbeit eingegeben in die ihm zugewiesene Landschaft, den Schwarzwald, und bestimmt vom dazugehörigen zeitlichen Rhythmus, der den natürlichen Grundgegebenheiten entsprach. In einem 1933 für den Berliner Rundfunk verfaßten Beitrag mit dem Titel „Schöpferische Landschaft: Warum bleiben wir in der Provinz?" ist Heidegger auf diesen Sachverhalt ausführlich eingegangen.

„Am Steilhang eines weiten Hochtales des südlichen Schwarzwaldes steht in der Höhe von 1150 m eine kleine Skihütte. Im Grundriß mißt sie 6 zu 7 Meter. Das niedere Dach überdeckt

3 Räume: die Wohnküche, den Schlafraum und eine Studierzelle. In der engen Talsohle verstreut und am gleich steilen Gegenhang liegen breit hingelagert die Bauernhöfe mit dem großen überhängenden Dach. Den Hang hinauf ziehen die Matten und Weideflächen bis zum Wald mit seinen alten, hochragenden, dunklen Tannen. Über allem steht ein klarer Sommerhimmel, in dessen strahlenden Raum sich zwei Habichte in weiten Kreisen hinaufschrauben. – Das ist meine Arbeitswelt – gesehen mit den *betrachtenden* Augen des Gastes und des Sommerfrischlers. Ich selbst betrachte eigentlich die Landschaft gar nie. Ich erfahre ihren stündlichen, täglich-nächtlichen Wandel im großen Auf und Ab der Jahreszeiten. Die Schwere der Berge und die Härte ihres Urgesteins, das bedächtige Wachsen der Tannen, die leuchtende, schlichte Pracht der blühenden Matten, das Rauschen des Bergbaches in der weiten Herbstnacht, die strenge Einfachheit der tiefverschneiten Flächen, all das schiebt sich und drängt sich und schwingt durch das tägliche Dasein dort oben. – Und das wiederum nicht in gewollten Augenblicken einer genießerischen Versenkung und künstlichen Einfühlung, sondern nur, wenn das eigene Dasein in seiner *Arbeit* steht. Die Arbeit *öffnet* erst den Raum für diese Bergwirklichkeit. Der Gang der Arbeit bleibt in das Geschehen der Landschaft eingesenkt. – Wenn in tiefer Winternacht ein wilder Schneesturm ... um die Hütte rast und alles verhängt und verhüllt, *dann* ist die hohe Zeit der Philosophie. Ihr Fragen muß dann einfach und wesentlich werden. Die Durcharbeitung jedes Gedankens kann nicht anders denn hart und scharf sein. Die Mühe der sprachlichen Prägung ist wie der Widerstand der ragenden Tannen gegen den Sturm."

Das Wissen um die Zugehörigkeit zu der Landschaft, die er als seine Heimat verstand, prägte Heideggers Selbstverständnis und bestimmte, bis in nachraunende Nuancen hinein, seine Philosophie: Der Schwarzwald wurde zum Resonanzboden seines Denkens, zu dem er sich, mal bäurisch-gerissen, mal emphatisch bis ins Komische hinein, bekannte. Was für Karl Jaspers der „Umgang mit dem Meer" bedeutete, aus dem er die eigentümliche „Stimmung des Philosophierens" bezog, war für Heidegger das Bewußtsein, einem Landstrich anzugehören, in dem schwarzbewaldete Berge den Horizont verstellen und zugleich eine Weite ahnen lassen, die über jede vernünftige Träumerei lange schon hinaus zu sein scheint. Im Schwarzwald, dem Regierungsbezirk des Heideggerschen Denkens, das provinzielle Tiefsinnigkeit schließlich zur gnadenlosen Weltläufigkeit erheben sollte, zeichnet die Menschen, wie man festgestellt hat, nicht nur ein besonderer Hang zum Grübeln aus, in welchem sich Biederkeit und eine seltsam-schlitzohrige Weisheit miteinander verbinden, sondern es kommt ihnen auch die Fähigkeit zu, in harter Arbeit dem Boden das Nötige abzugewinnen und sich, durchaus findig, mit dem zu versorgen, was sie brauchen.

Besonders letztgenannte Eigenart, der Schwarzwälder Kunst, schwere Arbeit zu optimieren und darüber ein listiges Stillschweigen zu bewahren, hat Heidegger sich nur zu gern zugerechnet. Er, der seine eigene Philosophie oft als höheren Arbeitsdienst zu begreifen schien, verglich die Tätigkeit des Philosophen mit den schweißtreibenden Tagesgeschäften eines Bauern; beide tun, was sie tun müssen, und so hocken sie denn, nach des Tages Mühn, erschöpft zwar, aber seelenverwandt beisammen, sagen, was gesagt werden muß – und schweigen sich aus.

„Die philosophische Arbeit verläuft nicht als abseitige Beschäftigung eines Sonderlings. Sie gehört mitten hinein in die Arbeit der Bauern. Wenn der Jungbauer den schweren Hörnerschlitten den Hang hinaufschleppt und ihn alsbald mit Buchenscheiten hoch beladen in gefährlicher Abfahrt seinem Hof zulenkt, wenn der Hirt langsam-versonnenen Schrittes sein Vieh den Hang hinauftreibt, wenn der Bauer in seiner Stube die unzähligen Schindeln für sein Dach werkgerecht herrichtet, dann ist meine Arbeit *von derselben Art.* Darin wurzelt die unmittelbare Zugehörigkeit zu den Bauern. Der Städter meint, er ginge ‚unter das Volk', sobald er sich mit einem Bauern zu einem langen Gespräch herabläßt. Wenn ich ... abends mit den Bauern auf der Ofenbank sitze oder am Tisch im Herrgottswinkel, dann reden wir *meist gar nicht.* Wir rauchen *schweigend* unsere Pfeifen. Zwischendurch vielleicht fällt ein Wort, daß die Holzarbeit im Wald jetzt zu Ende geht, daß in der vorigen Nacht der Marder in den Hühnerstall einbrach, daß morgen vermutlich die eine Kuh kalben wird, daß den Oehmibauer der Schlag getroffen, daß das Wetter bald ‚umkehrt'. – Die innere Zugehörigkeit der eigenen Arbeit zum Schwarzwald und seinen Menschen kommt aus einer jahrhundertelangen, durch nichts ersetzbaren alemannisch-schwäbischen Bodenständigkeit."

Dieser Bodenständigkeit hat Heidegger nicht nur im äußeren Habitus, sondern auch durch seine Lebensführung entsprochen: Er wohnte und lehrte in Freiburg und begab sich zur Arbeit des Denkens so oft wie möglich in seine Skihütte oberhalb von Todtnau im Schwarzwald. Auslandsreisen versuchte er, wenn eben es ging, zu vermeiden.

Was er in seiner Landschaft erfuhr, war ein Zuspruch besonderer Art. Heidegger hat ihn, an anderer Stelle, als den „Zuspruch des Feldweges" bezeichnet. Obwohl mit dem Feldweg ursprünglich ein ganz bestimmter Weg in seinem Heimatort Meßkirch gemeint war, auf dem der Philosoph einst des öfteren angetroffen werden konnte (heute führt dieser Weg bezeichnenderweise über betoniertes Gelände und an einer nach Heidegger benannten Schule vorbei), wurde er später zu einem allgemeinen Bild für den Gang des Denkens in vertrauter, zur Natur hin offengehaltenen Umgebung. Ein solcher Weg, der noch in fast jeder Landschaft aufzufinden ist, die sich einen Rest Unversehrtheit bewahrt hat, läßt eine sehr alte und einfache Wahrheit anklingen: Wer Augen hat zu sehen und Ohren zu hören, der wird auf dem Feldweg in die verhaltene Zwiesprache mit dem, was ist, gebracht – und hat teil an einer unvordenklichen Gewißheit.

„Wenn die Rätsel einander drängten und kein Ausweg sich bot, half der Feldweg. Denn er geleitet den Fuß auf wendigem Pfad still durch die Weite des kargen Landes. – Immer wieder geht zuweilen das Denken in den gleichen Schriften oder bei eigenen Versuchen auf dem Pfad, den der Feldweg durch die Flur zieht. Dieser bleibt dem Schritt des Denkenden so nahe wie dem Schritt des Landmannes, der in der Morgenfrühe zum Mähen geht ... Was um den Weg sein Wesen hat, sammelt er ein und trägt jedem, der auf ihm geht, das Seine zu. Ob das Alpengebirge über den Wäldern in die Abenddämmerung wegsinkt, ob dort, wo der Feldweg sich über eine Hügelwelle schwingt, die Lerche in den Sommermorgen steigt, ob aus der Gegend, wo das Heimatdorf der Mutter liegt, der Ostluft herüberstürmt, ob ein Holzhauer beim Zunachten sein Reisigbündel zum Herd schleppt, ob ein Erntewagen in den Fuhren des Feldweges heimwärtsschwankt, ob Kinder die ersten Schlüsselblumen am Wiesenrain pflücken, ob der Nebel tagelang seine Düsternis und Last über die Fluren schiebt, immer und von überall her steht um den Feldweg der Zuspruch des Selben: Das Einfache verwahrt das Rätsel des Bleibenden und des Großen. Unvermittelt kehrt es bei den Menschen ein und braucht doch ein langes Gedeihen. Im Unscheinbaren des immer Selben verbirgt es seinen Segen. Die Weite aller gewachsenen Dinge, die um den Feldweg verweilen, spendet Welt. Im Ungesprochenen ihrer Sprache ist, wie der alte Lese- und Lebemeister Eckehardt sagt, Gott erst Gott."

Als Heidegger 1949 seine Gedanken über den „Feldweg" niederschrieb, sah er bereits voraus, was heute krude Wirklichkeit geworden ist: Das Offene einer Landschaft, in der die Geheimnisse des Ursprungs noch in tätiger Bewahrung stehen, ist überall gefährdet oder längst Stein geworden. Die Hybris des Menschen, der sich zum Architekten des Weltgebäudes aufgeschwungen hat, wird begleitet von einer Abfolge gleichförmiger Katastrophenmeldungen, an die man anfängt, sich zu gewöhnen. Die Natur, einst ein blühender Garten, verkommt unter dem Zugriff der vorgeblich Gutwilligen; die Erde als Ganzes ist zur geknechteten und geschundenen Heimat geworden, an die man sich dereinst, falls ein Bedenken noch möglich sein wird, erinnern darf wie an ein alle Sehnsüchte auf sich vereinigendes Museumsstück, dem keine Realität mehr entspricht. Wer verlernt hat, auf das Einfache zu achten, dem muß es von Grund auf mißlingen, im Komplizierten Herr zu werden; der Zuspruch des Feldweges, sehr viel leiser geworden im Lauf der Zeit, ist noch zu vernehmen, aber er wird verfallen, wenn er letztlich doch unerhört bleibt.

„Der Zuspruch des Feldweges spricht nur so lange, als Menschen sind, die, in seiner Luft geboren, ihn hören können. Sie sind Hörige ihrer Herkunft, aber nicht Knechte von Machenschaften. Der Mensch versucht vergeblich, durch sein Planen den Erdball in eine Ordnung zu bringen, wenn er nicht dem Zuspruch des Feldweges eingeordnet ist. Die Gefahr droht, daß die Heutigen schwerhörig für seine Sprache bleiben. Ihnen fällt nur noch der Lärm der Apparate, die sie fast für die Stimme Gottes halten, ins Ohr. So wird der Mensch zerstreut und weglos. Den Zerstreuten erscheint das Einfache einförmig. Das Einförmige macht überdrüssig. Die Verdrießlichen finden nur noch das Einerlei. Das Einfache ist entflohen. Seine stille Kraft ist versiegt. – Wohl verringert sich rasch die Zahl derer, die noch das Einfache als ihr erworbenes Eigentum kennen. Aber die Wenigen werden überall die Bleibenden sein. Sie vermögen einst aus der sanften Gewalt des Feldweges die Riesenkräfte der Atomenergie zu überdauern, die sich das menschliche Rechnen erkünstelt und zur Fessel des eigenen Tuns gemacht hat. – Der Zuspruch des Feldweges erweckt einen Sinn, der das Freie liebt und auch die Trübsal noch an der günstigsten Stelle überspringt in eine letzte Heiterkeit. Sie wehrt dem Unfug des nur Arbeitens, der, für sich betrieben, allein das Nichtige fördert … Die wissende Heiterkeit ist ein Tor zum Ewigen. Seine Tür dreht sich in den Angeln, die aus den Rätseln des Daseins bei einem kundigen Schmied einst geschmiedet worden … Die Stille wird … noch stiller. Das Einfache ist noch einfacher geworden. Das immer Selbe befremdet und löst. Der Zuspruch des Feldweges ist jetzt ganz deutlich. Spricht die Seele? Spricht die Welt? Spricht Gott? – Alles spricht den Verzicht in das Selbe. Der Verzicht nimmt nicht. Der Verzicht gibt. Er gibt die unerschöpfliche Kraft des Einfachen. Der Zuspruch macht heimisch in einer langen Herkunft."

Man könnte diese Sätze Heideggers, für sich genommen und aus verengter heutiger Sicht interpretiert, als philosophische Sendschrift aus der Provinz mißverstehen, in der, fast wie in einer Art grüner Predigt, all das beschworen wird, was der Moderne, die sich für Lärm, Umtriebigkeit und dreistes Gehabe entschieden hat, verlorengegangen zu sein scheint. Der Zuspruch des Feldweges aber, Heideggers Schlüsselerlebnis, mit dessen philosophisch-raunender Botschaft er sich beizeiten verproviantiert hatte, war alles andere als die schlichte Programm-

Musik zu einem Gedanken-Melodram aus längst versunkenen Tagen. Was Heidegger vorhatte, war die Umschreibung der bisherigen Philosophiegeschichte, die, spiegelbildlich dem sogenannten wirklichen Leben, der „Seinsvergessenheit“ anheimgefallen war. Von den Ursprüngen des abendländischen Denkens, die Heidegger in der frühen griechischen Philosophie begründet sah, hatte man sich ganz und gar entfernt; mit Hilfe der neuzeitlichen Subjekt-Philosophie, die mancherorts auch als ewig-junge Aufklärung begriffen wurde, war es dem Menschen gelungen, sich in einer global-gedehnten und auf wissenschaftliche Richtigkeit angewiesenen Kompetenz einzuhausen, die wahrzunehmen es keines Zuspruchs mehr bedurfte, sondern nur noch halbgebildeter und hochgerüsteter Anmaßung. Bei den Griechen jedoch, in der griechischen Sprache und im besonderen bei den Vorsokratikern Heraklit und Parmenides, so Heidegger, gab es noch keine erkenntnistragende Trennung von Subjekt und Objekt; der Mensch stand im Offenen des Seins, und das, was in ihm zum Sagen kam, war die den Dingen und dem Seienden selbst zugemutete Wahrheit.

„Wenn wir jetzt und später auf Worte der griechischen Sprache hören, dann begeben wir uns in einen ausgezeichneten Bereich. Langsam dämmert nämlich für unsere Besinnung, daß die griechische Sprache keine bloße Sprache ist wie die uns bekannten europäischen. Die griechische Sprache, und sie allein, ist *logos* … Für den Beginn genüge der Hinweis, daß in der griechischen Sprache das in ihr Gesagte auf eine ausgezeichnete Weise zugleich das ist, was das Gesagte nennt. Wenn wir ein griechisches Wort griechisch hören, dann folgen wir seinem *legein,* seinem unmittelbaren Darlegen. Was es darlegt, ist das Vorliegende. Wir sind durch das griechisch gehörte Wort unmittelbar bei der vorliegenden Sache selbst, nicht zunächst bei einer bloßen Wortbedeutung.“

Heidegger begriff die Erkenntnisleistung des Subjekts nicht als kühne Tat eines wirklichkeitsmächtigen Ich, sondern als ein Zur-Sprache-Kommen des Seienden im Sein. Der Mensch, nunmehr zum „Hirt des Seins“ befördert, versichert sich dessen Zuspruchs und tritt hinaus ins Freie, wo ihm das, was ist, noch in früher „Unverborgenheit“ begegnet. Dieser fast heilige Ort, an dem sich, bei geeigneter Stimmungslage, das Sein selbst zu erkennen gibt, ist die „Lichtung“, eine Oase des reinen Erkennens, deren Genesis auf das uralte Rätsel der Menschenherkunft überhaupt verweist. Die Lichtung wurde zum Schlüsselwort von Heideggers Spätphilosophie, die – nachdem sein berühmtestes Buch, das 1927 erschienene „Sein und Zeit“, mit Hilfe einer Vielzahl subtiler Einzelanalysen eigentlich nur der Zeit nähergekommen war, nicht aber dem Sein – in die Anfänge des philosophischen Denkens zurückfragte, das für Heidegger bei den Griechen lag. Wollte man, sozusagen unabhängig von jedem gegenwärtigen Bedenken der Zeit, dem Sein selbst auf die Spur kommen, galt es, noch einmal in die frühe „Unverborgenheit“ einzutreten, der die „Lichtung“ zum Aufschein verhilft. Nur dort wird man noch einer Wahrheit ansichtig, die in der Geschichte der Seinsvergessenheit nurmehr als das „Ungedachte im Gedachten“ namhaft gemacht werden kann.

„Das Licht ... kann in die Lichtung, in ihr Offenes, einfallen und in ihr die Helle mit dem Dunkel spielen lassen. Aber niemals schafft das Licht erst die Lichtung, sondern jenes, das Licht, setzt diese, die Lichtung, voraus. Indes ist die Lichtung, das Offene, nicht nur frei für Helle und Dunkel, sondern auch für Hall und das Verhallen, für das Tönen und das Verklingen. Die Lichtung ist das Offene für alles An- und Abwesende ... Die Sprache der Griechen nennt die alles Offene erst gewährende Freigabe des Freien die Aletheia, die Un-verborgenheit. Sie beseitigt nicht die Verborgenheit. Dies geschieht so wenig, daß die Entbergung stets der Verbergung bedarf. – Schon Heraklit deutet auf dieses Verhältnis mit dem Spruch: ‚Dem von sich her Aufgehenden ist es eigentümlich, sich zu verbergen‘ ... Für uns kommt es darauf an, die Unverborgenheit als Lichtung zu erfahren. Das ist das Ungedachte im Gedachten der ganzen Denkgeschichte. Bei Hegel bestand das Bedürfnis der Befriedigung des Gedachten. Für uns waltet dagegen die Bedrängnis des Ungedachten im Gedachten.“

Heidegger verstand es, seine Philosophie in dezidierter Unentschiedenheit zu halten; er kam dem Geheimnis des Seins näher, ohne es, wen wundert's, endgültig lösen zu können. Allen unverschämt nachsetzenden Fragen wich er aus; das Denken selbst blieb der Weg, den das Denken zu gehen hatte. Philosophie war vom Staunen angeleitet und zum Fragen veranlaßt worden; alle Antworten, die im Lauf der Zeit dann gegeben wurden, verdankten sich wackerer Vermutung und waren vom Ursprung des Philosophierens, äußerer Notwendigkeit folgend, schon sehr weit entfernt. Was aber läßt sich nun von dem Sein, das im Seienden ist, sagen? Auf diese Frage der Fragen gab Heidegger, mit Blick auf eine dem Sein dienstbar gemachte Philosophie, die folgende Antwort:

„Alles Seiende ist im Sein. Solches zu hören, klingt für unser Ohr trivial, wenn nicht gar beleidigend. Denn darum, daß das Seiende in das Sein gehört, braucht sich niemand zu kümmern. Alle Welt weiß: Seiendes ist solches, was ist. Was steht dem Seienden anderes frei als dies: zu sein? Und dennoch: gerade dies, daß das Seiende im Sein versammelt bleibt, daß im Scheinen vom Sein das Seiende erscheint, dies setzte die Griechen, und sie zuerst und sie allein, in das Erstaunen ... Doch das Sein – was ist das Sein? Es ist Es selbst. Dies zu erfahren und zu sagen, muß das künftige Denken lernen. Das ‚Sein' – das ist nicht Gott und nicht ein Weltgrund. Das Sein ist weiter denn alles Seiende und ist gleichwohl dem Menschen näher als jedes Seiende, sei dies ein Fels, ein Tier, ein Kunstwerk, eine Maschine, sei es ein Engel oder Gott. Das Sein ist das Nächste. Doch die Nähe bleibt dem Menschen am weitesten ... Die Philosophie sucht das, was das Seiende ist, insofern es ist. Die Philosophie ist unterwegs zum Sein des Seienden, d.h. zum Seienden hinsichtlich des Seins ... Zugleich mit dem Aufbruch des Menschen in das Sein geschieht das Sich-finden in das Wort, die Sprache."

Eine Philosophie wie die Heideggersche, die das Wissen zu einem Geschehen macht, das sich im Menschen er-eignet, bedarf einer besonderen Sprache, die fernab aller sachbezogenen, wissenschaftlich strangulierten Verfügungsidiome sich ins Bild zu bringen versucht. Der Erfolg von „Sein und Zeit" hatte auch mit der Sprache zu tun, in der das Werk vorgetragen wurde: Heidegger bediente sich darin einer eigenen Terminologie, die, im Zusammenhang genossen, wie ein berauschender Geistestrank wirkte, in dem die verschiedensten Bestandteile zusammengeschüttet worden waren: ein kräftiger Schuß Expressionismus, zarte, aber befremdlich anmutende philosophische Eigengewächse und für die Würze ein Stimmungselixier, das dem Gefühl allgemeiner Heimatlosigkeit abgelauscht schien.

Diese Sprache, die eigentümlich blieb im wahrsten Sinn des Wortes, hat der Philosoph Theodor W. Adorno, dem die schöne Kunst, unverständlich zu schreiben, selber nicht fremd war, später als „Jargon der Eigentlichkeit" bezeichnet. Heidegger mußte dies nicht unbedingt stören. In seiner Spätphilosophie, nach der von ihm so genannten „Kehre", ist er mit dem, was noch zu sagen war, in die dunkle Einfachheit zurückgekehrt. Sprache, wie er sie verstand, kam nurmehr, einem feinen Geschick gleich, über den Menschen und wurde zur „Sage", die – ähnlich dem Sein, dessen Licht die Dinge, das Seiende, erst aufscheinen läßt – von tiefstem Grund her zur Sprache bringt, was der Rede wert zu sein scheint. In der Sage offenbart sich, letztlich, auch Heideggers berühmt-berüchtigtes „Geviert", das eherne Zusammenspiel der Weltgegenden von Erde, Himmel, Menschen und Göttern, die den Horizont ausmachen, der sich von jeher auf die Köpfe der Sterblichen gelegt hat.

„Die Sage durchwaltet und fügt das Freie der Lichtung, die alles Scheinen aufsuchen, alles Entscheinen verlassen, dahin jegliches An- und Abwesen sich hereinzeigen, sich einsagen muß ... Jede Sprache des Menschen ist in der Sage ereignet und als solche im strengen Wortsinn, wenngleich nach verschiedenen Maßen der Nähe zum Ereignis, eigentliche Sprache. Jede eigentliche Sprache ist, weil durch die Be-wegung der Sage dem Menschen zugewiesen, geschickt, dadurch geschicklich ... Die Sprache ist als die Sage des Weltgevierts nicht mehr nur solches, wozu wir, die sprechenden Menschen, ein Verhältnis haben im Sinne einer Beziehung, die zwischen Mensch und Sprache besteht. Die Sprache ist als die weltbewegende Sage das Verhältnis aller Verhältnisse. Sie verhält, unterhält, reicht und bereichert das Gegen-ein-ander-über der Weltgegenden, hält und hütet sie, indem sie selber – die Sage – an sich hält."

In der Zeit des Nationalsozialismus wurde der Zuspruch des Feldweges, dem Heidegger folgte, zur bösartigen Einflüsterung. Er verleitete ihn dazu, sich – zumindest vorübergehend – einer Bewegung anzuschließen, die mit dem Denken, das Heidegger seiner Philosophie verordnet hatte, hoffnungslos überfordert schien. Was den Philosophen veranlaßte, ausgerechnet in den Nazis, deren Ideologie sich der übelsten Ressentiments und dumpfesten Vorurteile bediente, eine von der Weltgeschichte persönlich berufene Gruppierung zu erblicken, die nun an vorderster Front in der Lichtung des Seins herumlungerte und sich im Glanz einer unverstandenen Wahrheit sonnte, bleibt unerfindlich. Sicher ist die nationalsozialistische Episode Heideggers kein einmaliger Ausrutscher gewesen; dafür spricht, daß gewisse Bestandteile seiner Philosophie, so etwa ihre wabernde Überheblichkeit und strikte Vernunftfeindlichkeit, durchaus für die platte Zweckentfremdung im Arsenal faschistischen Gedankenguts taugten. Auch die leicht miefige Volkstümelei, die bereits in dem Aufsatz „Schöpferische Landschaft: Warum bleiben wir in der Provinz?" mit angeklungen war, paßte in das tumbe Verlautbarungsdenken, mit dem sich die Nationalsozialisten bemühten, ihrem Selbstwertgefühl zum abgegriffenen Wort zu verhelfen. Im großen und ganzen aber wird man Heideggers Eintreten für eine in der Gewalt gleichgeschaltete Welt als persönliches Versagen begreifen müssen, das seiner Philosophie, ungeachtet ihrer Größe, geschadet hat und einen hartnäckigen Hauch von Schäbigkeit verleiht. Heidegger selbst pflegte auf die gegen ihn erhobenen Vorwürfe mit Schwarzwälder Schweigsamkeit zu reagieren. George Steiner, ein an den Universitäten Genf und Cambridge lehrender Literaturwissenschaftler, der 1978 in den USA ein bemerkenswert einfühlsames und dichtes Buch über Heidegger veröffentlichte, das erst elf Jahre später in deutscher Übersetzung erschien, schrieb dazu:

„Wenn Heidegger offenkundig auf gewissem Niveau ein großer Mann war, ein Lehrer, dessen philosophisch-sprachliche Tätigkeit verschiedene Aspekte der zeitgenössischen Spekulation buchstäblich überragt, so war er zugleich auch ein kleiner Mensch. Er führte sein Leben im Kreise eines Klüngels von

Anbetern und besonders in späteren Jahren hinter Barrieren der Lobhudelei. Seine Ausflüge in die große Welt waren wenig zahlreich und sorgfältig orchestriert. Es kann durchaus sein, daß er nicht den Mut oder die Geistesgröße besaß, sich seiner eigenen politischen Vergangenheit und der Frage nach Deutschlands Parteinahme für die Barbarei zu stellen ... Wenn man außerdem Heideggers Karriere in ihrem bewunderungswürdig haushälterischen Verlauf betrachtet und mit ihrer Fähigkeit, Legenden zu schaffen (es gibt hier eindeutig Berührungspunkte zu Wittgensteins Karriere), so ist der Zug, der in überwältigender Weise in Erscheinung tritt, der der List, der ‚Bauernschläue'. Der geschürzte Mund und die kleinen Augen scheinen den Frager aus einem jahrtausendalten Erbe geschickter Verschwiegenheit anzublicken."

Heideggers Schlüsselerlebnis, die Gewißheit, einer Landschaft anzugehören und in ihrem Gebote zu arbeiten, hat ihn weder vor philosophischer Größe noch vor dem unabsehbaren politischen Irrtum bewahrt. Heidegger ist, so gesehen, ein sehr moderner und ein sehr deutscher Philosoph. Neu an ihm war auch, daß er die Provinz zu seiner Bühne machte, der er die Illumination besorgte, die zu ihm paßte: das trübe Licht verbrämter deutscher Enge und einen fast überirdisch zu nennenden Glanz, der von jener vielzitierten und nie-gestellten Wahrheit ausgeht, die höher ist als alle Vernunft.

Der Zuspruch des Feldweges, den man, wie Heidegger vorgeführt hat, durchaus auch auf peinliche Weise mißverstehen kann, muß uns Heutigen, die wir geübt sind darin, alles besser zu wissen, trotz allem nicht fremd bleiben. Was wir aus ihm heraushören können, ist nicht die Nötigung zu einem strengbeschaulichen Leben in rustikaler Umgebung, sondern eine Aufforderung zu vorsichtiger *Gelassenheit.* Von ihr, der Gelassenheit, die uns mittlerweile schwerer ankommen mag als die tägliche Angst, sagte Heidegger im Oktober 1955:

„Die Gelassenheit zu den Dingen und die Offenheit für das Geheimnis gehören zusammen. Sie gewähren uns die Möglichkeit, uns auf eine ganz andere Weise in der Welt aufzuhalten. Sie versprechen uns einen neuen Grund und Boden, auf dem wir innerhalb der technischen Welt, und ungefährdet durch sie, stehen und bestehen können ... Vorerst allerdings – wir wissen nicht wie lange – befindet sich der Mensch auf dieser Erde in einer gefährlichen Lage ... Es droht im ... Atomzeitalter eine weit größere Gefahr – gerade dann, wenn die Gefahr eines dritten Weltkrieges beseitigt ist ... Inwiefern gilt der soeben ausgesprochene Satz? Er gilt insofern, als die im Atomzeitalter anrollende Revolution der Technik den Menschen auf eine Weise fesseln, behexen, blenden und verblenden könnte, daß eines Tages das rechnende Denken als das einzige in Geltung und Übung bliebe ... Dann ginge mit dem höchsten und erfolgreichsten Scharfsinn ... die Gleichgültigkeit gegen das Nachdenken, die totale Gedankenlosigkeit zusammen ... Dann hätte der Mensch sein Eigenstes, daß er nämlich ein nachdenkendes Wesen ist, verleugnet und weggeworfen. Darum gilt es, dieses Wesen des Menschen zu retten. Darum gilt es, das Nachdenken wachzuhalten. Allein – die Gelassenheit zu den Dingen und die Offenheit für das Geheimnis fallen uns niemals von selber zu. Sie sind nicht Zu-fälliges. Beide gedeihen nur aus einem unablässigen herzhaften Denken."

„Vertagendes Denken“

Theodor W. Adorno

Von den Einflüssen, die ein Philosoph, rückblickend, für sein Philosophieren geltend machen kann, sind bestimmte Kindheitserlebnisse manchmal am eindruckvollsten; die Kindheit nämlich erscheint noch immer als ein weithin unerforschtes Gelände – nicht etwa weil sich die Wissenschaftler ihrer nicht angenommen hätten, sondern weil Kindheit sich in der Vergegenwärtigung des Erwachsenen nur über ausgesuchte Erinnerungen zu erkennen gibt, wobei es einigermaßen rätselhaft bleibt, warum bestimmte Vorgänge zu Erinnerungen werden, somit als wichtig erscheinen, während die weitaus größere Anzahl von Geschehnissen durchfällt und in schnöde Vergessenheit gerät. Kindheitserlebnisse, einmal erinnert, muten hartnäckig an; sie lassen sich kaum noch verdrängen und sind vielseitig interpretierbar. Die Deutung eines Kindheitserlebnisses allerdings bedarf der Phantasie, da die Rückschau einfühlsam sein muß und das wiederauflebende Geschehen in seiner Zeit zu nehmen hat – ein Vorgang, der, verzichtet er auf Schlußfolgerungen, Wertungen durch Außenstehende in Anspruch nehmen darf, die sich einen Reim auf etwas machen, was vielleicht besser ungereimt bleiben sollte. Eine solche Betrachtung könnte auch für den Philosophen Theodor W. Adorno gelten, der mit autobiographischen Anmerkungen zu seiner Person sehr sparsam umging und gerade deswegen die wenigen Erinnerungen, die er für mitteilenswert hielt, mit um so größerem Gewicht versah. Was der Philosoph von seinen Kindheits- und Jugenderlebnissen anklingen ließ, wirkte geheimnisvoll, weil es auf Mehrdeutigkeit angelegt war; es schien so, als sollte, der Beständigkeit unermüdlicher Melodien ähnlich, die nicht mehr aus dem Kopf wollen, ein Ensemble verwehter Träume wiederbelebt werden, von denen nur noch das Wesentliche geblieben ist – eine Spur nämlich, die in Gedanken verläuft ...

„Musik, die wir die klassische zu nennen gewohnt sind, habe ich als Kind kennengelernt durchs Vierhändigspielen. Da war wenig aus der symphonischen und kammermusikalischen Literatur, was nicht ins häusliche Leben eingezogen wäre mit Hilfe der großen, vom Buchbinder einheitlich grün gebundenen Bände im Querformat. Sie schienen wie gemacht, umgeblättert zu werden, und ich durfte sie umblättern, längst ehe ich die Noten kannte, nur der Erinnerung und dem Gehör folgend ... Besser als jede andere schickte diese Musik sich in die Wohnung. Sie wurde auf dem Klavier als einem Möbel hervorgebracht, und die sie ohne Scheu vor Stockungen und falschen Noten traktierten, gehörten zur Familie. – Vierhändigspielen legten mir die Genien des bürgerlichen neunzehnten Jahrhunderts als Geschenk an die Wiege im beginnenden zwanzigsten. Die vierhändige Musik: das war die, mit welcher sich noch umgehen und leben ließ, ehe der musikalische Zwang selber Einsamkeit und geheimes Handwerk befahl ... Aber das Vierhändigspielen war besser als die Toteninsel überm Büffet: stets noch mußte er wahrhaft die Symphonie erwerben, um sie zu besitzen: sie spielen. Und er spielte sie nicht gänzlich privat; er durfte nicht ... Tempo und Dynamik nach dem Belieben seiner Triebregungen modifizieren, sondern er mußte sich nach Text und Vorschrift des Werkes richten, wenn er nicht den Zusammenhang mit dem Partner verlieren wollte."

Die Musik, dargeboten nach den scheinbar zeitlosen Maßstäben bürgerhäuslicher Kunstausübung, brachte schon früh eine Atmosphäre der Wohlgeordnetheit in das Leben des kleinen Theodor Wiesengrund-Adorno. Der Vater Oscar Alexander Wiesengrund – sein Familienname schrumpfte später zum Kürzel, was kein Zufall war, sondern planvoll in die Wege geleitet wurde – spielte nicht nur in dem beschriebenen Szenario trauter Musikpräsentation keine Rolle; als gutbetuchter jüdischer Weingroßhändler wirkte er im Hintergrund und überließ die Erziehung des Sohnes seiner Gattin Maria Wiesengrund, geborene Calvelli-Adorno delle Piane, einer ehemaligen

Opernsängerin deutsch-korsischer Abstammung. Schon der Mädchenname der Mutter war so viel klangvoller und welthaltiger als das, was der Vater betrieb: Geschäfte nämlich, die er in der Regel erfolgreich abschloß, so daß es der Familie an den Insignien äußeren Wohlstands kaum mangelte. Mit zum Haushalt gehörte noch Theodors unverheiratet gebliebene Tante Agathe, die einst als Begleiterin der bekannten Sängerin Adelina Patti gewirkt hatte und von diesen Taten noch in Form einer Legendenbildung zehrte, die sie, über die eigene und die Person der Schwester hinaus, ins Grundsätzliche kehrte – in jene hehre Welt des Feinen und Wohlanständigen, für die schöne Künste, Musik und Dichtung Pate standen, was allerdings einem Rückzugsgefecht gleichkam, für dessen Finale man, bei realistischer Sicht der Dinge, keine übertriebenen Erwartungen mehr hegen durfte. Der angehende Philosoph als Kind zwischen zwei eindrucksvollen Damen, die das Piano traktierten: dieses Genrebild, stimmig bis in die Einzelheiten hinein, begleitete den heranwachsenden Adorno als eine Gewißheit, mit der er rechnen konnte – sie sagte ihm, daß die Ansprüche der Welt sich bescheiden mußten, wenn die Welt selbst wohlausgewogen war und aus dem Urgrund der Musik lebte. Auf Dauer jedoch zeigte sich, daß die Welt keineswegs wohlausgewogen war; eine zunehmend kruder werdende Wirklichkeit ließ sich nicht länger aussperren: Der Schüler Adorno, ein Neid hervorrufender Überflieger, der bereits als Siebzehnjähriger das Abitur machte, erlebte, wie präfaschistisches, antisemitisches Gedankengut salonfähig wurde und das Verhalten der Unbedarften, mit denen er umzugehen hatte, zu prägen begann. In einem seiner bekanntesten Bücher, „Minima Moralia“, fand sich später – unter der Überschrift „Der böse Kamerad“ – die dazu passende Reminiszenz:

„Eigentlich müßte ich den Faschismus aus der Erinnerung meiner Kindheit ableiten können. Wie ein Eroberer in fernste Provinzen, hatte er dorthin seine Sendboten vorausgeschickt, längst ehe er einzog: meine Schulkameraden. Wenn die Bürgerklasse seit undenklichen Zeiten den Traum der wüsten Volksgemeinschaft, der Unterdrückung aller durch alle hegt, dann haben Kinder, die schon mit Vornamen Horst und Jürgen und mit Nachnamen Bergenroth, Bojunga und Eckhart hießen, den Traum tragiert, ehe die Erwachsenen historisch reif dazu waren, ihn zu verwirklichen. Ich fühlte die Gewalt des Schreckbilds, dem sie zustrebten, so überdeutlich, daß alles Glück danach mir wie widerruflich und erborgt schien. Der Ausbruch des Dritten Reiches überraschte mein politisches Urteil zwar, doch nicht meine unbewußte Angstbereitschaft. So nah hatten alle Motive der permanenten Katastrophe mich gestreift, so unverlöschlich waren die Mahnmale des deutschen Erwachens mir eingebrannt, daß ich ein jegliches dann in Zügen der Hitlerdiktatur wiedererkannte: und oft kam es meinem törichten Entsetzen vor, als wäre der Staat eigens gegen mich erfunden worden, um mir doch noch das anzutun, wovon ich in meiner Kindheit, seiner Vorwelt, bis auf weiteres dispensiert geblieben war. Die fünf Patrioten, die über einen einzelnen Kameraden herfielen, ihn verprügelten und ihn, als er beim Lehrer sich beklagte, als Klassenverräter diffamierten – sind es nicht die gleichen, die Gefangene folterten, um die Ausländer Lügen zu strafen, die sagten, daß jene gefoltert würden? Deren Hallo kein Ende nahm, wenn der Primus versagte – haben sie nicht grinsend und verlegen den jüdischen Schutzhäftling umstanden und sich mokiert, wenn er allzu ungeschickt sich aufzuhängen versuchte?“

Zwei Erlebensmuster, ja zwei Schlüsselerlebnisse formten sich für Adorno zu einem einzigen, in dem die Widerspruchsstruktur gefährdeter Existenz aufgehoben war: zum einen die Reminiszenz behüteter Kindheit, eingebettet in den Nachklang der großen Musik; zum anderen der Einbruch politischer Dumpfheit, verbunden mit dem Erstarken eines lauernden Fanatismus, der am Anfang nur den Schwächeren einkreiste und schließlich zu einem Vernichtungsprogramm für ganze Völker wurde. Die Synthesis aus Geborgenheit und Krudität, aus vergangenem Wohlklang und heftigster zeitgenössischer Dissonanz blieb ihm als Erinnerungsbild gegenwärtig, aus dem er – mit einiger Verspätung, da er sich zunächst mehr der Musik zuwandte – eine Philosophie entwickelte, die, auf bemerkenswertem Niveau und unter der Inanspruchnahme künstlicher Valuten, von der dialektischen Wirklichkeitsstruktur des Lebens handelte. Aus der Gebrochenheit der eigenen Erfahrung gewann Adorno ein Erkenntnismodell, das sich als permanentes Mißtrauensvotum gegen jede Form der Identitätsgewinnung und logischen Vereinnahmung lesen ließ. Die Logik, ersonnen vermutlich einmal, um Ordnung in die Gegenstandswelt zu bringen, geriet in diesem Erkenntnismodell zu einer keineswegs zimperlich auftretenden Bewältigungsapparatur, die der Realität begriffliche Gewalt antun muß, um erfolgreich zu sein und ihre eigentlichen Zwecke erfüllen zu können ...

„Zwar ist Vorstellung nur ein Instrument. Die Menschen distanzieren denkend sich von der Natur, um sie so vor sich hinzustellen, wie sie zu beherrschen ist. Gleich dem Ding, dem materiellen Werkzeug, das in verschiedenen Situationen als dasselbe festgehalten wird und so die Welt als das Chaotische, Vielseitige, Disparate vom Bekannten, Einen, Identischen scheidet, ist der Begriff das ideelle Werkzeug, das in die Stelle an allen Dingen paßt, wo man sie packen kann ..."

Adorno, vielleicht der letzte echte Dialektiker dieses zu Ende gehenden Jahrhunderts, hat dem Erkenntnisvermögen des Subjekts grundsätzlich mißtraut und ihm zugleich Großes zugemutet. Anders als sein Kollege Hegel, der das Objekt per denkerischer Zwangseinweisung in den Zugriff des idealistischen Systems brachte, betonte Adorno, dem man ein fast erotisches Verhältnis zu den Feinheiten der Theorie nachsagen durfte, den unbedingten „Vorrang des Objektiven": Der Begriff, mag er noch so ausgefeilt sein, bleibt unüberbrückbar von seinem Gegenstand getrennt. Hegel, dem dieses auch durchaus klar war, besaß dennoch die Kühnheit, dem Begriff ein besonderes Übergewicht zu verleihen: Er adelte den Gedanken als bewährten Erfüllungsgehilfen und sprach dem Denken selbst seine Erfüllung zu; der Weltlauf kulminierte im Wissen der Philosophie, der Hegel als Ehrenvorsitzender auf Überlebenszeit zur Verfügung stand – Größeres, wenn man so will auch Anmaßendes hat die deutsche Professorenphilosophie nie zuwege gebracht. Adorno, dem es an Talent, sich reflexiv zu überheben, ebenfalls nicht mangelte, blieb mit Blick auf die Erkenntnisleistungen des Subjekts hingegen starrsinnig-bescheiden; er schrieb dem Denken, das seinen Gegenstand nur im Begriff erreicht und gerade daraus seine eindeutigsten, das heißt auch: seine aufklärerischen Erfolge bezieht, eine negativ-manipulierende Funktion zu, die als solche nicht hintergehbar ist:

„Denken im Sinne der Aufklärung ist Herstellung einheitlicher, wissenschaftlicher Ordnung und die Ableitung von Tatsachenerkenntnissen aus Prinzipien, mögen diese als willkürlich gesetzte Axiome, eingeborene Ideen oder höchste Abstraktionen gedeutet werden ... Die logischen Gesetze stellen die allgemeinsten Beziehungen innerhalb der Ordnung her, sie definieren sie. Die Einheit liegt in der Einstimmigkeit. Der Satz vom Widerspruch ist das System in nuce ... Nichts wird von der Vernunft beigetragen als die Idee systematischer Einheit, die formalen Elemente festen begrifflichen Zusammenhangs ..."

Adorno hielt die Versachlichung der Weltanschauungen und die damit verbundene Verfügungsprozedur der Natur gegenüber für einen nahezu gesetzmäßig verlaufenden Prozeß, in dem die Subjekte, sollten sie nicht doch noch in den Stand besseren Wissens geraten, nur als mäßig informierte Zuschauer agieren. Aufklärung, die einst mithalf, den Menschen aus seiner selbstverschuldeten Unmündigkeit zu befreien, schlägt wie eine unterdrückende Macht auf ihre Agenten zurück – die vom Menschen ersonnene Logik wird zum Herrschaftsinstrument, das über den Bestand der Objekte verfügt und sich im Selbstverständnis der Subjekte mit einnisten muß:

„Die Aufklärung verhält sich zu den Dingen wie der Diktator zu den Menschen. Er kennt sie, insofern er sie manipulieren kann. Der Mann der Wissenschaft kennt die Dinge, insofern er sie machen kann ... Naturbeherrschung zieht den Kreis, in den Kritik der reinen Vernunft das Denken bannte ... Die Subsumption des Tatsächlichen, sei es unter die sagenhafte Vorgeschichte, sei es unter den mathematischen Formalismus, die symbolische Beziehung des Gegenwärtigen auf den mythischen Vorgang im Ritus oder auf die abstrakte Kategorie in der Wissenschaft läßt das Neue als Vorbestimmtes erscheinen, das somit in Wahrheit das Alte ist."

Am Ende dieses heimtückischen Unterwerfungsvorgangs, der zugleich als Emanzipationsbewegung wie auch als Subsistenzsicherung im großen Stil mißverstanden werden konnte, steht eine Zurichtung des Individuums, das gelernt hat, sich im Räderwerk durchtechnisierter Lebenswelten zurechtzufinden und dabei noch der altehrwürdigen Illusion nachhängen darf, daß jedes Ich unverwechselbar, frei und, nach Maßgabe bestimmter, als notwendig empfundener Sachzwänge, auch Herr seines eigenen irdischen Geschicks sei. Diese *Dialektik der Aufklärung,* die heutzutage an einem Punkt angelangt scheint, der verdeckten Stillstand anzeigen mag oder bereits den Vorgriff bedeutet auf ein glanzloses Ende, wiederholt sich, nahezu unbemerkt und unspektakulär, in jedem Ich, das seiner selbst als gesellschaftliches Wesen gewahr wird; die Individuierung des einzelnen spielt die Tragikomödie nach, mit der sich das Menschheits-Ensemble, so lange schon, auf der ramponierten Bühne der Welt präsentiert:

„Furchtbares hat die Menschheit sich antun müssen, bis das Selbst, der identisch zweckgerichtete Charakter des Menschen, geschaffen war, und etwas davon wird noch in jeder Kindheit wiederholt. Die Anstrengung, das Ich zusammenzuhalten, haftet dem Ich noch auf allen Stufen an, und stets war die Lockung, es zu verlieren, mit der blinden Entschlossenheit zu seiner Erhaltung gepaart. Der narkotische Rausch, der für die Euphorie, in der das Selbst suspendiert ist, mit todähnlichem Schlaf büßen läßt, ist eine der ältesten gesellschaftlichen Veranstaltungen, die zwischen Selbsterhaltung und -vernichtung vermitteln; ein Versuch des Selbst, sich selber zu überleben. Die Angst, das Selbst zu verlieren und mit dem Selbst die Grenze zwischen sich und anderem Leben, die Scheu vor Tod und Destruktion, ist einem Glücksversprechen verschwistert, von dem in jedem Augenblick die Zivilisation bedroht war. Ihr Weg war der von Gehorsam und Arbeit, über dem Erfüllung immerwährend bloß als Schein, als entmachtete Schönheit leuchtet ..."

1931 habilitierte sich Adorno mit einer Arbeit über Kierkegaard; die Philosophie hatte, was seine persönliche Interessenlage anging, endgültig zur Musik aufgeschlossen. 1938 übersiedelte er mit dem Frankfurter Institut für Sozialforschung nach New York. Die Jahre der Emigration, in denen wichtige Schriften wie „Minima Moralia", „Philosophie der neuen Musik" und die „Dialektik der Aufklärung" entstanden, bei der Max Horkheimer als Coautor fungierte, währten bis 1949; dann kehrte Adorno nach Frankfurt zurück. Er wirkte nun ganz als Professor, eine Existenzform, die ihm auf den Leib geschrieben war, wie sich herausstellte. Die eigentliche Stärke seiner Philosophie, nämlich die Kunstfertigkeit, Widersprüche auszuhalten, ohne falsche Hoffnungen aufkommen zu lassen, erwies sich anfangs als faszinierend und zeitgemäß; später jedoch kamen handfeste Widerstände auf: Man deutete das Aushalten des Unvereinbaren als ein Aussitzen realer Probleme und diskreditierte das von Adorno ausgesprochene Bildverbot, welches ja durchaus eine altehrwürdige philosophische Tradition besitzt, als ästhetisch verbrämten Eskapismus. Diese Schmähungen, die auf den Philosophen herniedergingen, haben ihn, wie man inzwischen weiß, tief getroffen. Natürlich wurde er dabei nicht nur komplett mißverstanden; seine Philosophie und, in Tateinheit mit ihr, seine Person boten Angriffsflächen genug für Hektiker aller Schulen. Das mag vor allem daran liegen, daß Adorno in den sechziger Jahren einer Zeit vordachte, die sich anschickte, für „vertagendes Denken", so eine der griffigen Formeln seiner Philosophie, keine Sympathien mehr zu hegen. Die Zeichen standen auf Sturm; man besann sich darauf, daß die Dialektik von Marx ja bereits mit revolutionärem Inhalt gefüllt geworden war – man mußte sie nur noch zwingen, in die gußeisernen Dienste der Veränderung zu treten. Hinzu kam, daß Adornos Auftreten in der Schar seiner Gemeinde von kuriosen Zügen nicht ganz frei war, wofür er, der Meister, wohl am wenigsten konnte. Der Philosoph Eckhard Nordhofer hat einmal, trefflich und nicht ohne dezenten Spott, beschrieben, wie es in den Veranstaltungen des Frankfurter Ordinarius zugehen konnte:

„Für die Vorlesung war der große Hörsaal VI der Universität oft zu klein. Tout Francfort fand sich ein. Studenten, noch von keinem Numerus clausus daran erinnert, daß ihr Studium auch mit einer späteren handfesten Berufsarbeit zusammenhängen könnte, ... nahmen mit ausgeprägtem Elendsbewußtsein das alte aristokratische Privileg wahr, philosophieren zu dürfen. Zu uns gesellten sich jene älteren Damen, die ebenfalls ausgestattet waren mit Zeit und dem Sinn fürs Große und Ganze, kurz das Publikum, das wußte, daß es sich an einem Ausnahmeplatz zusammenfand ... Keine der Damen lädt ein, sie anzusprechen. Zu anderen Zeiten hätten diese Töchter für Rilke oder Stefan George geschwärmt. Nun delektieren sie sich an den brillanten Satzperioden des Meisters: Wie schön sind seine Predigten fürs Negative, wie herrlich verboten das Vergnügen der Rhetorik, die leise Genugtuung beim unfehlbaren Eintreffen des passenden Verbs am Ende der kunstvoll exerzierten Grammatik. Die Architektur der Rede scheint ihren Inhalt zu widerlegen, der eben auf jenes Verbot hinausläuft, sich an kosmischer Ordnung und Wohlgeratenem zu ergötzen – nach Auschwitz. Zur Aura des Kults gehört die zelebrierte Künstlichkeit des Hochdeutschen, welches Adorno manchmal atemlos, immer pedantisch genau aussprach, jeden Konsonant so exekutierend, wie man früher die Priester lehrte, die Wandlungsworte zu sprechen ... Schon immer mußte Kultursprache perfekt sein. Der kleinste Fehler macht den Zauber unwirksam ...“

Man hat, als Theodor W. Adornos Zauber unwirksam wurde, Anstrengungen unternommen, um aus dem Philosophen, seinem Spitznamen entsprechend, einen „Teddie“-Bären zu machen. So wie es keine Geistesleistung war, zu gehobener Suffstunde aus Heideggers „Sein und Zeit“ zu zitieren, als lese man aus dem Opus magnum eines genialen Blödmanns vor, so gehörten auch keine großen Kunststücke dazu, Adornos Manierismen und die Anekdötchen, die sich um seine Person rankten, zu einer Art roter Grütze für die gebildeten Stände zusammenzurühren. Die sogenannte Postmoderne, die uns mittlerweile mit allerlei gegenaufklärerischen Schriften versorgt hat, tat ein übriges, um Adorno fürs erste in der verstaubten Ecke zu belassen. Wer ihm, mit dem Staubwedel bewaffnet, zu Leibe rücken wollte, schien das zu tun, um einen glanzlos geschaßten Denker noch einmal so zu kitzeln, daß andere über ihn lachen konnten. Adorno jedoch, das macht man sich heute, ganz allmählich, wieder klar, blieb dem Subjekt in altmodisch-kritischer Treue verbunden: Der „Vorrang des Objektiven", den er nicht müde wurde zu betonen, geht in die erkenntnisbegründenden Reflexionen des Subjekts mit ein und gibt seiner Weltauffassung eine im Nichtidentischen begründete, funktionelle Sicherheit der Orientierung. Aus der „Wahlverwandtschaft von Erkennendem und Erkannten", von der Adorno einmal sprach, erwächst ein negativ geläutertes Selbstverständnis, das mit dem Anderssein der Welt als Objekt vertraut werden kann ...

„Vom Subjekt ist Objekt nicht einmal als Idee wegzudenken, aber vom Objekt Subjekt. Zum Sinn von Subjektivität rechnet es, auch Objekt zu sein ... Vermittlung des Objekts besagt, daß es nicht statisch, dogmatisch hypostasiert werden darf, sondern nur in seiner Verflechtung mit Subjektivität zu erkennen sei; Vermittlung des Subjekts, daß es ohne das Moment der Objektivität buchstäblich nichts wäre ... Um das Ding zu spiegeln, wie es ist, muß das Subjekt ihm mehr zurückgeben, als es von ihm erhält ... Nur in der Vermittlung, in der das nichtige Sinnesdatum den Gedanken zur ganzen Produktivität bringt, deren er fähig ist, und andererseits der Gedanke vorbehaltlos dem übermächtigen Eindruck sich hingibt, wird die kranke Einsamkeit überwunden, in der die ganze Natur befangen ist ... Wem das Dinghafte als radikal Böses gilt; wer alles, was ist, zur reinen Aktualität dynamisieren möchte, tendiert zur Feindschaft gegen das Andere, Fremde, dessen Name nicht umsonst in Entfremdung anklingt ... Ungebrochen allmenschliche Parolen taugen dazu, erneut dem Subjekt gleichzumachen, was nicht seinesgleichen ist. Die Dinge verhärten sich als Bruchstücke dessen, was unterjocht ward; seine Errettung meint die Liebe zu den Dingen ... Die Unterscheidung geschieht im Subjekt, das die Außenwelt im eigenen Bewußtsein hat – und doch als anderes erkennt ..."

Eine Erweiterung des eigenen Ansatzes, kritische Philosophie im Bewußtsein ihrer nichthintergehbaren Widersprüche zu betreiben, entwickelte Adorno in seiner Ästhetik. Die dort aufgestellte Theorie problematisiert, mit reflexiven Mitteln, die Frage nach den Grenzen des Sag- und Darstellbaren: Ästhetik wird, als künstliches Denken aufgeschobene Wahrheit, zur Sprachkritik, die unter einem übergeordneten Interesse steht. Schon in seinem Hauptwerk, der „Negativen Dialektik", hatte Adorno darauf verwiesen, daß „der Philosophie ihre Darstellung nicht äußerlich" sei, „sondern ihrer Idee immanent" ... Und er fügte hinzu:

„Denken wird erst ... durch sprachliche Darstellung bündig; das lax Gesagte ist schlecht gedacht ... Analog hätte Philosophie sich nicht auf Kategorien zu bringen, sondern in gewissem Sinne erst zu komponieren. Sie muß in ihrem Fortgang unablässig sich erneuern, aus der eigenen Kraft ebenso wie aus der Reibung mit dem, woran sie sich mißt; was in ihr sich zuträgt, entscheidet, nicht These oder Position – das Gewebe, nicht der deduktive oder induktive, eingleisige Gedankengang. Daher ist Philosophie wesentlich nicht referierbar. Sonst wäre sie überflüssig; daß sie meist sich referieren läßt, spricht gegen sie ..."

Adornos Ästhetik kann als eine selbständige Theorie der Erfahrung verstanden werden, mit der das reflektierende Bewußtsein auch heute noch arbeiten kann. Versöhnung, ob aus der Kunst abgelöst oder im Gang der negativen Dialektik bestimmt, vollzieht sich mit den Mitteln des Begriffs, der sich in den Vergegenwärtigungsbemühungen des Subjekts zu behaupten sucht, das, ungeachtet aller Grabreden der Postmoderne, in zäher Unbedarftheit zu überleben scheint. Aus der ästhetischen Ergänzung und Zurüstung seines Denkens könnte dem Subjekt schließlich eine Weltsicht erwachsen, in der Desiderate aufscheinen, die mehr sind als bloße Hinweise auf ein wiederkehrendes leeres Glücksversprechen ...

„In den Kunstwerken ist der Geist nicht länger der alte Feind der Natur. Er sänftigt sich zum Versöhnenden ... Dadurch daß Kunst ihrer eigenen Identität mit sich folgt, macht sie dem Nichtidentischen sich gleich: das ist die gegenwärtige Stufe ihres mimetischen Wesens. Versöhnung als Verhaltensweise des Kunstwerks wird heute gerade dort geübt, wo die Kunst der Idee von Versöhnung absagt, in Werken, deren Form ihnen Unerbittlichkeit diktiert ... Kunst möchte mit menschlichen Mitteln das Sprechen des nicht Menschlichen realisieren ... Die subjektive Durchbildung der Kunst als einer nichtbegrifflichen Sprache ist im Stande von Rationalität die einzige Figur, in der etwas wie die Sprache der Schöpfung widerscheint, mit der Paradoxie der Verstelltheit des Widerscheinenden."

Aus Adornos Philosophie, über deren Marotten man lästern durfte, läßt sich noch immer das faszinierende Bemühen herauslesen, die Instrumentalisierung des Denkens, der eine Verleugnung der inneren und äußeren Natur entspricht, von ihrem Ursprung her zu begreifen. Adornos Konstruktion der Moderne ist keineswegs obsolet geworden, sondern bietet zu weiterführenden Überlegungen Anlaß: In einer Zeit nämlich, in der die Ausbeutung der Lebensressourcen globale Ausmaße angenommen hat und die damit korrespondierende Herrschaft des Menschen über den Menschen systematisiert worden ist, bleibt Adornos Versuch, eine in sich stimmige Begründung des Selbstbewußtseins mit dem Anspruch des Faktischen zusammenzubringen, allemal nachdenkenswert ...

„Daß Vernunft ein anderes als Natur und doch ein Moment von dieser sei, ist ihre zu ihrer immanenten Bestimmung gewordene Vorgeschichte. Naturhaft ist sie als die zu Zwecken der Selbsterhaltung abgezweigte psychische Kraft; einmal aber abgespalten und der Natur kontrastiert, wird sie auch zu deren Anderem. Dieser ephemer entragend, ist Vernunft mit Natur identisch und nicht identisch, dialektisch ihrem eigenen Begriff nach. Je hemmungsloser jedoch die Vernunft in jener Dialektik sich zum absoluten Gegensatz der Natur macht und an diese in sich selbst vergißt, desto mehr regrediert sie, verwilderte Selbsterhaltung auf Natur; einzig als deren Reflexion wäre sie Übernatur ... Mit der Verleugnung der Natur im Menschen wird nicht bloß das Telos der auswendigen Naturbeherrschung, sondern das Telos des eigenen Lebens verwirrt und undurchsichtig ..."

Adornos eigentliche Stärke war die Philosophie der kleinen Form; auch sie hat – in einer Zeit, in der die großen philosophischen Systeme totgesagt werden – ihre Zukunft möglicherweise noch einmal vor sich. Die luzide und zugleich dunkle Einsichtigkeit von Adornos Aphoristik, so sie denn gelang und nicht unter schlechter Tagesform des Meisters zu leiden hatte, hat der Philosoph Eckhard Nordhofen wie folgt beschrieben:

„Mir fällt der Beryll des Kardinals Nikolaus von Kues, eines anderen deutschen Dialektikers und negativen Theologen von Graden, ein: Der Beryll, ein Stein der Erkenntnis, ist leuchtend, durchsichtig, und man sieht durch ihn hindurch das Maximum und Minimum zugleich. Der zugeschliffene Solitär leuchtet wie die Aufklärung selber und ist in seinem selbstgemachten Lichte doch so auratisch wie der Gral. – Der Aphorismus ist die funkelnde, Adorno gemäße Form des Schreibens und Denkens gewesen. Im Ensemble ein Mosaik aus lauter Steinchen des Weisen; und der schräge Lichteinfall sorgt dafür, daß es zumeist die Minima sind, von denen er spricht ..."

In der Kunst, die kleine Form zu bedienen, fand auch die von Adorno wiederbelebte Dialektik zu ihrer pointiertesten Ausdrucksform. Einmal befreit aus dem Verfügungsbereich idealistischer Systemformation, ließ sie sich als Reflexionsinstrument einsetzen, das dem Nichtidentischen auf abstraktem Terrain wie ein vorzüglich abgerichteter Gedankensuchhund nachspürte. Dialektik war für Adorno keine beliebige Methode, die aus der Philosophiegeschichte als Angebot noch zur Verfügung stand und nur einer zeitgemäßen Nutzung harrte, sondern ein in die Widersprüchlichkeit des Realen selbst mit eingegebenes Erkenntnisvermögen, das sich mit dem Aufweis dessen, was ist, nicht bescheidet. Dafür steht auch der berühmte, bis heute noch uneingelöst gebliebene Schlußaphorismus aus Adornos „Minima Moralia", in dem es heißt:

„Philosophie, wie sie im Angesicht der Verzweiflung einzig noch zu verantworten ist, wäre der Versuch, alle Dinge so zu betrachten, wie sie vom Standpunkt der Erlösung sich darstellten. Erkenntnis hat kein Licht, als das von der Erlösung her auf die Welt scheint: alles andere erschöpft sich in der Nachkonstruktion und bleibt ein Stück Technik. Perspektiven müßten hergestellt werden, in denen die Welt ähnlich sich versetzt, verfremdet, ihre Risse und Schründe offenbart, wie sie einmal als bedürftig und entstellt im Messianischen Lichte daliegen wird. Ohne Willkür und Gewalt, ganz aus der Fühlung mit den Gegenständen heraus solche Perspektiven zu gewinnen, darauf allein kommt es dem Denken an ..."

„Die Antwort des Lebens"

Erich Fromm

Daß die Philosophie mit dem Staunen zu tun hat, ja oft sogar mit dem Staunen anhebt, ist eine bekannte Tatsache. Gestaunt werden darf über alles: über das Leben an sich, dem in der Regel ein tödliches Ende beschieden ist; über das Wunder der einzelnen, sich selber bewußt werdenden Existenz, von der aus man zu begreifen sucht, wie denn wohl Endlichkeit und Unendlichkeit, Subjekt und Objekt zusammengehen können. Aus dem Staunen wird schließlich ein Fragen, das sich entweder an das übergreifende Allgemeine halten kann, wie es beispielsweise Leibniz tat, als er wissen wollte, warum überhaupt etwas sei und nicht vielmehr nichts, oder das von einer konkreten Begebenheit seinen Ausgang nimmt, die als solche bemerkenswert genug erscheint, um einen sich fortsetzenden Nachdenklichkeitsprozeß in Gang zu setzen. Letzteres widerfuhr in jungen Jahren dem späteren Psychoanalytiker und Philosophen Erich Fromm, der als Heranwachsender mit einem Vorfall konfrontiert wurde, dessen Unbegreiflichkeit ihm nicht mehr aus dem Kopf wollte. Im einleitenden autobiographischen Kapitel seines Buches „Jenseits der Illusionen" heißt es dazu:

„Warum ich ein so großes Interesse für die Frage entwickelte, warum die Menschen sich gerade so und nicht anders verhalten, dafür mag der Hinweis hilfreich sein, daß ich das einzige Kind eines ängstlichen und launischen Vaters und einer zu Depressionen neigenden Mutter bin. Ich begann mich für die merkwürdigen und geheimnisvollen Ursachen menschlicher Reaktionen zu interessieren. Ganz lebhaft entsinne ich mich noch an eine Begebenheit – ich war damals etwa 12 Jahre alt –, die mein Denken weit mehr beschäftigte als alles, was ich zuvor erlebt hatte ... Folgendes war geschehen: Ich kannte eine junge Frau, etwa 25jährig, eine Freundin meiner Familie. Sie war schön und attraktiv, und außerdem war sie Malerin – die erste Malerin, der ich begegnet war. Ich entsinne mich, gehört zu haben, daß sie verlobt gewesen war, aber nach einiger Zeit die Verlobung wieder gelöst hatte; auch erinnere ich mich, daß sie fast stets in Begleitung ihres verwitweten Vaters war. Soweit ich mich erinnern kann, war ihr Vater ein alter, uninteressanter Mann von wenig anziehendem Äußeren. (Das fand ich wenigstens damals, aber vielleicht war mein Urteil auch etwas von Eifersucht getrübt.) Eines Tages hörte ich die erschütternde Nachricht, daß der Vater gestorben sei und sie unmittelbar darauf sich das Leben genommen und ein Testament hinterlassen habe, in dem sie erklärte, sie wolle zusammen mit ihrem Vater begraben werden. Ich hatte damals noch nie etwas vom Ödipuskomplex oder von inzestuöser Fixierung zwischen Tochter und Vater gehört. Ich hatte mich zu der jungen Frau stark hingezogen gefühlt und den wenig anziehenden Vater verabscheut. Und ich hatte zuvor noch niemanden gekannt, der sich das Leben genommen hatte. Der Gedanke durchfuhr mich: ‚Wie ist so etwas möglich? Wie ist es möglich, daß eine junge, schöne Frau so in ihren Vater verliebt ist, daß sie ein Grab an seiner Seite den Freuden des Lebens und des Malens vorzieht?‘ Ich wußte natürlich keine Antwort auf diese Fragen, aber das ‚Wie ist so etwas möglich?‘ blieb haften …“

Das „einzige Kind eines ängstlichen und launischen Vaters und einer zu Depressionen neigenden Mutter“, als welches sich Fromm beschrieb, lernte früh begreifen, daß das Schwerverständliche in der Welt mit jenem geheimnisvollen Seelenleben in Verbindung steht, von dem jeder einzelne Mensch geprägt ist. Wollte man mehr wissen, als eine vordergründige Bestandsaufnahme bestimmter Erlebnisse nahelegte, mußte man versuchen, an ihre untergründigen Motive heranzukommen, die sich allerdings nicht in freier Verfügbarkeit anboten, sondern der Interpretation bedurften. Was zu sagen war, ergab sich nur aus tiefergehenden Verständnisbemühungen; die Betroffenen nämlich konnten oder wollten nicht reden, so daß der Fragende selbst darauf angewiesen blieb, für seine Antworten zu sorgen. Der junge Fromm fühlte sich zunächst alleingelassen mit dem, was ihn bewegte: Die Frau, für die er geschwärmt hatte, lebte nicht mehr; über die Motive ihres Freitods durften die Hinterbliebenen rätseln. Von seinen Eltern, die im orthodoxen Judentum zu Hause waren und wenig Interesse für das Seelenbefinden anderer Leute zeigten, hatte er keine Hilfe zu erwarten: Ihre Absichten beschränkten sich darauf, dem Sohn eine ordentliche, an der traditionellen jüdischen Gesetzestreue orientierte Erziehung angedeihen zu lassen. Während Fromm noch über zwischenmenschliche Probleme nachdachte, für die ihm keine Lösung angeboten wurde, brachen andere, ungleich belastendere Geschehnisse über ihn herein, die neue Fragen heraufbeschworen:

„Vielleicht hätten mich ... diese persönlichen Erlebnisse nicht so tief und nachhaltig berührt ohne das Ereignis, das meine Entwicklung mehr als alles andere bestimmte: der Erste Weltkrieg. Als dieser Krieg im Sommer 1914 ausbrach, war ich ein Junge von vierzehn Jahren, den die Aufregungen des Krieges, die Siegesfeiern, die Tragödie des Todes einzelner Soldaten, die ich persönlich kannte, mehr als alles andere beeindruckten. Das Problem des Krieges als solches interessierte mich nicht. Seine sinnlose Unmenschlichkeit war mir nicht aufgegangen. Aber bald änderte sich das alles, wozu auch einige Erlebnisse mit meinen Lehrern beitrugen. Mein Lateinlehrer, der in den beiden Jahren vor dem Krieg in seinen Unterrichtsstunden die Devise: ‚Si vis pacem para bellum (Willst du den Frieden, so halte dich kriegsbereit‘ – Vegetius Renatus) als seinen Wahlspruch verkündet hatte, war begeistert, als der Krieg ausbrach. Ich merkte jetzt, daß seine angebliche Sorge um die Erhaltung des Friedens nicht echt gewesen sein konnte. Wie war es möglich, daß ein Mann, dem die Erhaltung des Friedens so am Herzen zu liegen schien, jetzt über den Krieg frohlockte? Von da an fiel es mir schwer zu glauben, daß Aufrüstung dem Frieden diene, selbst wenn Menschen dafür eintreten, die mehr guten Willen haben und aufrichtiger sind als mein ehemaliger Lateinlehrer.“

Was Fromm vorgeführt bekam, war der Ausbruch nationalistischer Wahnvorstellungen, von denen er annehmen mußte, daß die kollektive Begeisterung, auf die sie stießen, nicht möglich sein konnte ohne eine vorangegangene, im Verborgenen wirkende Beeinflussung, die sich an jene Instinkte wandte, an denen eine vernünftige Argumentation ohnehin abprallen würde. Daß sich auch ehedem vernünftige Zeitgenossen von der Kriegseuphorie anstecken ließen, kam dem Jungen besonders bedenklich vor; sein Verdacht, daß es um die altehrwürdige Vernunft im zivilisierten Abendland vielleicht doch nicht zum allerbesten stand, erhärtete sich zusehends. Ausnahmen schienen nur die Regel zu bestätigen, waren jedoch manchmal durchaus einer Erwähnung wert; so erinnerte sich Fromm später an einen Lehrer, der dem militärischen Schwadronieren, das auch in Schülerkreisen längst um sich gegriffen hatte, eine Pointe entgegensetzte, die zumindest einigen seiner Zöglinge zu denken gab:

„Bestürzt war ich auch über den hysterischen Haß gegen die Engländer, der damals ganz Deutschland erfüllte. Plötzlich waren es elende, bösartige und skrupellose Söldner, die unsere unschuldigen und allzu vertrauensseligen deutschen Helden zu vernichten trachteten. Inmitten dieser nationalen Hysterie ist mir ein entscheidendes Ereignis in Erinnerung geblieben. Wir hatten in unserem Englischunterricht die Aufgabe bekommen, die englische Nationalhymne auswendig zu lernen. Diese Aufgabe war uns vor den Sommerferien gestellt worden, als noch Frieden herrschte. Als dann der Unterricht wieder begann, sagten wir Jungen zu unserem Lehrer – teils aus Ungezogenheit und teils weil wir vom ‚Haß gegen England' angesteckt waren –, wir weigerten uns, die Nationalhymne unseres schlimmsten Feindes auswendig zu lernen. Ich sehe ihn noch vor der Klasse stehen, wie er mit einem ironischen Lächeln über unseren Protest ruhig sagte: ‚Macht euch nichts vor; bis jetzt hat England noch nie einen Krieg verloren.' Hier sprach die Stimme der Vernunft und des Wirklichkeitssinns inmitten des aberwitzigen Hasses – und es war die Stimme eines verehrten und bewunderten Lehrers! Dieser eine Satz und die ruhige, vernünftige Art, in der er geäußert wurde, war für mich eine Erleuchtung. Er durchbrach die verrückte Haßwelle und die nationale Selbstvergötterung, und ich begann nachzudenken und mich zu fragen: ‚Wie ist so etwas möglich?'"

Ähnlich wie bei dem Kollegen Adorno, den er übrigens nicht sonderlich mochte, waren es zwei Schlüsselerlebnisse, die Erich Fromm auf den Weg zur Philosophie brachten. Beide Erlebnisse, der Selbstmord einer von ihm verehrten jungen Frau und der Ausbruch eines wahnsinnig anmutenden Krieges, lösten Fragen in ihm aus, auf die er eine Antwort suchen mußte. Dabei dämmerte ihm schon früh, daß die Antworten nicht bereitlagen, sondern erarbeitet werden mußten. Die Probleme des Menschen, glaubte Fromm zu wissen, lagen im Menschen selbst; eine Gesellschaftsveränderung, die Umwälzung bestehender Herrschaftsstrukturen, allein würde nicht ausreichen, um ein neues Denken herbeizuführen. Der Mensch, dieses nach wie vor rätselhafte „Bewußtseinstier", mußte aus seiner eigentlichen Mitte heraus, von seiner Seelen- und Geistesstruktur her, behandelt werden, was zunächst nichts anderes bedeutete, als daß ein neues Denken nur auf der Grundlage radikalen Umdenkens ermöglicht werden konnte. Fromm selbst, den eine geradezu schwärmerisch ausbrechende Wißbegier, eine Neugier auf alles, was Leben war, kennzeichnete, ging den eigenen Bemühungen mit gutem Beispiel voran: Nach dem Abitur, das er 1918 in Frankfurt ablegte, studierte er Jura, Soziologie, Psychologie und Philosophie in Heidelberg; daneben unterzog er sich, sehr zur Freude der gesetzestreuen Eltern, eines intensiven Talmud-Unterrichts. 1922 promovierte er bei Alfred Weber mit einer Dissertion über „Das jüdische Gesetz". Die Herkunft aus dem traditionellen Judentum und die dazugehörige Erziehung prägten Fromms Lebenseinstellung; eine Beeinflussung, zu der er sich bekannte und die auch dann noch anhielt, als der weltweit bekannte Psychoanalytiker und Philosoph mit der jüdischen Orthodoxie längst gebrochen hatte:

„Mein Lebensgefühl ... war nicht das eines modernen Menschen, sondern das des vormodernen Menschen. Das wurde auch dadurch gefördert, daß ich Talmud studiert, daß ich reichlich die Bibel gelesen und viele Geschichten von meinen Vorfahren gehört habe, die alle in einer Welt gelebt haben, die vor dem Bürgertum existierte. Ich erinnere mich ... an eine Geschichte, die mir einfällt: Ich hatte einen Urgroßvater, der ein großer Talmudist war. Er war aber nicht irgendwo Rabbiner, sondern er hatte einen kleinen Laden in Bayern, und er verdiente sehr wenig Geld. Eines Tages bekam er ein Angebot, daß er, wenn er etwas reisen würde, etwas mehr verdienen könnte. Er hatte natürlich viele Kinder, und das machte das Leben nicht leichter. Da hat ihm seine Frau gesagt: Nun, würdest du nicht vielleicht doch daran denken, die Gelegenheit zu nutzen, du wärest ja nur drei Tage im Monat fort, und wir würden etwas mehr Geld haben. Da sagte er: Meinst du, ich sollte das tun und mehr als drei Tage im Monat versäumen zu studieren? Sie sagte: Um Gottes Willen nicht, was denkst du! Und es kam nicht in Frage. So hat er den ganzen Tag in seinem Laden gesessen und den Talmud studiert; wenn ein Kunde gekommen ist, ist er etwas ärgerlich aufgefahren und hat gesagt: Gibt es denn keinen anderen Laden? Das war die Welt, die für mich real war. Die moderne Welt fand ich merkwürdig ... Bis heute."

Die Geschichten aus einer vormodernen Welt begleiteten Fromm ein Leben lang. Daß er selbst sich auf die Moderne, im besonderen auf ihre Wissenschaft vom Menschen, einließ, hatte mit seiner Neugier zu tun, die sich mit dem jeweilig letzten Stand der Dinge keineswegs begnügen wollte und gerade das Erinnern an die Vorzüge vergangener Tage nutzte, um ein neues, die vormodernen Gewißheiten mit einbeziehendes Methodenbewußtsein zu entwickeln. Nach einer zusätzlichen psychoanalytischen Ausbildung eröffnete Fromm 1930 – zu einer Zeit, als er sich selbst noch als Anhänger der Lehren Freuds begriff – in Berlin seine erste therapeutische Praxis. Obwohl ihm die Arbeit mit den Patienten Freude machte und er aus der Analyse anderer ohnehin auch Erkenntnisgewinn für die eigene Person bezog, stellten sich bald erste Zweifel ein, die weniger auf die edlen Absichten des psychologischen Interesses am Menschen zielten, sondern bestimmten Prämissen der Freudschen Weltanschauung galten:

„Ich bin erzogen worden als strikter Freudianer im Berliner Institut und habe zunächst einmal auch Freuds Theorien über Sexualität et cetera geglaubt. Ich bin in dieser Beziehung ein guter Student gewesen, der zunächst einmal annahm, seine Lehrer haben recht, bis er selbst die Materie besser kannte. Ich habe nicht angefangen zu protestieren, bevor ich etwas wußte ... Dann aber fing ich nach einigen Jahren an zu zweifeln. Ich sah vor allen Dingen mehr und mehr, daß ich das, was ich finden sollte, im Material des Patienten nicht fand, sondern nur hineininterpretierte. Und ich sah noch etwas: daß ich den Patienten, seine wirklichen Probleme, mit der Freudschen Theorie nicht eigentlich berührte ... Es lief doch darauf hinaus, immer wieder auf den Ödipus-Komplex zu sprechen zu kommen, auf die Kastrationsangst, auf all das, was mit der Sexualität zusammenhängt und mit Ängsten, die darauf bezogen sind. Ich beobachtete, daß das den Menschen, den ich vor mir hatte, häufig gar nicht betraf. Und es geschah etwas, was mir sehr unangenehm auffiel: ich wurde gelangweilt ... Ich fragte mich: Warum bist du eigentlich so müde, warum bist du gelangweilt? Mit der Zeit fand ich heraus, daß es einfach daher rührte, daß ich nicht an das Leben herankam und im Grunde genommen Abstraktionen behandelte, wenngleich in Form von relativ primitiven Erlebnissen, die da in der Kindheit angeblich geschehen waren."

1933 emigrierte Fromm in die USA. Er arbeitete an dem nach New York verlegten Frankfurter Institut für Sozialforschung, mit dem er sich allerdings bald überwarf. Sachliche Differenzen waren der Anlaß für die Trennung, aber auch persönliche Animositäten, die in der ohnehin angespannten Atmosphäre eines isolierten Wissenschaftsbetriebes besonders gepflegt werden konnten. Horkheimer und Adorno, den beiden Leitwölfen des Instituts, war zudem nicht entgangen, daß sich Fromms Gedankengänge von der offiziell vertretenen Sozialphilosophie immer mehr entfernten. Ihm wurde der Vorwurf gemacht, Gesellschaftsanalyse nur noch als bloßes Psychologisieren betreiben zu wollen – eine Kritik, die Fromm absurd vorkam, da er zum Freudschen Wissenschaftsverständnis längst auf Distanz gegangen war und mittlerweile eine Form der Psychoanalyse praktizierte, der er die wesentlichen marxistischen Kategorien, allerdings in sehr freier Interpretation, einverleibt hatte, was die selbsternannten Wächter der reinen Lehre natürlich beunruhigen mußte ...

„Mich lockte vor allem seine (Marx', O.A.B.) Philosophie und seine Vision des Sozialismus, die in säkularer Form die Idee von der Selbstwerdung des Menschen ausdrückt, von seiner vollen Humanisierung, von jenem Menschen, für den nicht das Haben, nicht das Tote, nicht das Aufgehäufte, sondern die lebendige Selbstäußerung das Ziel ist. Angefangen mit den philosophischen Schriften von 1844 hat Marx das gezeigt. Und tatsächlich: Wenn Sie diese philosophischen Schriften lesen und nicht wissen, daß Marx der Verfasser ist, und nicht ein guter Marx-Kenner sind, dann werden Sie kaum den Autor erraten. Nicht deshalb, weil der Text etwa atypisch für Marx ist, sondern weil einerseits die Stalinisten und auf der anderen Seite auch die meisten Sozialisten das Marx-Bild so verfälscht haben – als ob Marx eben ausschließlich eine ökonomische Veränderung im Auge gehabt hätte. In Wirklichkeit war die ökonomische Veränderung nur Mittel zu einem Zweck: Es ging Marx entscheidend um die Befreiung des Menschen im Sinne des Humanismus ...“

Fromm besaß den Mut, ausgefahrene Denkwege zu verlassen und eigene Ansätze zu entwickeln, die er genauso locker zu handhaben verstand wie seine Studienergebnisse. Wissen bedeutete für ihn einen offenen Prozeß, der weniger durch immense Gelehrsamkeit strukturiert werden sollte als durch die Neugier auf das nach wie vor rätselhafte Treiben der Menschen, deren Unzulänglichkeit auch aus einem Bodensatz der beeindruckendsten soziologischen Untersuchungen noch immer hervorschimmerte. 1940 nahm Fromm die amerikanische Staatsbürgerschaft an; 1949 übersiedelte er nach Mexiko City. Er lehrte Psychoanalyse an der Autonomen Universität und begann mit Ausbildungskursen, die schon bald eine gewisse

Berühmtheit erlangten. Fromms Studenten hatten schnell herausgefunden, daß ihr Lehrer im Gegensatz zu anderen Therapeuten kein dogmatisches Heilungskonzept besaß, nach dem sich die Patienten auszurichten hatten, sondern daß er eine freie Analyse bevorzugte, die Überraschungen für möglich hielt und Revisionen der einmal erzielten Ergebnisse durchaus erlaubte. Eine der ansatzweise neuen Bestimmungen, die Fromm in seinen Arbeiten entwickelte, war der Nachweis des sogenannten „Marketing-Charakters" beim Menschen – eine Persönlichkeitsprägung, die sich aus dem Konsumverhalten der Gesellschaft und ihrer nach kapitalistischen Kriterien organisierten Umgangsformen ergibt. Die angebliche Bedeutung eines Menschen, wirksam auch in dessen eigener Selbsteinschätzung, resultiert aus seinem Durchsetzungsvermögen am Markt: Statussymbole treten an die Stelle von Persönlichkeitswerten; ein imageträchtiges Beziehungsgeflecht reguliert den Gewinn und Erhalt von Machtmitteln, die als unverzichtbar angesehen werden, um das Vorwärtskommen in einer immer unerbittlicher werdenden Leistungsgesellschaft zu ermöglichen …

„Bei der Marketing-Orientierung … steht der Mensch seinen eigenen Kräften als einer ihm fremden Ware gegenüber. Er ist nicht mit ihnen eins, vielmehr treten sie ihm gegenüber in einer Rolle auf; denn es kommt nicht mehr auf seine Selbstverwirklichung durch ihren Gebrauch an, sondern auf seinen Erfolg bei ihrem Verkauf. Beides, die Kräfte und das, was sie hervorbringen, sind nichts Eigenes mehr, sondern etwas, das andere beurteilen und gebrauchen können. Daher wird das Identitätsgefühl ebenso schwankend wie die Selbstachtung; es wird durch die Summe der Rollen bestimmt, die ein Mensch spielen kann: ‚Ich bin so, wie ihr mich wünscht.'"

War die Marketing-Orientierung noch weitgehend vom marxistischen Denkmodell bestimmt und somit in ihren Argumentationsmustern zumindest teilweise bekannt, so handelte es sich bei dem Begriff der „Nekrophilie", den Fromm herausarbeitete, um einen originären psychoanalytischen Terminus, der zusätzlichen Erkenntnisgewinn für die Versuche differenzierter Charakteranalyse versprach. Zwar hatte Freud zuvor schon dem Lebenstrieb beim Menschen einen gleichberechtigten Todestrieb an die Seite gestellt, von dem er annahm, daß er zur seelischen Grundausstattung gehört; die Frommsche Nekrophilie jedoch bestimmte sich – im Gegensatz zur „Biophilie", der natürlichen Freude an allem Lebendigen – als folgenschwere Anomalie, deren Auswirkungen darüber entscheiden können, ob die Möglichkeiten einer Existenz produktiv und sinnvoll genutzt werden oder zum bloßen seelischen Ballast degenerieren ...

„Die Nekrophilie im charakterologischen Sinne kann man definieren als das leidenschaftliche Angezogenwerden von allem, was tot, vermodert, verwest oder krank ist; sie ist die Leidenschaft, das, was lebendig ist, in etwas Lebloses umzuwandeln; zu zerstören um der Zerstörung willen; das ausschließliche Interesse an allem, was rein mechanisch ist. Es ist die Leidenschaft, lebendige Zusammenhänge mit Gewalt entzweizureißen ... Nekrophilie als ein psychopathologisches Phänomen ... ist Folge ungelebten Lebens, der Unfähigkeit, eine bestimmte Stufe jenseits des Narzißmus und der Gleichgültigkeit zu erreichen ... Die Nekrophilie wächst in dem Maße, wie die Entwicklung der Biophilie am Wachstum gehindert wird. Der Mensch ist biologisch mit der Fähigkeit zur Biophilie ausgestattet, psychologisch aber hat er als Alternativlösung die Möglichkeit, nekrophil zu werden."

In seiner zweiten Lebenshälfte avancierte Fromm, ohne es darauf abgesehen zu haben, zum Erfolgsschriftsteller. Ein breites Lesepublikum, das fast jedes seiner Bücher erwartungsvoll entgegennahm, schien nur auf ihn gewartet zu haben, und es wußte gerade das zu würdigen, was speziell einigen seiner Psychoanalytiker-Kollegen zunehmend mißfiel: Fromms Mut zur schlichten These, sein Hang, die Dinge nicht vertrackter darzustellen, als sie waren, und seine noch immer ungebrochene Wißbegier, die sich zu der Einsicht bekannte, daß es Sachverhalte und Problembereiche gab, vor denen eine ins Methodenkorsett gezwängte Seelenbeschau klein beigeben mußte. Größere Zusammenhänge waren gefragt, und Fromm wechselte in aller Stille die Profession: Der Psychologe in ihm wurde zum Philosophen, der sich zusätzliche Kenntnisse erwarb, ohne erprobte Überzeugungen aufzugeben. Der Philosoph Fromm brachte Bücher auf den Markt, deren schnörkellose, ja zutiefst eingängige Titel – wie etwa „Die Kunst des Liebens", „Wege aus einer kranken Gesellschaft", „Die Furcht vor der Freiheit", „Haben oder Sein" u.a.m. – schon anklingen ließen, daß sich hier ein Wissenschaftler zu Wort meldete, der die Kunst, einfach zu schreiben, fast bis zur Simplizität zu perfektionieren verstand. Seiner These von der Nekrophilie blieb Fromm treu; er erweiterte sie sogar um die notwendigen ordnungspolitischen und soziologischen Komponenten, so daß schließlich eine zeitgeistige Diagnose entstand, die auch heute noch, über zwanzig Jahre nach Fromms Tod, von bedrückender Aktualität ist:

„Intellektualisierung, Quantifizierung, Abstrahierung, Bürokratisierung und Verdinglichung – die Kennzeichen der heutigen Industriegesellschaft also – sind keine Lebensprinzipien, sondern mechanische Prinzipien, wenn man sie auf den Menschen statt auf Dinge anwendet. Menschen, die in einem solchen System leben, werden gleichgültig gegenüber dem Leben und fühlen sich vom Toten angezogen. ... Die Welt des Lebens ist zu einer Welt des ‚Nichtlebendigen' geworden: Menschen sind zu ‚Nichtmenschen' geworden – eine Welt des Toten. Symbolisch für das Tote sind nicht mehr unangenehm riechende Exkremente oder Leichen. Die Symbole des Toten sind jetzt saubere, glänzende Maschinen; die Menschen fühlen sich nicht mehr von übelriechenden Toiletten angezogen, sondern von Strukturen aus Aluminium und Glas. Aber die Wirklichkeit hinter dieser antiseptischen Fassade wird immer deutlicher sichtbar. Im Namen des Fortschritts verwandelt der Mensch die Welt in einen stinkenden, vergifteten Ort (und das nicht im symbolischen Sinn). Er vergiftet die Luft, das Wasser, den Boden, die Tiere – und sich selbst."

Die letzten sechs Jahre seines Lebens verbrachte Fromm zusammen mit seiner dritten Frau Annis Freeman im Tessin. Zuvor hatte er sich noch diverse Aktivitäten zugemutet: Er trat zahlreichen Assoziationen bei, darunter der amerikanischen Sozialistischen Partei, die er jedoch bald wieder verließ; er engagierte sich im Wahlkampf-Team des demokratischen Präsidentschaftskandidaten McCarthy, und er war in einer Weise an der Bildung des öffentlich auftretenden guten Gewissens beteiligt, die unter den Intellektuellen alsbald einige flinke Spötter auf den Plan rief. Fromm galt als Experte für alles: Man amüsierte sich darüber, daß er vermessen genug war, in seinen Büchern Themen zu behandeln, die andere für längst abgehandelt hielten. Seine Leser mußte dies nicht erschrecken: Sie fühlten sich von ihm, nach wie vor, gut informiert, was immer auch noch am Kunstgriff des Autors lag, das Einfache einfach und das Komplizierte möglichst unkompliziert darzustellen. Fromms Abhandlungen wurden zu bemerkenswerten Erfolgen, so auch sein Traktat über „Die Kunst des Liebens“, in dem er ein Plädoyer hält für den Erhalt individueller Selbständigkeit im Kraftfeld der großen Gefühle:

„Liebe ist nur möglich, wenn sich zwei Menschen aus der Mitte ihrer Existenz heraus miteinander verbinden, wenn also jeder sich selbst aus der Mitte seiner Existenz heraus erlebt. Nur dieses ‚Leben aus der Mitte‘ ist menschliche Wirklichkeit, nur hier ist Lebendigkeit, nur hier ist die Basis für Liebe. Die so erfahrene Liebe ist eine ständige Herausforderung; sie ist kein Ruheplatz, sondern bedeutet, sich zu bewegen, zu wachsen, zusammenzuarbeiten. Ob Harmonie waltet oder ob es Konflikte gibt, ob Freude oder Traurigkeit herrscht, ist nur von sekundärer Bedeutung gegenüber der grundlegenden Tatsache, daß zwei Menschen sich vom Wesen ihres Seins her erleben, daß sie miteinander eins sind, anstatt vor sich selber auf der Flucht zu sein.“

In seinem Buch „Haben oder Sein“ schließlich lieferte der Philosoph Erich Fromm ein gesamtgesellschaftliches Erklärungsmodell, das in seiner scheinbaren Einfachheit jene Rückwendung vornahm, die der von undurchschaubaren Verfügungs- und Einschränkungsmechanismen genervte einzelne vielleicht auch selbst schon erwogen hatte und deshalb als erfolgversprechend begreifen konnte: die Rückwendung in die eigene Gewißheit, in ein Selbst, in dem sich jeder der nächste ist. Damit war allerdings nicht ein neuer Egoismus gemeint, sondern ein Sozialverständnis, das Veranlassung gibt, dem allseits grassierenden Besitzdenken eine Absage zu erteilen und statt dessen den Versuch zu wagen, die andere Wahrheit des Lebens zu erfahren – ein Sein nämlich, das Glück und Zufriedenheit aus sich selbst heraus schafft. Fromms Philosophie suchte ihre eigene Bestätigung zu guter Letzt in einer Art innerweltlichen Erlösungslehre, die Überschneidungen mit religiösen Glaubensinhalten keineswegs scheute – der Mensch, so lautet die Botschaft, kann lernen, Mensch zu sein, und die Gewißheiten, die er in sich selber zum Leuchten bringt, errichten ihm eine Welt, in der man noch staunen darf ...

„Ein Mensch empfindet zum ersten Mal, daß er eitel ist, daß er Angst hat, daß er haßt, während er in seinem Bewußtsein geglaubt hatte, bescheiden, mutig und liebevoll zu sein. Die neue Einsicht schmerzt ihn vielleicht, aber sie öffnet eine Tür; sie ermöglicht ihm, ein Ende damit zu machen, auf andere das zu projizieren, was er in sich selbst verdrängt. Er geht weiter; er erlebt den Säugling, das Kind, den Heranwachsenden, den Verbrecher, den Wahnsinnigen, den Heiligen, den Künstler, den Mann und die Frau in sich; er kommt mit der Menschheit, mit dem universalen Menschen in Berührung; er verdrängt weniger, ist freier, hat weniger Bedürfnis zu projizieren und gedanklich zu verarbeiten; dann erlebt er vielleicht zum ersten Mal, wie er Farben sieht, wie er einen Ball rollen sieht und wie sich seine Ohren plötzlich für die Musik auftun, während er bisher nur zugehört hat. Wenn er sein Einssein mit den anderen fühlt, sieht er vielleicht zum ersten Mal, daß es eine Illusion ist, sein isoliertes, individuelles Ich für etwas zu halten, das er festhalten, kultivieren und bewahren soll; er wird empfinden, wie nutzlos es ist, die Antwort auf das Leben darin zu suchen, sich zu haben, anstatt er selbst zu sein und zu werden.“

„Ein sanfter und gutmütiger Mann"

Karl R. Popper

Unter einem Philosophen stellt man sich, einigen hartnäckigen Klischees zufolge, eher einen unpraktischen Menschen vor: Er ist in der Welt der Bücher zu Haus und beherrscht die Kunst des Gedankenflugs, hat aber Schwierigkeiten, unfallfrei einen Nagel in die Wand zu schlagen. Er ist zudem bemerkenswert zerstreut und weiß nicht annähernd so viel, wie er leichterhand wieder vergißt, was, als wiederkehrende Gedankenfigur, auf Umwegen dann zum Problem der Identitätsfindung führt, einer Verwahrung des Selbstbewußtseins im Sicherheitstrakt der Theorie, welcher einerseits einsam macht, andererseits aber auch Schutz gewährt vor den Fährnissen der alltäglichen Lebenspraxis. Philosophen, die diesen sympathischen Vorurteilen entsprechen, mag es geben, zumal sich zahlreiche Anekdoten bemühen lassen, die von den Unbedarftheiten großer Denker berichten; dennoch ist der Philosoph als genialischer Tolpatsch keineswegs zu einer Regelgestalt geworden, die das Image eines ganzen traditionsreichen Berufsstandes nachhaltig geprägt hätte. In Wahrheit hat sich die Philosophie immer an die schon von Aristoteles ausgegebene Devise gehalten, daß die Theorie die höchste Form der Praxis darstellt, ein Grundsatz, der den Philosophen dazu anhält, seinen theoretischen Bemühungen jene praktischen Konsequenzen folgen zu lassen, die er einmal als richtig erkannt hat. Umgekehrt wirkt die Praxis auf die Theorie zurück; sie läßt Einsichten wirksam werden, die sich aus der Verfertigung der Gedanken zu einem Produkt der Arbeit ergeben. Man lernt aus seinem Tätigsein; ein Erkenntniszugewinn, der in der Folge theoretisch und praktisch gleichermaßen bedeutsam wird.

Der Philosoph Karl Raimund Popper unterzog sich einer

solchen Erkenntnisschulung durch die Praxis, als er im Jahre 1922 eine Tischlerlehre absolvierte, die ihm auch philosophisch zu außerordentlichem Nutzen gereichte.

„Es war einmal ein Tischlermeister, der hieß Adalbert Pösch. Als ich zwanzig Jahre alt war, wurde ich sein Lehrling. Ich arbeitete in seiner Werkstatt, nicht lange nach dem Ersten Weltkrieg, von 1922 bis 1924. Adalbert Pösch sah Georges Clemenceau zum Verwechseln ähnlich, aber er war ein sanfter und gutmütiger Mann. Nachdem ich sein Vertrauen gewonnen hatte, teilte er oft, wenn wir allein in seiner Werkstatt waren, seinen wahrhaft unerschöpflichen Schatz an Wissen mit mir. Einmal erzählte er mir, daß er viele Jahre lang an verschiedenen Modellen für ein Perpetuum mobile gearbeitet habe. Nachdenklich setzte er hinzu: ‚Da sag'n s', daß ma' so was net mach'n kann; aber wann amal eina ein's g'macht hat, dann wer'n s' schon anders red'n!' Es war ihm ein besonderes Vergnügen, mir eine historische Frage vorzulegen und sie selbst zu beantworten, wenn sich herausstellte, daß ich die Antwort nicht wußte (obwohl ich, sein Lehrling, ein Universitätsstudent war – eine Tatsache, auf die er sehr stolz war). ‚Und wissen S'', fragte er mich, ‚wer die Schaftstiefel erfunden hat? Nein? Dös wissen S' net? Das war der Wallenstein, der Herzog von Friedland, im Dreißigjährigen Krieg!' Und nachdem er ein oder zwei noch schwierigere Fragen gestellt und triumphierend selbst beantwortet hatte, pflegte er mit bescheidenem Stolz zu sagen: ‚Da können S' mi frag'n, was Sie woll'n: ich weiß alles.' "

Was Popper von seinem Meister Pösch vorgeführt bekam, war ein Stück alltäglicher Wissensarbeit, bezogen auf reale Verwertbarkeit und durchsetzt von den Höhenflügen persönlicher Mutmaßung. Der Meister machte seinem Lehrling deutlich, daß man etwas wissen konnte, ohne es zu wissen; Erkenntnisprozesse waren auf eine Vordergründigkeit angelegt, die in der Natur der Sache stand und für eine Abgeschlossenheit bürgte, der man jederzeit mit neuen Fragen zu Leibe rücken durfte. Das Wissen selbst, mit dem man arbeitete, wurde einer ständigen Korrektur durch die Anforderungen der Praxis unterzogen, die ihre eigene Gesetzlichkeit hatte, ein Programm, das die Qualitäten des Ge-

genständlichen ebensosehr schätzte wie die Erfordernisse unverzichtbarer Verkäuflichkeit. Die Allwissenheit des Meisters erwies sich als kompetentes Täuschungsmanöver, das gleichwohl notwendige und wichtige Vorgaben setzte für die praktische Wirksamkeit eines Wissens und seiner wiederkehrenden Verfügungsstrukturen. Erkenntnisse, immer wieder neu in Anschlag gebracht, richteten sich an ihrer eigenen Unzulänglichkeit auf, die immerhin dazu taugte, anständige Arbeit abzuliefern und auf Verbesserungen aus zu sein. So gesehen, mußte die wundersame Gelehrsamkeit des Meisters beachtliches Stückwerk bleiben – und der Mann selbst zu einem späten Nachfahren des legendären Sokrates werden, der als erster lehrte, daß man nichts anderes wissen konnte, als nichts zu wissen, dies aber auf beispielhaftem Niveau.

„Ich vermute, daß ich über Erkenntnistheorie mehr von meinem lieben, allwissenden Meister Pösch gelernt habe als von irgendeinem anderen meiner Lehrer. Keiner hat so viel dazu beigetragen, mich zu einem Jünger von Sokrates zu machen. Denn mein Meister lehrte mich nicht nur, daß ich nichts wußte, sondern auch, daß die einzige Weisheit, die zu erwerben ich hoffen konnte, das sokratische Wissen von der Unendlichkeit meines Nichtwissens war. – Diese und andere erkenntnistheoretische Gedanken beschäftigten mich, während ich an einem Schreibtisch arbeitete. Wir hatten nämlich damals einen großen Auftrag für dreißig Mahagoni-Schreibtische, mit vielen, vielen Laden. Ich fürchte, daß die Qualität einiger dieser Schreibtische, und besonders ihre Politur, unter meiner Beschäftigung mit der Erkenntnistheorie sehr gelitten hat. Das hat meinen Meister und schließlich auch mich davon überzeugt, daß ich zu unwissend war und zu fehlbar für diese heikle Art von Arbeit. So entschloß ich mich, nach Beendigung meiner Lehrzeit den Versuch zu machen, eine Beschäftigung zu finden, die etwas leichter war als die Arbeit an Mahagoni-Schreibtischen. Ein Jahr arbeitete ich mit sozial gefährdeten Kindern – etwas, was ich schon vorher gemacht und sehr schwierig gefunden hatte. Und dann, nach fünf Jahren, verbracht mit Studieren und Schreiben, wurde ich als Lehrer angestellt und heiratete. Das war 1930. Damals hatte ich keinen weiteren Ehrgeiz, als Schulkinder zu unterrichten. Des Unterrichtens wurde ich erst ein wenig müde, nachdem meine ‚Logik der Forschung' im November 1934 erschienen war. So war ich froh, als ich 1937 die Gelegenheit hatte, den Schulunterricht aufzugeben und an einer Universität Philosophie zu lehren. Ich war fast 35 Jahre alt und dachte, daß ich nun das Problem gelöst hätte, wie man an einem Schreibtisch arbeiten und sich gleichzeitig mit Erkenntnistheorie beschäftigen kann."

Poppers Hinwendung zur Philosophie glich einer Liaison, die sich zu einer langanhaltenden Beziehung auswächst. Am Ende mußte die Eheschließung erfolgen, keine spaßhafte Angelegenheit, sondern ein ernsthaftes Unterfangen, das mit ebensolchen Absichten begonnen wurde. Was Popper an der traditionellen Philosophie ärgerte, war ihre vorgebliche Selbstsicherheit, die sie, ungeachtet von Fraktionierungen und systematisch aufgebauschten Gegnerschaften, geradezu unbeirrt bekundete. Der sokratische Gedanke, der ihm auf dem Umweg über die Wissensoffenbarungen des Meisters Pösch nahegebracht worden war, stand praktisch ohne verläßliche Anhängerschaft da; man hatte das Wissen zur Wissenschaft erhoben, ohne Rücksicht auf jene Verluste, die sich aus den Möglichkeiten des Nichtwissens ergaben. Popper stellte sich Wissenschaft jedoch als einen mühsamen Gang auf rauhem Gelände vor; man kam nur beschwerlich voran, erzielte aber kontinuierliche Fortschritte bei dem Versuch, sich den Weg zu vergegenwärtigen, den man eingeschlagen hatte. Diese Fortschritte beruhten auf der bewußten Korrektur von Irrtümern, denen, nach jeweilig bestem Wissen und Gewissen, veränderte Direktiven entgegengesetzt wurden – Hypothesen, von denen zu vermuten stand, daß sie, zumindest für kurze Zeit, kompetentere Dienste leisteten als ihre ebenfalls gutwilligen Vorgänger. Der Gesamtprozeß der Wissenschaft, wie ihn Popper verstand, sollte ein bescheiden betriebenes Erkenntnisbeschaffungsprogramm sein, das seine eigene Unzulänglichkeit methodisch absicherte, um die zulänglichen Forschungsresultate dafür noch dezidierter ausweisen und zur Diskussion stellen zu können. Die Konturen eines solchen Programms waren bereits von Kant vorgezeichnet worden; der Königsberger Philosoph hatte eine Grenzziehung des Wissens veranlaßt, die von nahezu zeitloser Gültigkeit zu sein schien:

„Es gab ... Ideen, die mich ablenkten und in meiner Arbeit an den früher erwähnten Schreibtischen während meiner Tischlerlehrzeit störten. Es war das eine Zeit, in der ich wieder und wieder Kants erste Kritik las. Ich kam bald zu dem Schluß, daß der Mittelpunkt seiner Lehre ist, daß die wissenschaftlichen Theorien von uns selbst erfunden werden und daß wir sie der Welt aufzuzwingen versuchen: ‚Der Verstand schöpft seine Gesetze ... nicht aus der Natur, sondern er schreibt sie dieser vor.' Aus der Verknüpfung dieser Bemerkung mit meinen eigenen Ideen kam ich etwa zu dem folgenden Ergebnis: Unsere Theorien, die mit primitiven Mythen anfangen und sich zu den Theorien der Wissenschaft weiterentwickeln, sind in der Tat Menschenwerk, wie schon Kant sagt. Wir versuchen, sie der Welt vorzuschreiben, und wir können, wenn wir es wollen, immer dogmatisch an ihnen festhalten, auch dann, wenn sie falsch sind (wie es nicht nur die meisten religiösen Mythen sind, sondern sogar Newtons Theorie, an die Kant dachte). Aber wenn wir auch zunächst an unseren Theorien festhalten müssen – ohne Theorien können wir nicht einmal beginnen, denn wir haben sonst nichts, an das wir uns halten könnten –, so können wir doch im Laufe der Zeit ihnen gegenüber eine kritischere Haltung einnehmen. Wir können versuchen, sie durch etwas Besseres zu ersetzen, wenn wir mit ihrer Hilfe die Stelle gefunden haben, an der sie uns im Stich lassen. So kann es zu einer wissenschaftlichen oder kritischen Phase des Denkens kommen, der notwendig eine unkritische oder dogmatische Phase vorausgeht."

Für Popper war, wie sich herausstellen sollte, die klassische deutsche Philosophie bei Kant stehengeblieben. Die kühnen, zum Teil auch abenteuerlichen Entwürfe, mit denen Fichte, Hegel und Schelling eine Intensivierung des Denkens betrieben hatten, das seine hochgesteckten Ziele und die ihnen auferlegte Legitimation aus sich selbst heraus bezog, fielen auf dem Prüfstand des Popperschen Kritizismus durch, und zwar vollständig. Der deutsche Idealismus, wie ihn die Kant-Nachfolger hinterlassen hatten, verkörperte die Anmaßungen der Metaphysik, denen

Popper mit der anmaßenden Selbstsicherheit eines moralisch und methodologisch geläuterten Erfahrungswissenschaftlers begegnete. Seine Philosophie, der später so genannte Kritische Rationalismus, entwickelte ein Begriffsinstrumentarium, mit dessen Hilfe man sowohl die Fiktionen der alten Metaphysik entlarven als auch die undurchschauten Voraussetzungen eines längst behäbig gewordenen Positivismus problematisieren konnte – ein freiwilliger Rückzug in die von Kant einst durchmessenen Erkenntnisgebiete, ohne Not eingeleitet, aber strategisch begründet und geordnet, ja diszipliniert durchgeführt. Der Philosophie, so schien es, konnte letztlich nur das zugemutet werden, was im Bereich ihrer Erfahrungsmöglichkeiten lag; von den darüber hinausreichenden Mutmaßungen des Wissens war nur zu reden im Sinne der stolzen sokratischen Unzulänglichkeit, was einer Reduzierung des Anspruchsdenkens gleichkam, welches nun mit neuen Ansprüchen operieren mußte.

„Kant, dachte ich, hatte recht, als er sagte, es sei unmöglich, daß die Erkenntnis gleichsam eine Kopie oder ein Abdruck der Wirklichkeit sei. Er hatte recht, wenn er sagte, die Erkenntnis sei in genetischer oder psychologischer Hinsicht a priori. Aber er war im Unrecht, wenn er glaubte, daß Erkenntnisse a priori gültig sein können. Unsere Theorien sind unsere Erfindungen. Sie mögen oft nichts Besseres sein als schlecht durchdachte Mutmaßungen. Sie sind nie mehr als kühne Vermutungen, Hypothesen. Aus diesen erschaffen wir eine Welt: nicht die wirkliche Welt, sondern Modelle; von uns gemachte Netze, mit denen wir die wirkliche Welt einzufangen versuchen. – Wenn diese Gedanken richtig waren, dann hatte das, was ich zunächst als Psychologie der Forschung aufgefaßt hatte, eine Grundlage in der Logik: Es gab aus logischen Gründen keinen anderen Weg ins Unbekannte, als selbst unsere Netze zu machen und sie auszuwerfen. (Bei Novalis fand ich die Bemerkung: ‚Hypothesen sind Netze, nur der wird fangen, der auswirft …‘).“

Der Wissenschaftler als Wahrheitsfischer auf einem Meer potentieller Erkenntnisse: Ein solcher Arbeitsauftrag, gebunden an das dazugehörige Selbstbewußtsein, setzte nicht nur funktionierendes Beschaffungsmaterial voraus, sondern blieb auch an ein streng limitiertes Philosophieverständnis gebunden, das sich im Zweifelsfall an Tatsachenentscheidungen halten mußte, deren Bestand kaum gesicherter erscheinen konnte als ein Arsenal sorgfältig erstellter Wettervorhersagen. Für Popper ging es darum, mit geregelten Unsicherheiten auszukommen; eine Zumutung, die er eher als Auftrag denn als Beschränkung der eigenen Möglichkeiten empfand. Für ihn war längst deutlich geworden, daß die traditionellen Ansprüche der Wissenschaftlichkeit von Voraussetzungen ausgingen, die, entgegen der herrschenden Meinung, keineswegs von verläßlicher Stabilität waren, sondern durchaus bezweifelt werden konnten. Es gab, wie Popper ein ums andere Mal feststellte, tatsächlich keine nennenswerten Sicherheiten: In Wirklichkeit nämlich ließen sich auch aus der dezidierten Wiederholung von als erwiesen geltenden Annahmen noch immer keine Gewißheiten ableiten, die über das kritische Tagesgeschäft hinaus mit ihrem zweifelsfreien Bestand rechnen durften. Damit wurde sogar die Induktion, ein doch, wie man meinen konnte, sehr solides und hochwirksames Erkenntnis- und Funktionsprinzip, das sich speziell in den Naturwissenschaften bewährt zu haben schien, im Grunde hinfällig, zumindest aber entbehrlich.

„Einige meiner früheren Ideen fügten sich zusammen. Ich begriff, warum die falsche Wissenschaftstheorie, die seit Bacon geherrscht hatte – die Theorie, daß die Naturwissenschaften induktive Wissenschaften seien und daß die Induktion ein Weg sei, durch wiederholte Beobachtungen oder Experimente etwas Allgemeines festzustellen oder zu rechtfertigen –, sich so tief verwurzeln konnte. Der Grund war, daß die Wissenschaftler ihre Tätigkeit sowohl von der Pseudowissenschaft wie von der Theologie und Metaphysik abgrenzen mußten und daß sie von Bacon die induktive Methode als ihr Abgrenzungskriterium übernommen hatten ... Ich verfügte jedoch seit vielen Jahren über ein besseres Abgrenzungskriterium: die Prüfbarkeit oder Falsifizierbarkeit. – Ich konnte also auf die Induktion verzichten, ohne mit der Abgrenzung in Schwierigkeiten zu kommen. Und ich konnte meine Ergebnisse hinsichtlich der Methode von Versuch und Irrtum so anwenden, daß die gesamte induktive Methodologie durch eine deduktive ersetzt werden konnte."

Poppers Königsweg zu den gesichert-ungesicherten Erkenntnissen war keine Promenade, auf der man, wie einst die Philosophen des großen Worts, bei ständig schönem Wetter lustwandeln konnte, bestaunt vom gedankenträgen Fußvolk und voll der imposanten Einsichten, für die es keinerlei Beweise gab. Der neu beschilderte Weg glich eher einer schmucklosen Straße durch längst vermessenes Bürgergebiet, auf der man sich, bei präziser Zielvorgabe, nur noch selten verlaufen konnte. Trotzdem war es möglich, daß einem Fremde auf dieser Straße begegneten, die aber umstandslos nach ihrem Namen befragt werden konnten, so daß man, wenn geantwortet wurde, tatsächlich ein wenig mehr wußte als zuvor. Auf diese Weise kam eine höchst unspektakuläre Vermehrung des Wissens zustande, die alles andere als kühn, dafür jedoch grundsolide war. Die dazugehörige Philosophie arbeitete mit dem Irrtum als Kalkül für die Widerlegung von mutmaßlichen Wahrheiten, denen die Hochseilartisten der bemühten Reflexion, Metaphysiker also, noch immer mehr aufbürden wollten, als sie zu leisten imstande waren. Am Ende mutete das Arbeitsprinzip, das Popper in die Wissenschaften einbrachte, bemerkenswert einfach an, wobei die Schwierigkeiten, das blieb abzusehen, in der Anwendung lagen – und in den Kriterien ihrer philosophischen Weiterbeschäftigung.

Es „klärte sich das ganze Problem der wissenschaftlichen Methode wie von selbst, und damit auch das Problem des wissenschaftlichen Fortschritts. Der Fortschritt bestand darin, zu Theorien fortzuschreiten, die uns mehr und mehr sagen – zu Theorien von immer größerem Gehalt. Je mehr aber eine Theorie aussagt, um so mehr schließt sie aus oder verbietet sie, und um so größer sind die Chancen, sie zu falsifizieren. Eine Theorie mit größerem Gehalt ist also auch eine Theorie, die strenger geprüft werden kann. Diese Überlegung führte zu einer Erkenntnistheorie, der zufolge der wissenschaftliche Fortschritt nicht darin bestand, Beobachtungen anzuhäufen, sondern darin, weniger gute Theorien zu stürzen und durch bessere zu ersetzen, insbesondere durch Theorien von größerem Gehalt. Es gab also eine

Konkurrenz zwischen den Theorien – eine Art von Darwinschem Kampf ums Dasein."

Popper, wenig kritikfreudig, wenn es um die Stabilität der eigenen Position ging, war sich eigentlich immer recht sicher, daß seine Philosophie eines strikten Fallibilismus aus dem Überlebenskampf der Theorien unbeschadet hervorgehen würde. An Selbstbewußtsein mangelte es ihm nicht, auch nicht an der nötigen Kampfeslust, um wissenschaftliche Fehden, die mehr sein wollten als bloße Vorzeigescharmützel, aufzunehmen und bis zu einer ersten vorläufigen Gesamtwertung durchzustehen. Was Popper zu Ende brachte, so sah er es, war das kritische Geschäft Kants, das er mit dem Sachverstand eines methodologisch versierten und moralisch empfindsamen Wissenschaftstheoretikers betrieb, dem es keine übermäßige Kraftanstrengung mehr bedeutete, auf der Höhe des neuen, d.h. des zeitgenössischen Reflexionsstandes zu verbleiben. Philosophie, wie Popper sie verstand, fungierte als Wegbegleitung für die moderne Forschung, eine Aufgabe, die nicht nur beratende Funktionen vorsah, sondern auch das unmittelbare Eingreifen gestattete, wenn es galt, eine neue, plausibel anmutende Theorie im Sinne der mit ihr verbundenen Erwartungen zu animieren und verfügbar zu machen. Dem früheren Erkenntnisanspruch der Philosophie waren damit die Flügel gestutzt; gefordert wurde statt dessen eine nimmermüde, rationalistisch verbrämte Begeisterung für die wahren Wissens-Novitäten, deren bruchstückhafte Eroberung man, mit einigem guten Willen, als ständige Herausforderung, zumindest aber wohl als einen Hort der belehrbaren wissenschaftlichen Neugier und ihrer Interessen begreifen durfte.

„Ich ersetzte ... Kants Lehre von der Unmöglichkeit, die Dinge an sich zu erkennen, durch die Lehre von dem für immer hypothetischen Charakter unserer Theorien. Auch auf dem Gebiet der Ethik betrachtete ich mich als einen (gemäßigten) Kantianer ..., Ich versuchte, eine Theorie des menschlichen Wissens zu formulieren, ... faßte aber das menschliche Wissen ganz anders auf als die klassischen Philosophen. Bis zu Hume, Mill und Mach sahen die meisten Philosophen im menschlichen Wissen etwas Sicheres, etwas Feststehendes. Sogar Hume, der sich für einen Skeptiker hielt und der den ‚Traktat über die menschliche Natur' in der Hoffnung schrieb, die Sozialwissenschaften zu revolutionieren, setzte das menschliche Wissen beinahe mit den stabilen menschlichen Gewohnheiten gleich. Das menschliche Wissen bestand in dem, was nahezu jedermann wußte: daß die Katze auf der Matte liegt; daß Julius Caesar ermordet wurde; daß das Gras grün ist. Alles das erschien mir aber sehr uninteressant. Das Interessante war das problematische Wissen, das unsichere Wissen; und das Wachstum des Wissens – die Forschung."

Popper versuchte, den Erkenntnisbestand des Wissens auf eine Subjektunabhängigkeit zu verpflichten, die sich nur behaupten ließ, wenn man die Entstehungs- und Wirksamkeitsmuster von Erkenntnissen vernachlässigte und sich statt dessen auf die komplizierten Zusammenhänge der szientifischen Strukturen selbst einließ, deren Funktionalität durch das Konzept objektivierter Beschreibungen erfaßt werden konnte. Das Subjekt, bei Kant noch der bescheidene, auf Erkenntnisgewinn fixierte Drahtzieher hinter dem Regel- und Gesetzeswerk natürlicher und gemachter Realitäten, wurde von Popper aus dem unmittelbaren Wissensdienst abgezogen und in die Beobachterränge zurückbeordert, von welchen aus man den zur unbedachten Vermehrung drängenden Erkenntnisprozessen, die zur Forschung kulminierten, relativ unbeteiligt folgen konnte. Eine solche Entsubjektivierung, die auch für das zuvor schon angesprochene Induktionsprinzip gelten mußte, beruhte, wie Popper zuzugeben bereit war, auf einer begründeten, dennoch wohl willkürlichen Einzelentscheidung; gegenteilige Dezisionen blieben weiterhin denkbar.

„Ich war ... der Ansicht, daß die menschliche Erkenntnis aus unseren Theorien, unseren Hypothesen, unseren Vermutungen besteht und daß sie das Produkt unserer geistigen Bemühungen ist. Natürlich kann man die ‚Erkenntnis' auch anders sehen: Wir können die ‚Erkenntnis' oder das ‚Wissen' als einen subjektiven Bewußtseinszustand auffassen oder als einen Zustand der Dispositionen eines Organismus. Ich entschied mich jedoch dafür, die Erkenntnis als ein System von Sätzen zu behandeln, von Theorien, die zur Diskussion gestellt werden. ‚Erkenntnis' in diesem

Sinne ist objektiv; und sie besteht aus Hypothesen und Vermutungen ... In dieser objektiven Neuformulierung ist" auch „das Problem der Induktion nicht mehr als ein Problem anzusehen, das unsere Überzeugungen – oder die Rationalität unserer Überzeugungserlebnisse – betrifft, sondern als ein Problem der logischen Beziehung zwischen singulären Sätzen ... und allgemeinen Theorien. – In dieser Form wird das Problem der Induktion lösbar. Die Lösung ist, daß es keine Induktion gibt, weil allgemeine Theorien nicht aus singulären Sätzen ableitbar sind. Sie können aber durch singuläre Sätze widerlegt werden, da sie mit Beschreibungen von beobachtbaren Tatsachen kollidieren können."

Poppers kritischer Rationalismus hat sich, über seine Anfänge als Wissenschaftstheoretiker hinaus und gegen den erklärten Willen seines Begründers, lange Zeit im Rang einer Modephilosophie der neuen aufgeklärten Bescheidenheit halten können. Redlichkeit ging von ihr aus, auch Gediegenheit und das unaufgeregte Streben nach Gerechtigkeit, so daß es nicht verwundern konnte, daß schließlich auch die Politiker auf den in Wien geborenen und in Großbritannien geadelten Denker aufmerksam wurden – und ihn, ohne Rücksicht auf das bereits vorhandene Schriftgut, für sich vereinnahmten. Poppers politische Philosophie, die mit den angeblichen Ideologen Platon, Hegel und Marx abrechnete, bot sich förmlich an, um in der einen oder anderen Grundsatzrede zitatweise der staunenden Öffentlichkeit dargeboten zu werden. Zudem erwies sich Poppers Kerngedanke der „offenen Gesellschaft" als begrifflich-griffiges Desiderat, das so vielseitig verwendbar erschien, daß es schließlich sogar zu einer Art Prinzip Hoffnung für die ernüchterten Stände wurde. Heute, da noch immer und wieder postmoderne Beliebigkeitsentwürfe angesagt sind, hat Poppers Philosophie etwas anrührend Obsoletes an sich; sie mutet auf wundersame Weise altmodisch an, vielleicht gerade weil ihr Beharren auf unpopulären Idealen und den Werten einer noch immer zu erinnernden Menschlichkeit durch das politische Tagesgeschäft mitleidlos widerlegt wird. Poppers Altersplädoyer für die sogenannte Welt 3, die ehrwürdige Welt unserer großen und bleibenden Gedanken, in der auch Visionen, Mythen und die listigsten und stabilsten unserer Theorien zu Hause sind, wird, so dürfen wir hoffen, nichts (mehr) von seiner Eindringlichkeit verlieren.

„Der Wechselwirkung mit der Welt 3 verdanken wir unsere Vernunft, unser kritisches und selbstkritisches Denken und Handeln. Wir verdanken ihr unser geistiges Wachstum. Und wir verdanken ihr unsere enge Beziehung zu unserer Aufgabe, zu unserer Arbeit, und auch deren Rückwirkungen auf uns ... Wie es mit unseren Kindern geht, so geht es auch mit unseren Theorien und letztlich mit allem, was wir tun: Unsere Werke werden schließlich weitgehend unabhängig von uns, von ihren Erzeugern. So können wir von unseren Kindern und von unseren Theorien mehr Wissen erlangen, als wir ihnen je mitgegeben haben. Auf diese Weise können wir uns selbst an unserem Zopf aus dem Sumpf unserer Unwissenheit herausziehen. Und auf diese Weise können wir alle zur Welt 3 beitragen. Wenn ich recht habe mit der Vermutung, daß wir nur durch die Wechselwirkung mit der Welt 3 wachsen und zu einer Person, zu einem Ich, zu einem Selbst werden, dann ist der Gedanke tröstlich, daß wir alle zu dieser Welt beitragen können, wenn auch vielleicht nur wenig. Es ist besonders tröstlich für jemanden, der glaubt, im Kampf mit Ideen und im Kampf um Ideen sein Glück gefunden zu haben."

Literaturhinweise

Einleitung: Philosophische Schlüsselerlebnisse – zum Beispiel Augustinus, Pascal, Rousseau und Feuerbach

Adam, Karl: Die geistige Entwicklung des heiligen Augustinus, Darmstadt 1957.

Augustinus: Werke in deutscher Sprache. Hg. v. Carl Johann Perl, Paderborn 1940 ff.

Béguin, Albert: Pascal, Reinbek 1959 ff.

Benjamin, Walter: Illuminationen, Frankfurt a. M. 1977.

Blumenberg, Hans: Höhlenausgänge, Frankfurt a. M. 1989.

Bohrer, Karl Heinz: Plötzlichkeit. Zum Augenblick des ästhetischen Scheins, Frankfurt a. M. 1981.

Capelle, Wilhelm (Hg.): Die Vorsokratiker, Stuttgart 1968.

Feuerbach, Ludwig: Werke in sechs Bänden. Hg. v. Erich Thies, Frankfurt a. M. 1975.

Holmsten, Georg: Rousseau, Reinbek 1972.

Marrou, Henri: Augustinus, Reinbek 1958 ff.

Pascal, Blaise: Gedanken, Fragmente und Briefe. Deutsch von C. F. Schwartz, Leipzig 1845.

Rousseau, Jean-Jacques: Schriften. Hg. v. Henning Ritter. 2 Bde., Frankfurt a. M. 1988.

Sass, Hans-Martin: Ludwig Feuerbach, Reinbek 1978.

Schadewaldt, Wolfgang: Die Anfänge der Philosophie bei den Griechen, Frankfurt a. M. 1978.

„Das Wesen der Dinge" Platon

Böhme, R.: Von Sokrates zur Ideenlehre, Bern 1959.

De Crescenzo, Luciano: Geschichte der griechischen Philosophie – von Sokrates bis Plotin, Zürich 1988.

Friedländer, P.: Platon, 3 Bde. Berlin 1954 ff.

Martin, Gottfried: Platon, Reinbek 1969.

Platon: Sämtliche Werke. Herausgegeben von W. F. Otto u. a. 6 Bde. Reinbek 1957 ff.

Stockhammer, M.: Platons Weltanschauung, Köln 1962.
Wilamowitz-Moellendorf, Ulrich von: Platon. 2 Bde. Berlin 1919 ff.
Windelband, Wilhelm: Platon, Stuttgart 1921.
Wundt, Max: Platos Leben und sein Werk, Jena 1924.

„Wie ein Gott unter Menschen"
Epikur

De Crescenco, Luciano: Geschichte der griechischen Philosophie – von Sokrates bis Plotin, Zürich 1988.
Diogenes Laertios: Leben und Meinungen berühmter Philosophen, Hamburg 1967.
Epikur: Philosophie der Freude. Eine Auswahl aus seinen Schriften, Stuttgart 1960.
Epikur: Briefe, Sprüche, Werkfragmente. Griechisch/Deutsch, Stuttgart 1985.
Epikur: Von der Überwindung der Furcht, München 1986.
Hossenfelder, Malte: Epikur, München 1991.

„Das Licht einer wunderbaren Einsicht"
René Descartes

Baillet, Adrien: La vie de M. Descartes. Neuaufl. Paris 1946.
Behn, Irene: Der Philosoph und die Königin, Freiburg i. Br. 1957.
Davidenko, Dimitri: Ich denke, also bin ich. Descartes' ausschweifendes Leben, Frankfurt a. M. 1990.
Descartes, René: Briefe. Hg. v. Max Bense, Köln 1949.
Descartes, René: Meditationen über die Grundlagen der Philosophie, Hamburg 1960.
Descartes, René: Prinzipien der Philosophie, Hamburg 1965.
Descartes, René: Regeln zur Ausrichtung der Erkenntniskraft, Hamburg 1979.
Röd, Wolfgang: Descartes. Die innere Genesis des Cartesianischen Systems, München 1964.
Specht, Rainer: Descartes, Reinbek 1966.

„Deine Wissenschaft sei menschlich"
David Hume

Hume, David: Eine Untersuchung über den menschlichen Verstand, Hamburg 1993.
Hume, David: Traktat über die menschliche Natur, Hamburg 1973.
Hume, David: Brief eines Edelmanns, Hamburg 1980.

Hume, David: Dialoge über natürliche Religion, Stuttgart 1981.
Hume, David: The Letters. 3 Bde. Oxford 1931/1954.
Metz, R.: David Hume. Leben und Philosophie, Stuttgart 1929.
Streminger, Gerhard: Hume, Reinbek 1992.

„Ein weitläufiges Geschäft"
Immanuel Kant

Cassirer, Ernst: Kants Leben und Lehre, Berlin 1918.
Gross, Felix (Hg.): Immanuel Kant. Sein Leben in Darstellung von Zeitgenossen, Berlin 1912.
Gulyga, Arsenij: Kant, Frankfurt a. M. 1981.
Höffe, Otfried: Immanuel Kant. 3., durchges. Aufl. München 1992.
Kant, Immanuel: Werke in sechs Bänden, Frankfurt a. M. 1956–1964.
Kant, Immanuel: Briefwechsel, Hamburg 1972.
Schultz, Uwe: Kant, Reinbek 1969.
Stavenhagen, Kurt: Kant und Königsberg, Göttingen 1949.
Vorländer, Karl: Immanuel Kant. Der Mann und das Werk. 3. Aufl. Hamburg 1992.

„Die Erhebung des Endlichen"
Georg Wilhelm Friedrich Hegel

Althaus, Horst: Hegel und die heroischen Jahre der Philosophie, München 1992.
Hegel, Georg Wilhelm Friedrich: Werke in 20 Bänden. Redaktion: Eva Moldenhauer und Karl Markus Michel, Frankfurt a. M. 1970 ff.
Helferich, Christoph: Georg Wilhelm Friedrich Hegel, Stuttgart 1979.
Hoffmeister, Johannes: Briefe von und an Hegel. 4 Bde., Hamburg 1969 ff.
Lukács, Georg: Der junge Hegel, Frankfurt a. M. 1973.
Nicolin, Günther (Hg.): Hegel in Berichten seiner Zeitgenossen, Hamburg 1970.
Rosenkranz, Karl: Georg Wilhelm Friedrich Hegels Leben, Berlin 1844 (Nachdruck Darmstadt 1977).
Wiedmann, Franz: Hegel, Reinbek 1965.

„Ich bin, wer ich bin"
Arthur Schopenhauer

Abendroth, Walter: Schopenhauer, Reinbek 1967.
Böhmer, Otto A. (Hg.): Vom Nutzen der Nachdenklichkeit. Ein Schopenhauer-Brevier, München 1987.

Hübscher, Angelika (Hg.): Arthur Schopenhauer. Ein Lebensbild in Briefen, Frankfurt a.M. 1987.
Hübscher, Arthur (Hg.): Arthur Schopenhauer. Gespräche, Stuttgart–Bad Cannstatt 1971.
Safranski, Rüdiger: Schopenhauer, München 1987.
Schopenhauer, Arthur: Werke in 5 Bänden. Nach den Ausgaben letzter Hand herausgegeben von Ludger Lütkehaus, Zürich 1988.
Schopenhauer, Arthur: Reisetagebücher, Zürich 1988.
Schopenhauer, Arthur: Der handschriftliche Nachlaß. Hg. v. Arthur Hübscher, Frankfurt a.M. 1966–75/München 1985.

„Geboren aus den Geheimnissen der Frühe" Friedrich Nietzsche

Fink, Eugen: Nietzsches Philosophie, Stuttgart 1960.
Frenzel, Ivo: Nietzsche, Reinbek 1966.
Gerhardt, Volker: Friedrich Nietzsche, München 1992.
Guzzoni, Alfredo (Hg.): 100 Jahre philosophische Nietzsche-Rezeption, Frankfurt a.M. 1991.
Michels-Wenz, Ursula (Hg.): Nietzsche: Wie man wird, was man ist. Ermutigungen zum kritischen Denken, Frankfurt a.M. 1988.
Nietzsche, Friedrich: Kritische Studienausgabe in 15 Bänden. Hg. v. Giorgio Colli und Mazzino Montinari, München/Berlin/New York 1980.
Nietzsche, Friedrich: Sämtliche Briefe. Kritische Studienausgabe. Hg. v. Giorgio Colli und Mazzino Montinari, München/Berlin/New York 1986.
Ross, Werner: Der ängstliche Adler. Friedrich Nietzsches Leben, Stuttgart 1980.
Sloterdijk, Peter: Der Denker auf der Bühne, Frankfurt a.M. 1986.

„Mühe, Dunkel, krachendes Eis" Ernst Bloch

Brandt, Heinz: Ein Traum, der nicht entführbar ist, München 1967.
Bloch, Ernst: Werkausgabe in sechzehn Bänden, Frankfurt a.M. 1985.
Bloch, Ernst: Über Eigenes selber. In: Morgenblatt für Freunde der Literatur, Nr. 14. Sondernummer Ernst Bloch, Frankfurt a.M. 1959.
Markun, Silvia: Ernst Bloch, Reinbek 1977.
Münster, Arno (Hg.): Tagträume vom aufrechten Gang, Frankfurt a.M. 1977.
Traub, Rainer und Wieser, Harald (Hg.): Gespräche mit Ernst Bloch, Frankfurt a.M. 1975.
Ueding, Gert: Glanzvolles Elend. Versuch über Kitsch und Kolportage, Frankfurt a.M. 1973.

Unseld, Siegfried (Hg.): Ernst Bloch zu ehren, Frankfurt a. M. 1965.
Zudeick, Peter: Der Hintern des Teufels. Ernst Bloch – Leben und Werk, Baden-Baden 1987.

„Die Erklärungen haben ein Ende"
Ludwig Wittgenstein

Baum, Wilhelm: Ludwig Wittgenstein, Berlin 1985.
Engelmann, Paul (Hg.): Ludwig Wittgenstein. Briefe und Begegnungen, München 1970.
McGuiness, Brian: Wittgensteins frühe Jahre, Frankfurt a. M. 1988.
Rhees, Rush (Hg.): Ludwig Wittgenstein: Porträts und Gespräche, Frankfurt a. M. 1987.
Wittgenstein, Ludwig, Werkausgabe in 8 Bänden, Frankfurt a. M. 1989.
Wittgenstein, Ludwig: Vorlesungen und Gespräche über Ästhetik, Psychologie und Religion. Hg. v. C. Barrett, Göttingen und Zürich 1968.
Wuchterl, Kurt u. Hübner, Adolf: Wittgenstein, Reinbek 1986.

„Der Zuspruch des Feldweges"
Martin Heidegger

Biemel, Walter: Heidegger, Reinbek 1973.
Heidegger, Martin: Gelassenheit, Pfullingen 1959.
Heidegger, Martin: Holzwege, Frankfurt a. M. 1972.
Heidegger, Martin: Zur Sache des Denkens, Tübingen 1976.
Heidegger, Martin: Sein und Zeit. 14. Aufl., Tübingen 1977.
Heidegger, Martin: Wegmarken, Frankfurt a. M. 1978.
Heidegger, Martin: Denkerfahrungen, Frankfurt a. M. 1983.
Hühnerfeld, Paul: In Sachen Heidegger, München 1961.
Löwith, Karl: Heidegger. Denker in dürftiger Zeit, Frankfurt a. M. 1953.
Pöggeler, Otto: Der Denkweg Martin Heideggers, Pfullingen 1963.
Steiner, George: Martin Heidegger, München 1989.
Wisser, Richard (Hg.): Heidegger im Gespräch, Freiburg i. Br. 1970.

„Vertagendes Denken"
Theodor W. Adorno

Adorno, Theodor W.: Gesammelte Schriften. 20 Bde. Herausgegeben von Rolf Tiedemann, Frankfurt a. M. 1970 ff.
Brunkhorst, Hauke: Theodor W. Adorno, München 1990.
Jay, Martin: Dialektische Phantasie. Die Geschichte der Frankfurter Schule und des Instituts für Sozialforschung, Frankfurt a. M. 1976.

Knapp, Gerhard P.: Theodor W. Adorno, Berlin 1980.
Mörchen, Hermann: Adorno und Heidegger, Stuttgart 1981.
Nordhofen, Eckhard (Hg.): Physiognomien. Philosophen des 20. Jahrhunderts in Portraits, Königstein 1980.
Scheible, Hartmut: Theodor W. Adorno, Reinbek 1989.
Van Reijen, Willem: Adorno, Hamburg 1980.
Wiggershaus, Rolf: Theodor W. Adorno, München 1987.

„Die Antwort des Lebens"
Erich Fromm

Fromm, Erich: Gesamtausgabe in 10 Bänden. Herausgegeben von Rainer Funk, Stuttgart 1980/81.
Fromm, Erich: Über die Liebe zum Leben. Rundfunksendungen, München 1986.
Funk, Rainer: Erich Fromm, Reinbek 1983.
Funk, Rainer: Mut zum Menschen. Erich Fromms Denken und Werk, Stuttgart 1978.
Kessler, M., und Funk, R. (Hg.): Erich Fromm und die Frankfurter Schule, Tübingen 1991.
Wehr, Helmut: Erich Fromm, Hamburg 1990.

„Ein sanfter und gutmütiger Mann"
Karl R. Popper

Alt, Jürgen August: Karl R. Popper, Frankfurt a. M. 1992.
Nordhofen, Eckhard: Das Bereichsdenken im Kritischen Rationalismus. Zur finitistischen Tradition der Popper-Schule, Freiburg i. Br. 1976.
Popper, Karl R.: Logik der Forschung, Wien 1935/Tübingen 1966 ff.
Popper, Karl R.: Die offene Gesellschaft und ihre Feinde, Bern 1957 ff.
Popper, Karl R.: Objektive Erkenntnis, Hamburg 1973.
Popper, Karl R.: Ausgangspunkte. Meine intellektuelle Entwicklung, Hamburg 1979.
Popper, Karl R.: Das Ich und sein Gehirn, München 1982.
Popper, Karl R.: Auf der Suche nach einer besseren Welt, München 1984.
Schäfer, Lothar: Karl R. Popper, München 1988.

Aus dem Verlagsprogramm

Sprache und Literatur

Moritz Baßler
Der deutsche Pop-Roman
Die neuen Archivisten
2002. 222 Seiten. Paperback
Beck'sche Reihe Band 1474

Willy Sanders
Gutes Deutsch
Stil nach allen Regeln der Kunst
2002. 190 Seiten. Paperback
Beck'sche Reihe Band 1491

Kurt Schreiner
Von Servicepoint bis unkaputtbar
Streifzüge durch die deutsche Sprache
2002. 232 Seiten. Paperback
Beck'sche Reihe Band 1493

Peter Köhler
Basar der Bildungslücken
Kleines Handbuch des entbehrlichen Wissens
2. Auflage. 2001. 160 Seiten. Paperback
Beck'sche Reihe Band 1360

Göran Hägg
Die Kunst, überzeugend zu reden
44 Lektionen in praktischer Rhetorik
2. Auflage. 2003. 248 Seiten. Paperback
Beck'sche Reihe Band 1525